오사카의 여인

한일역사 기행

오사카의 여인

곽 경 지음

어문학사

하기萩의 골목:

'하기' 시萩市에 자주 보이는 형태의 골목으로, 외벽과 담이 회벽으로 처리되어 햇살에 반사되고 있는 상급 무사의 저택.

저자의 변

나는 오래전부터 일본의 고대사에 대하여 관심을 가져왔으며, 일본의 고대사는 바로 백제와 가야의 역사라고 확신한 지는 30년이 넘었다.

1980년대에 한국에서 불붙기 시작한 역사 뿌리 찾기 운동은 30년이 지난 지금도 그때와 비교하면 조금도 진척된 것이 없는 황무지일 뿐이지만, 일본의 문화와 역사에 대하여 품어온 나만의 신념을 꼭 전해야 하겠다는 사명감에서 이 글을 쓰게 되었다.

이 책을 쓰는 과정에서 일본의 고대사에 이어서 현대사인 메이지유신明治維新을 집중적으로 다룬 내용을 본 친구는 이 부분은 우리나라와는 아무런 관계가 없는 일본의 역사일 뿐으로, 한국인의 관심 대상과는 거리가 먼 것이 아니냐고 말했다. 그러면서 나의 첫 단행본의 주제인 왕인박사 이야기를 좀 더 깊이 연구 발전시키는 것이 어떠냐고 덧붙였다.

그러나 생각해 볼수록 메이지유신은 한국과 불가분의 관계라는 결론만이 반복될 뿐이었다. 메이지유신은 일본에서 일어난 일이지만, 한국에 밀어닥친 그 여파는 우리가 감당할 수 없을 정도로 큰 쓰나미가 되어 우리의 한국사 위에 겹쳐졌고, 결국에는 한국 역사 전체를 암운으로 덮었다.

따라서 일본의 침략을 받은 중국이나 일시적 지배를 받은 필리핀 등과는 달리 한국은 그 절대적 영향 아래에 있었기에 메이지유신이 우리와는 무관한 먼 나라 이야기라고 치부하거나 외면하여서는 안 되며 우리 근대사에서 큰 영향을 준 중요한 부분으로 다루어야 한다.

또 책의 본문에서 밝혀지겠지만 일본은 한국과 쌍생아였고 이러한 한일간의 관계는 언젠가는 밝혀질 것으로, 일본의 역사는 절대로 외면하거나 무관심해서는 안 될 것이다.

* * * * *

셰익스피어 작품의 주인공 햄릿은 영국이 아닌 덴마크의 왕자이고 '로미오와 줄리엣'의 배경은 이탈리아의 베로나이며 영국이 아니다. 서머셋 모옴^{William Somerset Maugham}은 영국인이지만, 그가 쓴 비^{The Rain}는 남태평양의 미국인을 소재로 한 문학작품이다.

'국화와 칼'은 미국인 루스 베네딕트^{Ruth Benedict}가 쓴 일본 문화의 평론으로 세계적인 고전이 되었으며, 이어령의 '축소지향의 일본인'은 한국인이 쓴 일본 문화 비평으로 유명하다.

이러한 사례들은, 어느 지역이나 나라의 문화는 다른 지역의 문화와 비교 검토함으로서 본질을 더 정치하게 파악할 수 있고 더 객관적인 평가가 이루어질 수 있음을 보여주고 있다.

오사카의 여인

또 한가지, 오구라 신페이^{小倉進平}는 신라의 향가를 연구하여 천년 전 한국어의 모습을 처음으로 찾아냈으며, 오노 스스무^{大野晋} 는 고구려어가 일본어의 기원이라는 것을 밝혔다.

위의 두 사람은 1,000년이라는 시간을 뛰어넘어 한·일 언어의 실체를 파악해낸 위대한 업적을 이룬 것 외에, 일본인으로서 한국을 연구 관찰했다는 점에서 시사하는 바가 크다. 그것은 바로 한일 두 나라에는 무엇인가 보이지 않는 국가기원의 공통적인 요소가 잠재되어 있다는 점을 시사하고 있다.

* * * * *

올해는 해방 70년을 맞이한 해다. 바로 얼마전(2015. 2) 김종필 전 국무총리는 다음과 같이 말했다.

> 가만 살펴보면 일본이 우리나라를 어딘지 한 계단 낮춰 보고 있다. 아직 그런 인식에서 벗어나지 못하고 있는 사람들이다.

일각에서 친일파로 몰아가지 못하여 안달이었던, 89세의 노정객으로부터의 발언은 심오한 의미를 담고 있다. 이 말에는 현재 세계 제일의 선진국에 진입한 일본인들의 자존심 외에, 어쩌면 일본인들이 한민족을 다스려본 높은 차원의 역사적 경험이 어떤 형태로든 전수되어 온 것은 아닐까?

일본의 대^對 한반도 역사는 소위 신공황후의 삼한정벌(왜의 한반도 정벌로 허구의 이야기)과 임진왜란 그리고 메이지유신으로 연면히 이어져 온 침략 사상의 반복이다.

이 일련의 사건에 담긴 정서는 일본인들의 DNA에 전이되어 광범위하게 일본을 지배하고 있다. 동시에 일본의 의도에 부합하는 이러한 정서가 암암리에 현재의 한국까지 지배하고 있는 것으로 보인다.

책의 본문에서 말하겠지만 메이지유신을 주도한 조슈長州와 사쓰마薩摩의 인물들은 모두 청일·러일전쟁에 참전하여 높은 자리에 올랐다. 이들은 예외없이 한반도의 흙을 밟고 출세하였으며 일제 36년 지배의 기초를 놓은 사람들이다.

이렇듯 메이지유신은 한국과 떼려야 뗄 수 없는 관계에 있다. 게다가 들여다 볼수록 메이지유신은 그 알맹이가 되는 정신이 현재에도 살아있는 것을 목도하게 된다. 메이지유신을 모르고는 현대 일본의 이해는 불가능하며, 이웃 일본에 대한 이해가 없이 한국의 미래를 논하는 것은 의미가 없는 일이다.

따라서 한일 간의 역사와 문화에 대한 철저한 재조명이 이루어지지 않으면 진정한 의미의 극일克日과 그에 따른 양국의 평화는 절대 이루어질 수 없다는 생각이며, 이러한 나 나름의 시각과 탐구의 의욕에서 한일 역사기행인 '오사카의 여인'을 쓰게 되었다.

이 책은 한일 간의 비교문화와 역사의 비평서 정도로 이해해 주기를 바라며, 나의 '한일 역사 여행'에 동반한 '오사카의 여인'에게 이 책을 바친다.

아울러 다년간 나의 역사 탐구에서 진정한 친구로 끊임없는 격려와 비평으로 조언해 주고 능숙한 스케치로 이 책을 마무리해 준 친우 유태민에게 깊은 감사의 마음을 전한다.

저자의 변

제4부 한일 '피의역사' 기행

제5부 '피의역사' 기행의 종점
— 제국의 종말

제1부

오사카의
여인

한일 역사·문화 기행지도:

조슈 번: 야마구치 현   사쓰마 번: 가고시마 현

하기: 조슈 번의 번성(수도)   가고시마: 사쓰마의 번성(수도)

제1장

프롤로그

공릉동 캠퍼스
2호관

내가 다닌 공과대학은 서울의 동쪽 끄트머리인 공릉동에 있었다. 해방 후, 일제 강점기에 세워진 서울 수송동의 경성공업전문학교와 함께 원래부터 공릉동에 있었던 경성제국대학 이공학부와 경성광산 전문학교를 합하여 공과대학으로 재조직하여 공릉동의 두 학교 시설과 부지를 대학 캠퍼스로 사용한 것이다. 캠퍼스가 들어선 40만평의 부지는 서울의 D 종합대학교의 캠퍼스 전체 부지의 면적과 맞먹는 넓은 면적으로 일본인들이 공업을 중시한 대목을 보여주고 있다.

캠퍼스의 중심건물인 1호관, 2호관, 4호관은 모두 3개층 높이로, 세로로 긴 사각형 창의 단순 어휘를 무한 반복시키고 일체의 장식을 배제한 모더니즘의 입면으로 처리하여 당시의 권위적인 시대에 적합한 외관을 하고 있었다.

그 중 본관인 1호관의 정면 중앙의 높은 타워는 고압적이고도 당당한 이미지를 만들면서 중심성을 살렸으며, 낮은 건물로만 이루어진 넓은 캠퍼스에서 랜드마크의 기능을 하였다. 건물은 전체적으로 일제 강점기 이후 거의 손을 본 적이 없는 상태로 휑댕그래하였으며, 땅거미가 지기 시작하는 저녁 무렵의 넓은 교정은 크게 자란 플라타너스가 자아내는 적막감으로 으스스했다.

이러한 분위기는 특히 외진 곳에 있는 학군단 건물로 가까이 갈수록 더하였고, 일제 때 만들어져 잡초가 무성해진 철길 등으로 인적은커녕 그야말로 불빛 하나 없는 정경을 이루었는데, 이것이 당시의 캠퍼스에 대한 나의 추억이다. 학교 부지로 교외가 선정된 점이나

공릉동의 캠퍼스 1호관:
내가 다닌 공과대학의 본관건물인 1호관. 일제시대에 지어진 캠퍼스 내의 몇몇 건물은 현재 근대건축물로 등록되어 있다.
사진출처: ko.wikipedia.org

태릉에 주둔한 군부대와의 인접한 배치 등에서, 전쟁을 주도하던 일본 군국주의의 목적성이 나타나 있었으며, 일제 강점기 역사의 흔적을 그대로 드러내었다.

본관에서 가장 가까이 있는 캠퍼스 2호관은 내가 적을 둔 건축과의 학과사무실과 건축강의실, 제도실 등이 있었다. 건축과 전용의 과도서실에는 일제시대 조선공업학교의 일본 책들이 그대로 보존되었다. 건축과 관련된 책이 많은 비중을 차지했는데, 조선총독부 발행의 남대문이나 불국사·석굴암 등의 실측도집과 조선의 석탑 등에 관한 책들이 많았다.

근대문학가 이상李箱은 1929년에 경성공업전문학교 건축과를 7회로 졸업했는데, 졸업생 12명 가운데 유일한 조선인인 김해경(金海卿은 이상의 본명임)의 이름을 일제 당시의 동창회 명부에서 본 기억이 있다.

나는 이상의 글 중 '산촌여정'이라는 수필을 특히 좋아한다. 더할데 없는 서정적인 문장은 볼 때마다 심금을 울린다. 화려한 어휘와 독특한 비유법의 극치를 이루고 있는 기행문으로, 언어에 있어서 위대한 마술사인 이상의 진정한 천재성은 여기에 모두 담겨 있다는 생각이다.

아래 구절은 같은 수필의 일부이며, 중학 시절 국어교과서에 실린 것으로 토속적인 정서가 짙게 묻어나는 그의 문체는 지금도 나의 기억에 남아 있다.

옥수수밭은 일대 관병식觀兵式 입니다. 바람이 불면 갑주甲冑 부딪치는 소리가 우수수 납니다.

* * * * *

일제 때부터 내려온 과도서실의 장서 중에서 나의 뇌리를 떠나지 않는 책이 하나 있는데, 일본어로 된 야나기 무네요시柳宗悅의 '조선과 예술'이 그것이다. 야나기는 동경제국대학 철학과와 일본의 황족과 귀족들이 다니는 가쿠슈인學習院의 고등과를 졸업한 후 문화평론가로 당대를 풍미하였던 거물이며, 또 세계적인 명사였다.

야나기는 '조선의 미술/ 석굴암의 조각에 대하여/ 아, 광화문이여!/ 조선 도자기의 특질/ 조선의 목공품/ 조선인을 생각한다' 의 순으로 된 이 책에서 조선의 미를 '비애의 미'라고 표현했다. 다음은 책의 일부분이다.[1]

> 우리들이 일본으로 돌아오면 가련한 섬나라로 바뀌는 것이다. 맑고 녹색이고 평평해지고 정원 같다. 이같은 환경 속에서 고통의 역사는 찾아볼 수 없다. 외구外寇 의 두려움 없이 황실의 혈통을 오래 유지했다. 공포없는 이 민족에게는 이 고도孤島 가 하나의 낙원이었다. 여유있는 나라의 일본이다. 생활은 여유가 있고 사람들은 정취에 빠져있다. 이 나라만큼 여가를 즐기는 나라는 아마 없을 것이다. 사람들은 힘이나 무력에 대한 욕구를 느끼지 않는다. 아름다움과 즐거움과 상냥함이 그들의 마음에 넘치고 있다.

> 이 분명한 대비 사이에 조선은 어떠한 위치를 차지했던 것일까?

오사카의 여인

대륙도 섬나라도 아닌 반도라는 사실이 곧 이 나라의 운명의 방향을 결정했다. 북쪽은 대륙의 무거운 짐에 눌려 편안한 생활을 누릴 수가 없었다. 이 땅의 역사에 즐거움이 모자라고 강한 것이 모자랐음은 어쩔 수 없는 운명이었다. 끊임없는 외세의 압박에 의한 한 나라의 평화는 오래 계속되지 않고 백성은 힘 앞에 굽히도록 강요당하고 있었다. 외적을 거의 모르고 지낸 일본과는 얼마나 다른가?

이 책에서, 일본은 아름다움과 즐거움과 상냥함이 넘치는 나라이며 조선은 지정학적으로 핍박받는 운명을 타고난 나라라고 명확하게 정의를 내렸다. 우리는 곧 이 책에서 일본은 천국이 아님을 알게 될 것이며, 야나기가 얼마나 황당한 언어의 유희로 조선인을 농락하고 있는지를 보게 될 것이다.

조선총독부에 부역한 이 시기의 식민사학자들은 외세의 지배로부터 조선의 역사가 시작했다고 날조하였다. 즉 한반도 북쪽에는 한사군, 한반도 남쪽에는 임나일본부라는 일본의 통치기구가 조선인의 뿌리라는 학설을 만들어 조선인을 우롱하였다.

야나기가 조선의 미술을 사랑했거나 아니거나에 관계없이 식민지를 분석하는 야나기의 문법구조가 식민학자들의 그것과 정확하게 일치하고 있다.

이들 식민사학자들은 고조선과 삼국시대의 초기기록을 가짜로 몰아 잘라내었다. 고조선과 더불어, 삼국을 세운 동명왕, 박혁거세, 온조왕 모두가 쓰레기통에 폐기되었다. 이들 식민사학자들을 두고,

서희건은 그의 저서 '잃어버린 역사를 찾아서'(고려원, 1986)에서 다음과 같이 말하고 있다.

> 엿장수가 제 목판을 다스린다고 한들 어찌 이같이야 했겠는가?
> 일본학자들이 한국의 사서를 다룬 태도는 고금에 없는 횡포인 것이다.

식민사학자들은 조선인들을 외세의 지배를 받는 운명, 일본의 종으로 태어난 운명으로 조작해 나갔다. 이러한 주장에 반기를 들면 그것은 당장 감옥행이거나 자칫하면 죽음을 의미하는 것이었다. 모든 식민사학자들이 그러했듯이 야나기도 조선총독부의 사주를 받는 어용학자와 조금도 다르지 않은 면이 아래에 계속되는 그의 글에서 드러나고 있다.

> 조선의 역사는 실로 대외 관계의 역사였다. 더 나아가 사대事大를 어쩔 수 없이 강요당한 역사였다. 신라의 다행스런 통일도 한순간에 지나간 추억이었다. 사람들은 얼마나 해방을 구하고 독립을 바랐겠는가? 그런 희망이 무너질 때 얼마나 무상감無常感에 젖었겠는가? 조선인은 믿어야 할 것을 이 지상에서 찾을 수 없었다. 온갖 외적이 조선인을 학대할 것처럼 보였다. 자기 스스로 힘없이 지쳐있다. 정은 안으로 타더라도 바깥으로 불꽃을 뿜을 수는 없다. 그리하여 마음은 산란해 있다. 고통이나 쓸쓸함이 뼛속까지 스며있다. 그들에게는 지상에서의 희망이 희박하여 피안의 세계에 희망을 걸지 않으면 안된다. 동요와 불안과 고민과 비애가 그들이 사는 세계였다.

일본의 저명한 문화평론가가 뱉어내는 악설과 악담은 금도를 벗어나고 있었다. 글을 이렇게 길게 인용하는 것은 그의 악담의 대상이 되는 우리는 그의 방약무도한 평설의 끝이 어디인지를 반드시 알아야 하기 때문이다.

거기에서는 자연조차도 적막하게 보인다. 봉우리는 가늘고 나무는 엉성하고 땅은 마르고 곡식에는 기름기가 없고 방은 어둡고 사람은 적다. 예술에 마음을 맡길 때, 그들은 무슨 일을 호소할 수 있었을까? 흥이 넘치는 가락도 없고 색깔에는 즐거운 빛이 없다. 다만 눈앞에 충만한 애수어린 마음이 있고 미도 애상哀傷의 미일 뿐이다. 슬픔만이 슬픔을 위로해준다. 애수 어린 미가 그들의 친한 벗이었다. 이 민족은 주어진 숙명을 미로서 따습게 하고 그것을 무한의 세계로 연결하려고 했다. 이렇듯 가슴을 짓누르는 미가 다른 어디에 있겠는가? 영탄詠嘆의 울림이 어디에나 두루 있다.

중국의 예술은 의지의 예술이며, 일본은 정취의 예술이었다. 그러나 이 사이에서 숙명적으로 비애를 짊어지지 않으면 안되었던 것이 조선의 예술인 것이다.

조선의 예술과 조선의 민족은 그의 펜에서 식민지의 가련한 운명을 타고난 것으로 유려한 문체로 다듬어졌다. 조선총독부의 통치이념을 충실히 답습하는 것이 분명하게 드러나는 야나기의 글에 대한 인상은 평생 지워지지 않았다.

야나기는 동양의 세 나라 중 중국의 예술은 형태를 추구하는 강함이 있고, 일본의 예술은 색채를 추구하여 즐거움이 있다고 단정하였다. 그러면서 조선의 예술은 '선線의 미'을 추구하여 쓸쓸하다고 진단하였다. "선의 미는 곡선미에 있다"고 주장하면서 유독 '곡선의 미'를 '저주받은 예술'이라고 설파하는 그의 궤변은 멈출 줄을 모른다.

> 그러나 선(조선예술의 주된 요소라고 말하고 있다)은 땅에서 떠나려고 하고 있다. 동경하는 곳은 이 세상이 아니라 피안의 세계다. 형태에 강함이 있다면 선에는 쓸쓸함이 있는 것이다. 곡선이란 바람에 쓸리는 모습이다. 땅을 떠나려 하는 것은 세상의 무상함을 뼈저리게 느끼고, 피안을 구하며 땅을 괴로워하는 자의 모습이 거기에 비유된다. 선은 쓸쓸함을 말해주는 선인 것이다. 이 민족만큼 곡선을 사랑한 민족은 달리 없을 것이다.

조선의 예술에 "현실도피, 쓸쓸함, 불안정, 괴로움, 슬픔"이라는 낙인을 붙이기 위하여 온갖 미사여구가 동원되고, 삼단논법을 가장한 해괴한 논리가 적용되었다. 책의 후반부에 이어지는 광화문이나 석굴암 등의 각론으로 들어가기에 앞서, 조선의 건축과 예술에 대한 총론은 다음과 같이 끝맺고 있다.

> 나는 조선의 역사가 고뇌의 역사이며, 예술의 미가 비애의 미인 것을 말했다. 더구나 그 민족은 현명하게도 필연적인 표현 방식을 선택해서, 형태도 색채도 아닌 선에 가장 많이 그 마음을 의탁해 왔음을 말했다. 조선의 모든 미는 '비애의 미'였다.

단 한 마디, 즉 조선의 미가 '비애의 미'라는 것을 주장하기 위하여 그는 자신의 책에서 강변과 왜곡, 독설과 억지 그리고 날조와 견

강부회를 위해 수십 페이지에 걸쳐 온갖 미사여구를 동원하였던 것이다. 글을 읽으면서 만가지의 상념과 함께 분노가 떠오르지 않을 수 없었다.

명랑하고 자유로운 정신을 간직한 모습이 내가 알고 있는 조선의 예술과 건축, 문화의 본질이다. 조선의 예술이 '비애의 미'라고 강변하는 야나기가 남긴 해독은 오랫동안 한국의 정신문화를 지배해왔다. 곧 한옥처마와 고려청자에서 곡선미를 언급하는 것은 언제나 야나기가 뿌려놓은 아편의 주술적인 몽환에서 헤어나지 못하는 것을 의미하는 것이 된다.

야나기의 문화평론은 겉으로는 조선의 미를 찬미하는 듯하지만, 실상은 일제의 문화정책의 일환으로 조선총독부의 지침을 답습하였으며, 불순한 의도를 철저히 감춘 것으로 절대 건전한 평론이 아니다. 이것은 식민지 조선인들의 마음을 교란하고 짓이겨 놓으려는 고차원적 심리전의 대표적 예가 될 것이다.

여기에는 식민 역사학자들에서 흔히 보이는 공통점으로, 동경제국대학 출신으로 필력이 우수하면서도 날조와 왜곡에 도통한 '궤변의 달인'의 배출이 있었던 것이다. 바로 조선총독부와 남만주철도주식회사(만철)에 부역한 식민사학자들이며, 현재는 한국 출신의 2세대 학자들이 그들을 계승하여 한국의 사학계를 지배하고 있다.

그의 사후, 이러한 공로 아닌 공로를 인정받아 야나기는 대한민국 정부로부터 문화훈장을 수여받기도 했다. 그것도 불과 얼마전인 1984년의 일이다.

누가 말했던가? 야나기가 당대 제일의 문화평론가라고…….

일제의 초대 총독 데라우치는 광화문을 철거하고 총독부청사(해방후의 정부종합청사)를 거기에다 세웠다. 그로부터 차츰 경복궁 전체의 전각을 헐어내었고 1920년대 무렵에는 근정전과 경회루 외에는 그 많았던 전각을 거의 남기지 않았다.

총독부청사에 자리를 내어준 광화문은 헐릴 운명에 처하였으나 야나기의 호소에 의해 동쪽 건춘문 부근으로 이전되었다. 야나기가 광화문을 철거하려는 총독부의 결정에 반대하여 광화문을 지켜낸 일로, 야나기의 조선문화 전반에 대한 망언은 두고두고 우리의 감각을 무디게 만들었다고 할 수 있다. 그러나 야나기의 광화문 철거를 반대한 호소도, 조선인의 반발심을 적당히 무마하려는 총독부의 밀계에 의하여, 우연한 기회에 야나기가 그 일을 추진한 것처럼 보이도록 했다는 시각이 있는데, 아마 이것은 사실일 것이다.

조선의 예술을 선의 예술이라고 말하는 야나기의 억지는 이후에 한국의 지식인들도 이를 그대로 인용하여 자신의 지식을 자랑하는 경우가 많았다. 이렇듯 일제 때의 조선에 대한 예술이나 문화의 평론에는 반드시 어떤 저의가 깔려 있다. 그들은 조선인들에게 패배감과 무력감을 주입시키는데 있어서는 높은 경지에 다다른 사람들이었다.

지금도 일부 한국인들은 광화문이나 조선자기의 수집, 민화라는 용어의 창시 등의 예를 들면서, 야나기가 조선을 대단한 사랑한 인사로 알고 그에 대한 부정적인 평가에 대해 애석하게 생각하는 경향이 있다.

2차대전 때 나치의 최고위 요인 중의 하나인 괴링은 프랑스 박물관의 예술품을 강탈하여 자신의 집에 두고 감상했는데, 이것으로 괴링이 프랑스를 사랑한 인물이었다고 할 수 있을까?

* * * * *

1984년으로 기억하는데 동아일보에 5년간 연재된 소설로 김성한의 '임진왜란'이 있다. 경제 수준이 낮았던 당시는 신문이 종합적인 문화 콘텐츠를 담는 구실을 하던 시기로 신문의 신춘문예나 연재소설이 문학계에 차지하는 비중이 매우 높았다.

소설은 선조임금의 후처인 인빈 김씨의 이야기에서 시작하여 이순신이 전라좌수영에서 거북선을 진수하여 첫 함포의 시험사격 후 하루만에 임진왜란이 발발하는 것으로 되어있다.

작가는 거북선의 진수식 바로 다음날 임진왜란이 시작되는 정황을 생생하게 묘사하고, 이순신 장군이 전사한 노량해전 당일이 7년간 전쟁의 종결일이라는 것을 강조하여 왜란이 이순신이라는 불세출의 무장 한 명으로 감당해낸 역사적 위업이라는 것과 거기에 걸맞는 상징성을 부여하였다.

작가는 이 참혹한 전쟁에서 조선인의 반 이상이 죽었다고 하였다. 소설의 저자는 나름대로 많은 연구를 한 후 그러한 결론의 글을 썼을 것인데, 지금 생각해보면 모든 연구가 미흡했던 당시에 이런 결론을 추출해낸 작가의 연구는 참으로 대단하다는 생각이 든다.

야나기의 '조선미의 비애'와 동아일보의 연재소설에서 "임진왜란으로 조선인의 반 이상이 죽었다" 는 구절은, 일본이라는 나라와 문화에 대한 나의 관심을 평생 붙들어 매어왔다. 그 두 편의 구절은 언제나 일본을 보는 나의 내면세계에 잠재되어 있었다고 할 수 있다.

* * * * *

1980년도 중반 무렵에 이르러, 한국에서는 고대 역사에 대한 붐이 일어난 적이 있다. 이 무렵 최인호는 '잃어버린 왕국'에서 백제의 흔적을 추적하였고, '제4의 제국'에서는 "가야는 비밀의 왕국으로 일본의 문을 열수 있는 빗장이자 열쇠"라고 말하였다.

또 환단고기라든가 규원사화에 대한 많은 해설서 등이 출간되어 한민족의 위상과 자존심을 찾자는 운동이 활발하였다. 그중 조선일보 기자 서희건의 '잃어버린 역사를 찾아서'는 식민사학의 전모를 파헤치고 있는데, 일제의 역사왜곡에 대해 예리하면서도 포괄적으로 문제를 다룬 뛰어난 역사비평이라고 본다.

그 후 최인호는 고구려의 유물을 찾아 중국을 헤매다가 영문도 모르고 중국당국으로부터 추방되었다는 기사가 신문에 난 적이 있다. 실로 한참 후에 밝혀진 것으로, 그때 이미 중국의 역사공정이 시작되었던 것이다. 이러한 정도로 고대사에 대한 관심은 이미 나의 사상의 일부가 되어왔다.

일본의 역사는 고사기와 일본서기의 두 책으로 이루어져 있는데, 그 실체는 참으로 파악이 안 된다. 천년이 넘게 그것을 풀어낸 사람은 아무도 없었다. 읽다 보면 역사서가 아니고 마치 악동들이 나쁜 장난을 치는 것을 묘사하고 있는 듯한 인상을 받게되는 두 책은 그 속에 담긴 진실을 찾으려는 전세계의 연구자들을 괴롭혀 왔다. 고대의 일본사는 글자나 문맥 그대로 읽으면 소설을 읽는 것보다도 못하는 결과를 가져올 뿐이다.

나는 오랫동안 일본 고대사를 연구하여 왔으며, 특히 에도시대의 역사가 도 데이칸藤貞幹의 "일본의 역사와 언어의 기원은 한반도이다"라는 말에 주목하였다. 그리고 김성호의 학설인 "일본서기에 나오는 8인의 일본인물은 실제는 4인의 한반도인이다" 라는 설도 일본 고대사의 실체에 다가간 주장으로 나의 주목을 끌었던 책이었다.

1982년에 나타난 윤영식의 학설인 "40인의 일본 천황은 실제로는 10인의 백제와 가야의 왕"라는 주장이 나왔다. 그리고 이 무렵에 나온 미국인 존 카터 코벨Jon Carter Covell 여사의 "고대 일본의 유물은 모두 백제와 가야의 유물"이라는 주장에 접해 보면 일본의 국가 기원은 분명히 백제이며 이 명제는 틀림없다는 확신을 심어주었다.

수없이 많은 연구가들이 일본의 역사에 도전하여 왔지만 어느 하나 시원한 답을 주지 못하였으나, 앞에서 말한 4명의 역사학자들의 주장은 어떠한 메시지를 담고 있으며, 거기에는 분명한 일관성이 있다는 것이 나의 생각이었다. 그러나 계속되어 온 우리나라 학자들의 외면과 무관심은 결과적으로 이러한 진실에의 접근을 철저히 차단하여 왔다.

그후 한동안 역사에 대한 관심을 접었다가, 시간이 나는 3년 전부터 건축분야가 아닌 언어에 관련된 몇 편의 글을 쓰면서부터 역사에 대한 나의 열기가 살아났다.

방송에서는 일본 전문가라는 사람들이 일본 고대사에 대한 자신의 연구를 주장하고 있지만 내가 보기로는 식민사학자들의 그것과 조금도 다른 점이 없었다. 나는 속으로 분개하였다.

그러다가 인터넷에서 나의 글을 접한 김호종 선생으로부터 연락이 왔는데 그것은 2013년 늦어서이다. 분명히 내가 진행하는 일본 고대사의 방향은 틀림이 없다는 격려였다. 그리고 또 한 분이 더 있는데, 바로 손종서 선생으로 이 분은 일본 고대사와 동아시아 역사의 진위를 정확히 가려낼 수 있는 탁월한 능력을 가지고 있다.

나는 대단한 능력의 소유자들과의 교류를 시작하였고, 비록 우리는 몇 손가락에 들어가지 않는 소수에 불과하지만 이러한 선상에서 나만의 일본역사와 문화기행을 시작하게 되었다.

▌ 오사카의 여인

작년 2013년 봄, 친구들과 오사카 여행을 한 적 있는데, 우리 일행은 나를 포함하여 모두 3명의 남자들로 오사카 인근의 교토와 나라 지방을 포함하는 여행이었다. 당시 왕인박사에 대한 연구를 하고 있었는데, 일본에 있는 왕인묘를 현지에서 직접 눈으로 보고 싶었으며, 나머지 2명의 친구들이 답사여행에 기꺼이 동참하였다.

첫날 오후 오사카 시내에 들어와서 여장을 풀고는, 사천왕사(시텐노지)를 구경한 후 늦은 저녁까지 시내구경을 하였다. 다음날의 일정이 이 여행의 핵심인데, 기차로 1시간 반 가량 떨어진 히라카타 시에 있는 '전왕인묘'를 답사하는 것이었다.

일제는 한일합병(1910년)이 있기 무려 16년 전인 1894년에 이미 왕인이라는 고대역사의 캐릭터를 끄집어내어 조선인들을 다스리는데 이용할 목적을 세웠고, 이토 히로부미伊藤博文와 야마가타 아리토모山縣有朋 등 근대 일제의 핵심 거물들이 '왕인묘역 확대정화공사'를 발의하였다. 그 후에도 일제의 지배 하에서 거국적인 왕인박사의 현양사업이 2차례나 더 있었다.

왕인묘는 오사카 부의 히라카타 시枚方市에 있는데, 거기로 가는 길은 인터넷으로는 찾아보기가 정말 힘들다. 호텔에서 만난 한국인 가이드와 호텔 일본인 안내인에게 직접 물어봤는데도 복잡하다는 말만 했다.

사실 왕인묘에 대해서 오래 볼 것은 없으나 거기에서 지체하여 오후까지 일정이 넘어간다면 나머지 종일을 허비하게 되고 교토와 나라를 구경하는 일도 차질이 생기게 되므로 나를 위해 동행한 친구들을 생각하면 불안할 수 밖에 없었다. 막상 지하철 역에서 티켓을 뽑아 출발한 노선과 환승역은 내가 검토했던 노선과는 다른 경로였으며, 모두 5번을 바꿔타고 갔는데 무슨 역에서 어떤 노선으로 갔는지 기억이 없으나, 거기까지 가는데 조금의 차질도 없었다.

나가오 역에서 내렸는데 주택가 사이로 난 길은 조금은 까다로웠다. 가다보니 어느 연구소 담장으로 길이 막히는 등으로 미리 준비해 온 메모와는 달랐다. 주택가의 한가운데 있었지만 인적이 드물었고, 분명히 100미터 근처에 왔는데도 세 명의 남자는 여름의 더운 날씨 속에서 길을 헤매었다.

그때 한 여인이 여행용 가방을 끌고 이쪽을 향해 왔는데 얼굴의 용모에 모두의 시선이 옮겨갔다. 더 가까이 와서야 일행 중 유태민 사장이 완전하지 않은 일본어로 여인에게 말을 걸었다. 말을 붙이기 전의 인사도 생략된 채였다.

와니하카(왕인묘) 도코데스카?

오사카의 여인

여인은 우리의 불완전한 일본어에도 친절한 미소를 보였다. 40대 초반을 넘지 않는 미모의 여인은 따라오라는 말과 시늉을 하며 오던 길을 돌아서 다시 우측의 샛길로 들어섰다.

오랜기간 일본인들과 같이 일한 적 있는 유사장도 일본어를 거의 다 잊어버려 결국은 영어를 같이 쓰지 않으면 안 되었는데 의외로 여인의 대답은 수준급의 영어였다. 이렇게 하여 세 명의 우리 일행과 여인 모두의 영어 대화가 시작되었다.

그녀는 이전에 왕인묘의 자원봉사 가이드를 했다고 자기소개를 했으며 여기에 사는 부모를 찾아왔다가 지금 오사카의 집으로 돌아가려고 집을 나서는 길이라고 하였다.

여인은 이곳에서의 왕인과 관련된 일에 대하여 몇가지 설명을 해주었다. 이 인근에는 백제사적百済寺跡이라든가 백제신사, 백제왕신사

등 왕인의 전설이 서린 곳이 많이 남아 있으며, 또 여기에서 왕인의 후손은 흔한 일이라고 하였다. 즉 후미 씨文氏와 다케후 씨武生氏, 쿠리스 씨栗栖氏 등은 왕인의 후손으로 특히 이 지역에 많이 분포되어 있다는 것이다. 그녀의 결혼 전의 성도　다케후 씨로서 왕인의 후손이라고 하였다.

우리로서는 해방 전, 그러니까 그녀의 말로 종전終戰이 되기 전까지는 왕인의 전설이 기승을 부렸으며, 이 궁벽한 시골 마을에 숱한 고관 및 귀족들의 방문 차량과 그 수행원, 그리고 단체 참배객과 수학 여행단으로 북새통을 이루었다고 한다. 모두 그녀의 부모로부터 들은 말일 것이다.

그러다가 종전이 되자 왕인의 전설이 갑자기 빛이 바래었는데, 그 전에는 왕인묘로 부르던 것이 지금은 '전왕인묘'로 격하되었다고 말하였다. '전왕인묘'란 '왕인묘'라고 전해진다는 의미로 "왕인묘가 아닐 수 있다" 라는 뜻을 많이 내포하고 있다. 그러다 보니 도중의 안내판에서 왕인묘라고 쓰인 것은 하나도 보지 못하였다.

여기에 오면서 계속 보았던 주택들의 정원은 매우 세밀하게 다듬어져 있었고, 무엇보다도 깨끗하기 그지없었다. 그런데 지금 눈앞에 보는 왕인묘의 풍경은 바로 인근의 주택들에 보았던 깔끔한 모습과는 달리 담배꽁초와 쓰레기도 널려 있는 등 전혀 다른 인상을 주었다.

왕인묘의 유래를 적은 게시판은 흰 페인트가 떨어져 나가 함석바탕은 녹이 슬어 있었다. 마찬가지로 바로 몇 십미터 정도로 인근에 있는 박사왕인분博士王仁墳의 안내판은 철판을 접어 기둥을 만들고 글씨를 써 넣었는데 중간부분이 우그러지고 페인트가 많이 벗겨졌으며 쓰러져 있었다. 시설의 관리가 제대로 되지 않고 있음이 분명했다.

또 왕인묘는 한 때 넓은 부지를 자랑했으나 지금은 그 대부분이 병원부지 등으로 잘려나가서 볼품없게 된 것을 눈으로 확인할 수 있었다. 인근에 왕인공원이 있지만 이는 수영장과 주차장 등으로 이루어진 종합 스포츠센터로서 사실 이름만 왕인이 들어가 있을 뿐 왕인의 추모사업과는 전혀 관련이 없는 시설이다. 이것을 모르고 길을 찾으면 왕인공원을 맴돌다 오게 되는 경우도 있다고 여인은 설명하였다.

다만 왕인의 묘만은 깔끔하게 다듬어져 있고 꽃도 바쳐져 있었다. 그것은 한국 전통식 대문을 세우고 석책石柵, 玉垣을 둘러 주위와는 차단하였기 때문으로, 폐허로 방치되다시피 한 주위의 경내와는 달리 정리가 잘 되어 있었다.

사실 이 묘의 주위를 둘러서 깔끔하게 보이도록 한 것은 일본 우익의 창시자인 우치다 료헤이内田良平의 작품이다. 담장을 이루는 얕은 석책에는 일제 때의 관련된 유지들의 이름이 새겨져 있다. 우리는 감회에 젖었다. 이 이름 속에 우익의 기원인 '우치다 료헤이' 의 이름을 확인할 수 있었기 때문이다.

그리고 흑룡회 총무 구즈 요시히사葛生能久의 이름이 새겨진 기둥도 확인하였다. 그는 한때 우익의 중진으로 도야마 미쓰루頭山満의 한

오사카의 여인

쪽 팔이었으며, 우치다와 함께 흑룡회를 설립하여 그 주간을 맡았다가 1937년 우치다의 죽음으로 흑룡회의 마지막 회장을 지내고 패전 후 A급전범으로 지정되었으나 불기소로 석방되었다.

그러니까 지금 보는 왕인묘의 외곽을 둘러싸서 그럴듯하게 보이도록 만든 것은 우치다의 흑룡회가 그렇게 한 것이다. 우치다는 음지에서 암약하는 흑룡회의 창시자답게 이름이 조용히 숨겨져 있었다. 담장의 석책石柵에는 '남만주철도주식회사'도 있었는데, 조선총독부 규모를 넘는 국가조직에 해당하는 일제의 식민통치기구였지만 극히 조그만 글씨로 이름이 새겨져 있었다.

일제는 한일합방이 있기 무려 16년 전(1894년)에 왕인박사를 조선 식민지인의 교육을 위해 거국적으로 띄웠다. 그런 일에는 우치다가 이끄는 흑룡회라는 우익단체도 한차례 역할을 한 적이 있다. 그런데 일본의 패전이 되자마자 왕인을 이렇게 헌신짝처럼 폐기해버린 것이다.

왕인묘가 유지되고 있는 것은 아마도 이러한 사정을 모르는 한국의 유지들 또는 애국자들 때문일 것이다. 또는 역사탐방과 연계한 관광상품으로 개발하여 수입을 올리려는 업자 때문일 수도 있다. 지금도 한국의 공무원이나 교원들의 견학 내지 시찰 코스에 들어가 있고, 학생들의 수학여행의 일정에 들어가기도 한다.

그녀는 왕인묘의 허구성에 대하여 무언가를 감지하고 있는 듯한 내용으로 말하였는데, 이 점은 역사에 관심이 있는 일본인이라면 충분히 그러할 것이다. 당장 그녀가 자원봉사 가이드로 소속된 '왕인총의 환경을 지키는 모임'의 홈페이지도 왕인묘에 대해 부정적으로 기술하고 있지 않은가? 현재 일본에서의 많은 매체들도 이러한 논조로 왕인묘를 다루고 있는데, 다만 한국에서는 극소수의 사람들 외에는 이러한 내용에 무관심하다.

여인이 왕인묘의 유래에 대하여 이 정도 아는 것으로 보아, 일본 고대역사의 의혹에 대해서도 웬만큼 짐작하고 있을 것이라고 생각했다. 일본에서 성인이라고 일컫는 쇼토쿠^{聖德} 태자에 대하여 여인에게 물어보았다.

> 쇼토쿠 태자는 일본의 성인으로 추앙받고 있습니다. 지폐에도 올라간 것이 모두 7번인데 지금은 지폐에서 태자의 얼굴이 사라졌다고 하더군요. 쇼토쿠 태자는 허구의 인물이라는 이야기가 일제 때부터 지금까지 끊이지 않았습니다. 일본인들은 이러한 허구설에 대해 어느 정도 공감을 하는지요?

이 말은 태자가 지폐에서 사라진 것이 허구성 때문인지 나로서는 정확하지가 않아서 물어본 것이다. 쇼토쿠 태자의 허구성에 대한 학설이나 책은 일본 내에서도 여럿 있었으므로 당연히 일본에서 살고 있는 여인이 여기에 대해 알 것이라고 생각하였던 것이다.

일본에서 쇼토쿠 태자는 우리의 세종대왕이나 이순신 장군만한 성인으로 받들어져 왔다. 태자는 일본 최초의 성문법인 '헌법 17조'와 '관위 12계'[2]를 제정하여 고대 일본 국가의 틀을 잡았으며 불교를 흥륭시키고 아스카 문화를 만개시키는 등의 업적으로 일본의 역사에서 가장 존경을 받아 신격화된 인물이며, 지폐에도 그의 초상화가 올라간 횟수가 일곱 번으로 가장 많다.

또 태자가 창건한 호류지法隆寺는 고구려 승 담징이 남긴 그림으로도 유명하며 우리 국민 모두가 초등학교에서부터 익히 들어왔던 내용이다.

여인은 다음과 같이 짧게 대답했는데 그것은 나의 견해에 동조하는 것이었다.

> 쇼토쿠 태자는 최근까지 그 존재를 부정하는 학설이 끊이지 않았습니다. 태자의 존재뿐만이 아니고 일본역사에서 유명한 인물인 '소가노 우마코' 등의 허구설도 제기되었습니다.

그리고는 여인은 다음의 말을 덧붙였다.

> 사실은 그로 인하여 지폐에 올려진 쇼토쿠 태자는 더 이상 볼 수 없게 되었답니다. 그런데 여기에 오시는 분들 가운데 이러한 이야기를 하신 분은 하나도 없었습니다. 선생과 일행은 왕인묘에 참배도 하지 않고 계속하여 주위를 돌아보는 일이 지금까지의 탐방객들과는 완전히 다른 모습입니다. 예외적인 케이스이군요.

우리는 우호적인 여인의 태도와 부드러운 외모에 끌려, 이야기는 일본역사의 핵심으로 들어가게 되었다. 그녀도 분명 우리와 일본 고대사에 대한 대화가 계속되는 것을 바라고 있었으므로, 나는 아래와 같은 말을 덧붙였다.

"쇼토쿠 태자는 백제의 근구수왕"이라는 학설이 있습니다. 왕인도 쇼토쿠 태자도, 모두 근구수왕의 다른 캐릭터일 뿐입니다. 말하자면 다케후라는 성은 왕인의 후손이지만 사실은 근구수왕이 진짜 시조인 것입니다.

저는 25년동안 이 학설을 믿어 왔고 우리가 오늘 여기 온 것도 그러한 이유 때문입니다.

여인은 즉시 대답을 하려다 잠시 생각에 잠겼고 곧 마음속에 무언가 집히는 것이 있다는 표정이 되었다. 그러면서 말을 가다듬었다.

사실 쇼토쿠 태자의 허구성은 역사를 조금 안다는 사람들 사이에서는 공유되고 있는 진실입니다. 하지만 왕인과 쇼토쿠가 모두 근구수왕이라는 학설은 금시초문입니다.

선생이 그렇게 주장하신다면 그것은 근거가 분명히 있을 것이

일본 최고의 성인 쇼토쿠 태자가 들어간 지폐:
'쇼토쿠 태자는 허구의 인물이다' 라고 주장하는 책이 여럿 있다. 일본 역사의 허구성과 맥을 같이 하고 있다.

고, 일본역사가 부정의 역사이다 보니 모든 가능성은 다 열려져 있읍니다만, 선생의 말이 의외로 가슴에 와닿고 있으니 잘 생각해 보겠습니다.

여인은 이어 "왕인과 쇼토쿠 둘 다 백제의 근구수왕이라면 그 근거가 무엇인지 알 수 있을까요?"라는 질문을 던졌고, 나는 짧게 아래와 같은 설명을 했는데 약 10분을 넘지 않았던 것 같다.

고대 일본의 지배 귀족은 크게 백제계와 가야계 둘로 나뉘어 집니다. 이 중 백제계는 14대 근구수왕을 제일 중요한 시조로 여겨 왕인박사로 꾸몄습니다. 동시에 쇼토쿠 태자라는 성인으로도 꾸며 조상신으로 모신 것입니다.

또 일본의 역사서인 일본서기는 서기 365년 가야왕 소전오존(스사노)이 일본열도에 진출할 때부터의 기록입니다. 곧 이어 일본은 백제의 영토가 되었다가 다시 가야의 영토, 또다시 백제의 영토가 되었답니다.

그러다가 백제가 나당연합군에 망하고서 약30년 후 697년에 일본의 건국이 있었는데, 그 이전에 있었던 40명에 이르는 천황(41대 문무천황 이전의 천황들)은 모두 가공의 인물입니다.

여인은 나의 이러한 설명에 각별한 관심을 나타내었다. 역사에 조금만 관심이 있는 사람이면 일본의 고대사는 의혹투성이라는 것을 금방 알아차리게 되는데, 왕인 전설의 동네 한가운데 자랐던 사람으로는 그러한 호기심은 지극히 당연한 일일 것이다.

여인은 일본의 역사가 가공의 역사라는 점은 인정하지만 이렇게 상세한 왕력까지 나오는 것은 금시초문이라며 놀라움 반 감탄 반의 표정을 하였다. 그것은 마치 내가 25년전에 이러한 학설을 처음 대할 때 가졌던 감정과 동일할 수도 있는 것이다.

이야기가 오가면서 우리는 통성명을 하였다. 여인의 이름은 '다케후 준고'이며 가까운 사람끼리는 '이쓰코'라고 부른다고 자신을 소개하였고, 우리도 그렇게 불러도 좋다고 말하였다. 여인은 우리 일행과의 대화에 퍽이나 마음이 끌리는 것 같았다.

한가지 다행은 모든 면에서 부족한 우리의 일본어였지만 그녀와

오사카의 여인

관리가 되지 않고 방치된 전왕인묘:

'전왕인묘' 근처의 '박사왕인분'의 안내 팻말은 녹슬고 찌그러져 있는데, 바닥에 쓰러져 있는 것을 사진을 찍기 위해 세운 것이다.

는 영어로 대화가 가능한 점이었다. 특히 한일 두 나라 사람 사이에는 일본어와 영어를 같이 쓰면 대화가 웬만큼 가능한데, 이러한 대화 방식은 여행 내내 지속되었다.

* * * * *

한 사람이 늘어 4명이 된 일행은 올 때와는 달리 후지사카 역까지 걸어와, 기차를 타고 올 때 멀리서도 보였던 초대형 간판이 걸린 라면집에서 늦은 점심을 하면서 맥주를 주문하고 또 가지고 간 소주를 꺼내놓고 환담을 나누었다.

오사카 시내에서 '전왕인묘'가 있는 히라카타 역까지는 기차로 여러번 환승하며 길이 까다로울 것이라는 호텔의 설명도 있었지만, 이렇게 하여 그날 오전으로 우리의 '전왕인묘' 답사를 쉽게 마칠 수 있었다.

이렇게 시작한 인연으로, 여인은 그날 오후와 다음날 이어지는 나라와 쿄토에서의 여러 고적을 둘러보는 우리의 일정에도 동참하였으며, 우리는 고품격의 대화와 수준 높은 안내도 기대할 수 있게 되었다. 그녀는 오사카의 신칸사이新關西 대학에 강사로 나가며 프리랜서 성격으로 언론사에도 일을 하고 있다는 말을 덧붙였다.

여행의 마지막 날, 네명의 우리 일행은 오사카의 난바와 신사이바시, 도톤보리 등 여러 거리를 배회하였고, 또 함께 노래 부르고 술과 안주로 떠들며 오사카에서의 마지막 뜨거운 밤을 유감없이 보냈다. 그리고는 밤늦게 이쓰코와 우리 일행은 헤어졌다.

* * * * *

　그 후에도 우리와 이쓰코는 계속하여 이메일과 페이스북을 통하여 문자와 사진을 주고받았다. 이러한 SNS 상에서의 정보교환은 딱히 어떤 특별한 내용은 아니고, 주말에 찍은 등산사진을 올린다든가 하는 정도의 극히 사소한 안부의 교환이었다. 가끔은 역사이야기도 곁들였다.

　일년이 지난 지금도, 친구들은 그때의 여행을 여전히 기억하고 이야기하며 어느 사이엔가 거기서 만나 며칠간의 여행을 함께 한 이쓰코를 '오사카의 여인'이라고 부르게 되었다. '오사카의 여인'은 남자 3명으로 이루어진 우리의 역사답사 팀에게는 즐거운 추억담이 되었으며, 자칫 따분할 수도 있는 우리들 모임의 이야기는 어느새 '오사카의 여인'으로 이야기의 주제가 바뀌어가기 일쑤였다.

　내가 올해 초 '왕인박사는 가짜다'라는 제목의 책을 탈고 정리하는 과정에서도, 그때의 답사여행이 자주 떠올랐으며 특히 '오사카의 여인'에 대한 추억이 큰 부분을 차지하였다.

█ 동행

　나는 오래전부터 일본 야마구치 현의 '하기'시와 큐슈 남단의 가고시마 여행을 계획하여 왔다. 그것은 일본의 메이지유신의 주역들이 주도했던 '피의 역사'의 고향을 직접 밟아보면 어떠한 의미를 찾아낼 것 같았고, 또 무거운 주제의 현장인 만큼 직접 몸과 마음으로 느껴보고 싶었기 때문이다.

작년의 오사카 여행 친구들과 같이 가는 계획을 잡았고, 이쓰코에게도 참가의사를 받아 날짜까지 잡아 놓았으나, 이번의 여행은 서로 시간이 맞지 않아 몇 번의 연기가 있었다. 이쓰코한테도 매번 통보해야 했고 초조해질 수 밖에 없었다.

이 여행은 내가 주도하고 내가 절실히 필요한 여행인만큼, 마음이 다급해지면서 마침내 이쓰코에게 둘이서 가자는 당돌한 제의를 했다. 이쓰코는 망설이며 대답을 하지 않았지만, 나는 함께 가는 것으로 알겠다고 말하고 혼자 서울을 나서서 후쿠오카행 비행기를 탔다.

후쿠오카 공항을 나와 하카타 전철역으로 가는 티켓을 끊던 중, 연락이 안되던 이쓰코한테서 전화가 왔다. 그녀는 언론사의 후배를 만나러 이틀 전에 후쿠오카에 이미 와 있었으며, 나와 동행을 이미 결심하였다는 것이다. 나는 어려운 결정에 감사한다는 말을 정중히 건넸다.

이번에는 작년과는 달리 나와 그녀는 일대일의 관계가 되었고 유난히 화사했던 그녀의 모습이 남아있던 나로서는 반갑기 그지 없었는데, 사실 그녀가 나 개인의 여행에 동행하는 것에 완전한 기대를 하고 후쿠오카에 온 것은 아니다.

부근의 커피샵에서 테이블을 마주하여 함께 담소를 나누는 동안, 새삼 그녀가 상당한 지식과 교양의 소유자라는 점을 느꼈으며 내심으로는 그녀가 이번 나의 일본 고대사 연구에 대해서 작년 오사카에서와 똑같은 관심을 가져주기를 바랬다.

한국어로 된 책이 그녀에게는 별 의미가 없는 것이지만, '왕인박사'에 대해 내가 쓴 책을 꺼내어 사인을 하여 정중히 그녀에게 증정했다. 그녀는 의외로 소탈한 면이 있었고, 이번 여행에 대하여 매우 긍정적으로 말하면서 사실 '하기'에 대해 많이 들어왔고 '하기'는 한번은 가보고 싶어 했던 곳이었다고 말하였다.

그녀는 작년 왕인묘의 방문에서 내가 말한 왕인과 쇼토쿠 태자의 근구수왕과의 관련설을 잊지 못했다고 한다. 그 후 역사강의에도 다녔고 많은 책도 섭렵했으며 여러 곳에 알아본 결과 그 관련설이 분명하다는 결론에 도달했다고 했다.

오사카의 여인

한가지, 선생의 이야기는 분명해 보이는데도 쇼토쿠와 왕인의 관계 나아가 근구수왕의 관계에 대하여 일본에서는 자료를 찾을 수도 없고 그것을 말하는 사람이 없습니다. 일본이라는 나라의 한계가 있습니다. 사실 선생이 일본에 온다면 한번 만나고 싶었습니다.

나의 동행 제안에 아무런 대답이 없이 나를 애태우게 하였으나, 그녀는 역사에 대한 지대한 관심에서 나와 조금도 다르지 않는 것을 이제야 실토하였다. 나는 애써 태연한 표정을 지으며 동행에 감사하다는 말만 반복했다.

한가지, 역사에 대해서 대단한 호기심을 가진 그녀의 입장에서 보자면 나를 만난 것이 좋은 기회일 수도 있다는 생각이 들었는데, 이런 내용은 일본에서는 절대로 들을 수 없는 학설이다.

이것은 한일역사를 전면적으로 바꿔야 할 정도로 중요한 학설이며, 한국에서도 아주 소수의 사람들만이 이러한 지식을 공유하고 있을 뿐, 아직 보편화되어 있지 않다. 하지만 분명히 진실을 담고 있다.

한 나라의 문화와 역사에 있어서 그것을 다른 측면에서 바라보는 외부 시각은 분명히 존중되어야 하며, 어떤 면에서는 밖에서 보는 시각이 더 객관적이고 균형감이 있을 수 있음을 인정하지 않으면 안 된다. 모든 일본인들이 이쓰코와 같은 자세의 반만 가지고 있었더라도 인류의 평화는 진즉에 도래하였으리라.

한편 달리 생각해 보면, 이쓰코가 나와 동행하기로 결정을 내린 데에는 작년 오사카에서 그녀가 우리와 같이 보낸 사나흘의 시간의 무게가 매우 컸음이 분명하다. 밤낮을 계속하여 이쓰코와 우리 일행이 함께 보냈던 시간은, 약속한 시간에 잠시 만나는 것과는 전혀 다른 비중을 가지는 것으로, 그 사나흘의 시간은 이쓰코에게는 특별한 것이었고, 그런 이유로 나의 동행 제의를 받아들일 수 있었을 것이다.

* * * * *

오래전에 이미 알고 있었던 것으로, 그녀의 지적 호기심 특히 역사와 문화 분야에 대한 관심은 상당하였으므로, 그녀도 웬만큼은 여기에 대해 연구해왔을 것이다. 따라서 비록 영어로 하는 대화였지만, '조슈'와 '사쓰마'의 두 지방(번)에 대한 이야기는 서로 소통이 잘 되었다.

조슈와 사쓰마의 두 번藩은 일본 전체에서 보면 작은 지방이지만 두 곳에서 메이지유신을 일으켜 일본 전체를 삼켰지요. 그런데 2차대전까지 이들 두 '번'에서 일본의 수상, 육군대장과 해군대장, 장관, 검찰총장의 70%를 독식한 곳입니다. 혹 선생도 메이지유신의 성격을 이렇게 보는 것은 아닌지요?

이 이야기는 그녀가 말한 것이다. 나는 메이지유신이 쿠데타라는 내 나름의 확고한 결론을 내리고 있다는 것과, 이 세력들이 임진왜란 때 조선에 침략하여 무한의 고통을 가했던 것으로, 특히 나의 관점에서는 일본인들의 시각과는 많이 다르다는 점을 강조하였다.

이 메이지유신의 세력들이 임진왜란까지 소급될 수 있는 것은 그녀도 짐작하지는 못한 것 같다.

문제는, 이들 세력은 바로 임진왜란 때 조선을 침공하는데 주력의 군사를 이룬 집단이며, 조선을 폐허로 만든 동일한 세력이 260년만에 부활하여 메이지유신의 주력이 되었고, 다시 조선을 정복한 사실입니다. 말하자면 메이지유신의 세력은 히데요시의 망령이 틀림없는 것이지요.

나는 임진왜란 후 일본을 장악한 에도 막부가 동북아에서 기여한 평화에 대해서는, 지금까지 일반적으로 생각해 온 것보다 더 큰 의미

오사카의 여인

메이지유신을 일으킨 4개의 번:

1868년의 메이지유신은 일본의 지배권을 노린 4개의 번(조슈·사쓰마·도사·히젠)이 주동이 되어, 260년간 일본을 지배해 온 에도막부를 타도한 내전과 쿠데타이다.

내전은 이들 4번과 기타의 번, 그리고 막부 사이에 연합과 적대, 그리고 배신으로 이루어졌다. 이것도 마지막에는 두 웅번(조슈와 사쓰마)이 연합한 '삿초동맹'이 반막부의 주도세력이 되었고 도사와 히젠은 보조세력이 되었다.

초기 4개번에서 시작한 메이지유신은 '조슈'와 '사쓰마'의 2개 웅번이 최종 승리자가 되었지만, 당시에는 누가 최후의 승자가 될지는 아무도 몰랐다.

메이지유신을 주도한 인물들은 일본의 권력을 독점하는데 그치지 않고, 조선·만주·중국을 침략하였다. 이후 이들이 세운 제국은 태평양전쟁을 일으켰다가 패망하였다.

현재의 지명:

조슈 번: 야마구치 현　　　**사쓰마 번:** 가고시마 현
히젠 번: 사가 현　　　**도사 번:** 고치 현
하기: 조슈 번의 번성(수도)　　**가고시마:** 사쓰마의 번성(수도)

를 두어야 하며, 막부를 전복시킨 메이지유신은 쿠데타로서 반역사적인 망동이라고 규정하였다.

또 메이지유신은 한국사와 뗄래야 뗄 수 없는 관계이며, 임진왜란과 에도막부까지도 한국사와 유기적으로 결합해야 한다는 나의 독자적인 역사관을 피력하였다. 이것은 지금까지의 역사해석보다는 훨씬 방대하고 포괄적인 역사관이며 이는 충분히 입증될 수 있다고 말했다.

사실 요즈음 들어서는 메이지유신을 쿠데타라고 정의하는 것이 일본에서도 꽤 지지를 받고 있다고 이쓰코는 말했지만, 위에서 말한 고도의 역사해석은 그녀가 역사를 전공하지 않는 한 더 이상 알 수 없는 일이다.

> 이들 두 번이 메이지유신에서의 주도적 역할을 한 다음, 조선과 만주를 삼키고, 중국과 필리핀, 동남아를 침공하여 태평양을 놓고 미국과 반으로 나누어 가지려고 했던 것입니다. 2차세계대전의 패망까지 일본의 팽창을 주도한 것은 이들 두개 번의 사람들이었지요.

이렇게 시작하여, 우리 둘은 이들이 얼마나 대담한 규모의 전쟁을 계획하고 실천에 옮겼는지에 대하여 이야기를 나누었다. 그녀는 아무래도 전쟁에 대해서는 나만큼은 관심이 없는 관계로 이 부분은 내가 주로 말하였다.

태평양 전쟁의 초기에 일본은 싱가포르나 말레이에 그치지 않고 인도양에까지 진입하여 당시 영국령이었던 인도의 동부에 있는 콜

롬보 항을 폭격하고 영국의 인도양 함대와 몰디브에 있던 영국의 비밀 해군기지에 막대한 피해를 입힌 일도 있었다.

일본의 인도양 진입은 단 한차례였지만 그 규모는 진주만의 기습에 동원된 기동함대의 규모를 능가하는 것이었고, 태평양전쟁의 전반 내내 "벵골만과 인도양의 제해권을 장악한 일본이 영국령 인도에 지상군을 투입하여 점령할지 모른다" 며 영국의 막심한 우려를 불러일으켰다.[3] 다음의 지도는 일본 제국이 최대로 팽창했을 무렵의 판도이다.

또 한편으로 많이 알려지지 않는 사실로, 일본의 해군은 호주의 북쪽 다윈 항을 단 한 차례 폭격함으로서 항구로서의 기능을 마비시켰는데, 일본군의 공격으로 필리핀에서 탈출한 맥아더 장군이 호주군 사령관을 맡아 기존의 작전계획을 폐기하고 완전히 다시 수립하도록 한 것이 그것이다. 그 이전에 호주군 수뇌부는 호주 전체영토의 3분의 2를 포기하고 동남부 일대에서만 저항하는 전시계획을 세웠던 적이 있다.

일본의 동남아 침공은, 2차대전의 발발로 영국과 프랑스, 네덜란드가 유럽의 대전에 휘말리거나 아예 나라가 통째로 적국에 점령되어 아시아의 식민지까지 손을 쓸 수가 없었던 결과이기도 하다.

그러나 요점은 모두 조슈 번과 사쓰마 번의 핵심 세력들이며, 이들 두 지역의 핵심 멤버들이 만주사변과 중일전쟁, 태평양 전쟁의 거대한 마스터플랜을 세우고 이의 실행을 주도해 왔다는 사실이다.

이것은 결국 무엇을 말하는가? 메이지유신은 도박으로 보자면 잭

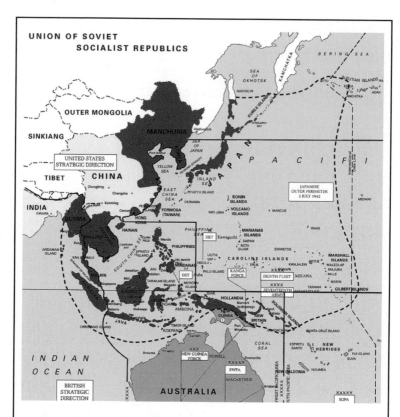

메이지유신이 가져온 결과

– 2차세계대전 때 일본의 최대판도

조슈와 사쓰마의 2개 번은 근대 일본 제국을 세웠는데, 이를 메이지유신이라고 한다. 이들 메이지유신의 세력은 곧 조선을 정복하고 중국과 동남아의 침공으로 치달았다.

위 지도는 1942년 말을 기준으로 만들어졌으며, 지도의 검게 칠한 부분은 2차세계대전 때 일본 제국이라는 악의 그림자가 드리운 지역으로 제국의 최대 판도를 표시하고 있다.

메이지유신에서 시작된 일제의 끝없는 야욕은, 사무라이들의 로망으로 미화되기도 하지만, 주변국들에게는 극심한 고통과 피해를 입혔다.

지도출처: www.emersonkent.com/map_archive/

팟 같은 초대박이 연달아 터진 것으로, 일본의 급팽창은 2차대전 초기에까지 이어졌다. 메이지유신은 두개의 번에서 일본전체를 장악하였고, 다음에 두개의 번에서 조선을 삼키고, 나아가 만주를 삼키고, 더 나아가 중국 대륙과 동남아를 삼킨 연속된 사건이다.

이쓰코는 대전 말까지 일본의 육군과 해군은 마치 남의 나라 군대와 같이 갈등이 심하였다고 하며, 다음과 같이 그 이유를 요령있게 설명해 주었다.

> 일본군 내에서 육군과 해군의 대립이 심하였다는 것은 널리 알려져 있는데, 그것이 가능했던 이유는 일본 제국이 한반도·만주·중국본토·동남아·뉴기니 등으로 계속하여 영토가 확장되어 속된 말로 먹을 것이 많아져서, 육군과 해군은 각각 독자적인 영역을 구축할 수 있었기 때문입니다.

에도 막부의 힘에 밀려 260년간 절치부심해 왔던 조슈와 사쓰마의 두 번이 주도한 메이지유신은, 일본 열도 뿐 아니고 조선을 포함하여 동북아, 나아가서 만주, 중국 본토를 넘어 인도양에까지 들어가서 당시 세계의 최강이었던 영국에 도발하는 대담한 전략으로 세계지도를 바꾸려고 했던 역사적 사건이다.

나는 한국인의 입장에서 이야기하였지만, 사실 이쓰코는 많은 것을 알고 있을 것이고, 비록 이쓰코가 몰랐거나 또는 관심이 없었던 사실일지라도 한국인과 이러한 역사적 내용에 대해 이야기를 나눈다는 것은 많이 아는 것과는 다른 별개의 문제로 역사적으로도 중요한 주제이다.

* * * * *

어쨌건 한 시간이 넘는 동안의 대화를 나눈 후, 이쓰코와 함께 커피샵을 나와서 곧 야마구치 역으로 가는 신칸센 기차를 탔다.

야마구치 역에 내리니 점심 무렵이 되었다. 예쁜 도시락이 눈에 들어왔는데 일본의 역전 도시락은 '에키벤토駅弁当' 줄여서 '에키벤駅弁'이라고 하며 품질이 보장되고 값도 싼 것이 특징이며, 이것으로 역전의 한쪽 벤치에서 점심을 같이 하였다. 이쓰코도 나와 함께 에키벤을 먹는 것을 즐거워했는데 여행내내 미소를 잃지 않았다.

점심을 마친 후 역에서 나와 '하기'로 가는 버스에 몸을 실었다. '하기'는 그야말로 궁벽한 시골에 지나지 않았다.[4] 야마구치 역에서 내려 버스를 타고 한 시간을 더 넘게 달렸는데 내가 서울에서 준비한 안내서에는 정류소가 40군데 정도가 표시되어 있으나 실제로는 15군데 밖에 세우지 않을 정도로 한적했다. 또 그 정류소의 절반마저 타고 내리는 손님이 없는데도 규정대로 세우는 것이었다.

하기가 속한 야마구치는 현재의 총리인 '아베 신조'의 선대의 고향이다. 가끔 창밖으로 아베 수상의 사진을 건 선거포스터가 눈에 들어왔는데 이쓰코는 현재 일본에는 지방선거가 있다고 이야기해 주었다.

'하기'는 한참 잘 나갈 때는 일본군 대장들이 발에 채일 정도로 넘치던 시절이 있었던 도시이다. 그도 그럴 것이 모든 권력을 하기와 사쓰마가 독점하였고, 일본 군부의 특이한 인맥과 정실로 흐른 인사로 인하여 하기와 사쓰마 만이 그러한 번영을 누렸는데, 이러한 일은 2차세계대전의 패망 때까지 이어졌다.

사실 육군대장이나 해군대장만 조슈와 사츠마가 독점한 것만이 아니고 일본전국의 권력을 두 번에서 독점하였다. 다음은 입헌정치 (1889년)와 의회제도의 시행에 대비하여 구성한 초대 내각과 각료들의 출신지역이다.

그 각료구성을 보면, 일본의 메이지유신이란 것이 우리가 알고 있던 것과는 많이 다른 내용인데, 그것은 분명히 권력과 이권을 차지하기 위한 사무라이들의 쿠데타이고 군사반란이었다.

우리는 이런 얘기를 하면서 버스에서의 장시간을 때웠다. 타고 온 버스는 한 20인용 정도의 크기였는데 승객은 우리 둘을 포함하여 6, 7명 밖에 되지 않았다. 그중의 반은 꽤 먼 거리를 가는 노인들이었다.

1885년 '이토' 내각 각료의 출신지역		
총리 조슈	대장 사쓰마	농상 도사
외무 조슈	문부 사쓰마	체신 기타
내무 조슈	육군 사쓰마	
사법 조슈	해군 사쓰마	

1885년 구성된 이토 히로부미 내각 각료들의 출신지역을 보면, 조슈와 사쓰마가 각 4명, 도사 1명, 기타 1명으로, 철저히 두 번에서 장악했다.

그야말로 첩첩산중의 한가운데를 관통하는 좁은 도로인데, 버스는 100km가 채 안되는 거리를 한 시간 반 넘게 달려 종점인 동하기

역에 우리를 내려 주었다. 우리 외에 세 명의 중학생이 같이 내린 것이 승객의 전부였다.

내가 서울을 떠날 때 예약한 호텔에서 이즈코의 방 하나를 추가로 주문하였다. '하기'는 관광객이 많지 않은 도시로 호텔의 예약은 쉬운 일이었다. '하기'시로 접근하는 교통편이 너무나 불편하기 때문으로 관광객은 매우 적었는데, 이러한 현상은 주말에도 마찬가지라는 호텔 측의 영어설명이 있었고 이즈코와 함께 들었다.

역사배경과 용어:

일본의 근대사는 우리의 역사와 떼려야 뗄 수가 없는 관계에 있으므로, 다음의 용어 정도는 상식적으로 알아둘 필요가 있다.

근대 일본을 시기별로 구분하면 다음과 같다.

시대구분	연대	비고
전국시대 (약 100년간)		일본 전역이 수백개로 쪼개져서 서로 싸움
	풍신수길 집권	풍신수길(아들) 정권은 에도막부에 의해 멸망됨.
에도막부 (265년간)	1590~1603 (13년간)	
	메이지유신	막부의 말기 15년간은 여러차례 내전이 있었다.
일본제국 (77년간)	1868	
	2차대전	
현정부	1945	

임진왜란과 정유재란: 1592~1598년의 7년간의 왜란.

에도막부는 조선 후기와 시기가 겹친다.

갑자기 중요한 존재가 된 천황:

에도막부가 무너지면서 막부 쇼군의 자리에는 천황이 들어섰는데, 일본 역사상 약 700년간 세 차례 있었던 막부(무인정권)의 지배기간 동안, 천황은 명목뿐인 허수아비 왕이었다.

메이지유신 이후, 천황은 매우 중요한 존재가 되었으며 신의 위치에까지 올려졌다.

200개가 넘는 독립 소국인 번藩:

1868년 메이지유신까지, 에도막부가 다스리던 일본은 전국이 200여개의 번으로 나누어지고, 일정규모 이상의 번은 독자적인 조세·행정·사법·입법체계와 군대를 가지고 있었고 경제도 독자적으로 운영되어 독립국이나 다름없었다.

여기에다, 중앙의 에도막부는 다시 이들 200여개의 번을 무력으로 지배하는 이원적인 구조였다. 이러한 '막부와 번'의 체제를 줄여서 막번幕藩 체제라고 한다. 번藩은 대체로 우리의 군郡 보다 약간 큰 크기였다.

이러한 막번체제는 사실상 봉건제도의 형태이며, 일본은 일찍이 중앙집권국가를 이룬 중국이나 한국에 비하여 2500년 이상 전근대적이고 후진적인 정치체제에 머물러 있었던 것이다. 일본은 메이지유신 이후부터 조선이나 중국과 마찬가지의 중앙집권적 국가의 형태가 되었다.

다이묘, 번, 번주:

200여개로 쪼개진 번의 영주를 번주 또는 다이묘라고 한다. 번주를 왕으로 부르기도 한다. 다이묘의 가신家臣을 번사藩士라 한다.

메이지유신의 2개 번藩:

히데요시가 죽은 후, 전 일본의 다이묘들은 동서 둘로 나누어 싸움을 일으켰는데, 이때 히데요시 아들의 편인 서군과, 도쿠가와 이예야스 편인 동군의 싸움이 세키가하라 전투(1600년)이며 일본역사상 최대규모의 전투로 기록된다.

조슈와 사쓰마는 히데요시 아들의 편인 서군으로 참전하였다가 동군인 이에야스에게 패하였다. 이때부터 도쿠가와 막부에 눌려오다가 260년만에 막부를 타도하였다.

메이지유신의 성격-1 (쿠데타 및 중앙집권제 국가수립):

메이지유신이란 1868년 조슈와 사쓰마의 2개 웅번이 지배세력인 에도막부를 무너뜨리고 일본의 지배권을 차지한 쿠데타이다. 또 하나 중요한 점은 중앙집권제 국가의 수립이다.

에도막부가 쓰러진 자리에 천황제가 들어섰는데, 그때까지 전국 200여개의 번이 경제·군사·행정의 면에서 독립국처럼 운영되어 오다가, 새로운 천황제 아래에 중앙집권제의 근대국가를 이루었다.

그리고는 두 번이 주도세력이 되어 조선을 침략하였고, 이어서 만주와 중국본토, 그리고 태평양 전쟁으로 미국에 도전하였다가 패망하였다.

메이지유신의 성격–2 (근대화와 천황제 도입):

메이지유신은 두 개의 번이 일으킨 쿠데타이지만, 흔히 그 전후에 일어난 서구화(근대화)와 새로운 천황제를 함께 묶어 이야기함으로서 매우 복잡한 내용이 되고 만다.

이것은 일본의 전근대적 사회에서 오는 상황이 우리에게 익숙하지 않아서이다. 여기에다가 중앙집권화에 따른 지명과 행정구역과 명칭의 변경 외에 일본인들의 긴 이름도 그러한 요소다. 또 일본인들의 성과 이름을 쉽게 바꾸는 것도 이해하기 어려워지는 요소가 된다.

4개의 웅번:

'조슈·사쓰마·도사·히젠'('삿초토히'라고도 한다)의 4번이 반란을 일으킴으로 메이지유신이 시작되었다. 이 쿠데타를 주도한 번을 4웅번이라고 하는데 '웅雄'이란 수컷으로 쎈놈이란 뜻이다.

초기의 4개 번이 시작한 쿠데타는 조슈와 사쓰마의 2개 웅번이 주도하였고 최종으로 이들의 승리로 끝났는데, 중간에 두 웅번이 연합하여 막부에 도전한 것을 삿초동맹이라고 한다.

초기부터 4개의 번이 단합하여 막부에 대항했던 것은 아니며, 이들 사이에도 연합과 배신, 치열한 전쟁이 있었다. 마지막 결과로, 이들 연합이 막부를 타도한 것으로 될 뿐이다.

제2장

존재의 이유

다음날 하기에서의 일정은 아침을 먹자마자 시작되었다. 그것은 내가 빠듯한 시간 내에 도시의 모든 면을 빠짐없이 보겠다는 생각이 머리에 가득했기 했기 때문이다.

나는 들리는 목적지와 장소의 특징을 미리 서울에서 상세히 연구하여 하기에 왔다. 하기 성의 3중의 방어 구조, 다시 말하자면 물을 채워 방어벽을 만드는 해자가 삼중으로 되어 있다고 이쓰코에게 설명하면서 지도를 펼치고 설명했는데, 그러자 같이 지도를 보던 이쓰코가 말하였다.

하기 전체가 섬인데, 그것도 방어선이 아닐까요?

나는 서울에서 지도를 놓고 몇번 연구를 하였지만, 이쓰코는 한

동해

D

A

B

C

안쪽해자

중간해자

호리우치

바깥해자

성하마을
(조카마치)

하기의 방어 구조:

위의 지도에서 보면, 물을 채운 해자가 3중의 방어 구조를 하고 있다. 또 하기 시 전체가 강으로 둘러진 삼각주인데 이것까지 고려한다면 4중의 해자가 되는 셈이다.

A부분은 혼마루(本丸: 본성)로 불리며, 번주의 집무실과 개인집, 천수각 등이 있고 전시에는 최후 방어선이 된다. 천수각은 일본의 성에서 제일 높은 망루 형태의 건물을 말한다.

B부분은 니노마루二の丸로 번의 정청 등이 있고, C부분은 산노마루三の丸 또는 호리우치堀內로 불리며, 여기에 상급무사들의 거주지가 형성되었다.

D는 평지로 이루어진 하기의 삼각주 중 유일한 산인데, 정상에는 산성詰丸을 설치하였고, 여기에 다시 '혼마루, 니노마루'가 반복되어 독립된 요새를 이루게 된다. 만약 혼마루인 A부분이 함락되면 다시 이곳 산성詰丸이 최후의 요새가 된다.

눈에 여인 특유의 직감적인 시각을 가지고 있었다. 나는 하기라는 도시가 위치한 삼각주의 지도를 부분으로 확대하여 연구하였고, 한쪽은 바다이고 다른 쪽은 강이어서 단독의 섬이라는 점을 무신경하게 흘려버리고 삼중의 해자에만 집중했던 것이다.

그녀의 말대로 도시를 감싸는 두 개의 강물도 또 하나의 방어벽을 형성하는 셈이었다. 따라서 물로만 이루어진 해자는 모두 4중의 방어벽을 형성하고 있었다. 나는 이러한 간단한 사실조차 간과하였으므로, 그녀의 직관력을 높이 평가하기로 하였다.

이렇게 본다면 막부시대의 다이묘들은 성벽을 겹겹이 두르고 2, 3중의 방어벽을 치는 등 오직 방어에 만전을 기하였던 것이다.

그것도 모자라 불의의 습격을 받을 경우를 대비하여, 어느 방향

보방의 성채 구조:

이 유난을 떠는 성곽의 구조는 17세기 프랑스의 공병장교 보방Sebastien de Vauban이 고안하였다.

성 바깥으로 특수한 제방을 설치하여, 대포가 직접 성벽을 때리는 것을 막도록 되어 있다.

실제로 이러한 형태의 성채는 프랑스의 수백 곳에 건설되었으며, 나폴레옹 시대까지 존속하였다.

으로나 쉽게 벽을 뚫고 도주할 수 있도록 사방의 벽을 얇은 칸막이로 만든다던가, 암살자가 몰래 복도를 걸어오더라도 마루바닥이 특별한 소리를 내도록 만들거나, 마루대신 자갈을 깔아 같은 음향효과를 내게 한다는 등 일본의 성들은 각각의 신비한 이야기를 간직하고 있다.

그런데 하기 성에는 첩첩으로 둘려진 해자로만 외적에 대한 대비를 끝낸 것이 아니고 아직도 더 있다. 성의 뒷산에는 하기 성과는 별도로 독립된 산성詰丸을 설치하여 여기에 다시 혼마루와 니노마루 등이 반복함으로서, 만약 하기 성이 함락되더라도 이곳 산성이 다시 최후의 요새가 되도록 하고 있다.

다시 한번 더, 성하마을에 있는 하급무사의 집단가옥인 '사무라이 야시키'侍屋敷와 사찰까지도 길게 배치하여 시가전에서 방어벽 역할을 하도록 하였는데, 주로 나가야(長屋: 연립주택)의 형태로 성하마을 입구에 집중되었다.

중세 유럽의 성들도 예외없이 시가전을 대비하여 시가지가 미로로 건설되었으며, 근대 유럽의 도시도 모두 그러하다. 대포가 출현한 이후에도 중세의 성에서는 공성하는 측의 대포가 땅에서 한번 튕기도록 하여 성벽에 피해가 없도록 설계하였다. 17세기 프랑스 장군 보방vauban이 고안한 성벽 구조는 글레이시스(일종의 제방)의 도입으로 유난스런 형태를 띠고 있지만 실제로 나폴레옹 시대까지도 도시의 성곽과 요새 등에 채택되었다.

유럽과 일본의 성들은 전쟁이 나면 귀족들과 무사들만이 성으로

소라게(집게):
자기 몸보다 큰 집을 지고
다니는 소라게, 일명 집게.
소라게에서 사무라이들의
생존철학을 볼 수 있다.

사진출처: symphonyforhappiness.wordpress.com/ pet-
infoclub.com/respect.tistory.com/

들어가 항전하는 형태이다. 특히 일본에서는 전쟁 중 산으로 도피해 있던 백성들이 싸움이 끝난 후 나타나서 이긴 쪽의 사무라이들에게 세금을 바치면 끝나게 되는 참으로 편리한 사회 시스템이었다.

반면에 조선에서는 전쟁이 나면 백성들과 군관이 일체가 되어 성으로 들어가 항전하는 형태의 사회 시스템을 띠고 있다. 임란 시 행주산성에서 부녀자들이 군인들과 함께 전쟁에 참여한 것과 진주성 전투는 잘 알려진 사례이다. 특히 임란 중 의병이 일어난 것은 그러한 공생공사共生共死라는 사상에서 발현된 것이다.

이렇게 왕과 백성이 일체가 되어 전쟁에 동참하는 일은 고구려 시대부터 이어져 내려온 전통으로,[5] 우리 사회는 설명이 쉽지 않은 대단한 이념을 띠고 있었다고 할 수 있다.

'하기' 성

위는 '하기' 성의 본채를 둘러싸고 있는 '안쪽 해자'^{内堀}로 폭
이 40m에 이른다. 천수각과 성채 등의 건물은 메이지유신
말에 철거되었다. 삼각주 유일의 산이 뒤에 보인다.

여기에서 각 나라의 성에 대하여 약간 장황한 이야기를 하는 것
은 성곽의 건축술이나 조영술에 대한 관심보다는 조선의 사회가 얼
마나 독특한 철학을 가지고 있었는지를 말하려는 데 있다.

그리고 보면 일본의 모든 성들은, 소라의 단단한 껍질을 집으로
삼고 그러므로 제 몸에 어울리지 않게 큰 집을 지고 다니는 소라게
(집게)의 우스운 모습과 매우 유사하다고 할 수 있다.

순간적이고 찰나적이며 전투적으로 극단의 생존만이 강조되고,
오직 생존에만 절대적이고 최고의 가치를 두는 일본의 독특한 무가
사회의 성격은 하기라는 도시에서도 그 생존본능의 정신세계를 고
스란히 노출시키고 있다.

따지고 보면, 하기만이 그런 것은 아니고 당시의 모든 일본의 성들이 이러한 형태를 가지고 있는 것이다. 따라서 그들의 통치방식은 조선의 그것과는 완전히 다른 것으로, 서울 도성을 보면 그 성벽이라는 것은 일본과 서양의 그것과는 전혀 다른 형태를 띠고 있다.

또 서울 내에서도 경복궁이나 창덕궁, 덕수궁 등의 담장은 성벽이라고 볼 수 없을 정도로 낮은 것이다. 더구나 해자도 없다.

일본 전통사회의 특징은, 조선 사회가 추구한 고도의 이념 즉 인간과 천지의 조화라든가 인륜의 질서와 규범 등 관념적이고 철학적인 개념과는 전혀 다른 성격을 가진 것인데, 나는 이러한 일본과 조선 사회의 비교문화에 대해 몇 년 전부터 책을 쓰고 있다고 말하였고 한참 뒤에 나올 책의 이름을 미리 소개하였다.

'하기'성의 산성 부근:

평지의 하기 성과는 별도로 산 정상에 독립된 산성 詰丸을 설치하여, 여기에 다시 혼마루와 니노마루 등이 반복된다.

일본은 근대까지 2,500년전 중국의 춘추·전국 시대와 너무 흡사한 사회였다. 바로 만인에 대한 만인의 싸움이 그것이다. 일본의 전국시대와 근대 메이지유신의 자취를 뒤돌아보면, 공자의 가르침인 유교가 무슨 대단한 사상이나 철학이기보다는, 정치는 칼로 하지 말고 자신이 제시하는 방법으로 하라는 정치 매뉴얼에 가깝지 않을까-라는 생각이 든다.

사회의 질서를 칼에만 의존하는 방식, 말 대신 무력을 과시함으로 의지를 관철시키는 방식을 보면 일본이 중국의 춘추시대와 동일선상에 있음이 분명해진다.

경복궁의 담장:

일본이나 중국, 유럽의 성에 비하면 한국의 궁성을 두른 담은 민가의 담장에 가까우며 약간 더 높을 뿐이다.

일국의 궁성인 경복궁의 담장은 엄청난 군사적 방어의 개념이 없다. 대포와 군사적인 공격을 감안한 성벽의 개념이 아니다. 일본이나 중국, 유럽의 궁성과는 개념을 달리한다.

일본 전국의 수백 개로 나누어진 번들이 각각 독자적인 행정·군사·사법 체제하에서 번주(다이묘)의 지배를 받음과 동시에, 다시 중앙의 에도 막부의 지배를 받는 이원적인 막번 체제는 아무리 보아도 춘추오패의 이원체제와 달라 보이지 않는다.

2,500년전 춘추시대의 다섯 패자인 제 환공이나 초 장왕을 막부의 쇼군이라고 보고, 다시 이들의 지배를 받는 작은 나라들을 일본의 번이라고 가정한다면 어떠한 차이가 있을 것인가? 또는 춘추·전국 시대의 주나라 왕을 일본의 천황으로 등치할 수도 있을 것이다.

이쓰코 역시 일본 문화에 대하여 상당히 가슴에 닿는 의견을 피력하였다. 그녀는 일본 무가사회의 생존만을 위한 나의 의견에 다음의 설명을 덧붙였다.

> 침실에서는 시종이 영주 대신 아랫목에서 비단이불을 쓴 채 잠을 자고, 영주는 윗목에서 시종처럼 잤으며, 음식은 시종이 먼저 먹어 독극물이 없음을 확인하고서야 먹을 수 있었답니다.[6]
>
> 오늘은 살아있어도 내일은 기약할 수 없었고, 아침에 일어나 숨을 쉬어야 살아있음을 실감할 수 있었지요. 피를 나눈 형제가 언제, 어디서 자기를 죽이려고 하는지 알 수 없고, 충성을 맹세한 가신이 언제, 어디서, 어떻게 적으로 돌아설지 알 수 없는 그러한 시기였어요.
>
> 어떤 일본의 대영주는 자신을 독살하려고 음식에 독을 넣었다며 그의 친 어머니와 동생을 죽였고, 아들에게 살해당한 영주도 있었으며, 형제나 충성을 맹세한 가신으로부터 살해당한 영주는 그 수를 헤아릴 수 없을 정도로 많았었지요.

영화에서 보듯이 유럽의 성은 성문을 내려서 다리를 만들어 해자를 건너게 되며, 일본의 성과 똑 같이 치열한 싸움을 연상하게 한다. 또 중국의 성도 해자로 둘려지고 엄청나게 높은 성벽으로 이루어진다. 그러나 한국에는 이러한 성의 개념이 있는가? 이런 의미에서 보자면, 서울을 둘러싸고 있던 성이나 충남의 해미읍성 등을 보면 성의 개념과는 거리가 멀다.

즉 조선의 사회는 일본과 같은 방식의 살벌한 생존투쟁은 없었다는 이야기가 될 수 있지만, 다른 한편으로는 사회 내부의 분열은 무

충청남도의 해미읍성:

일본이나 중국, 유럽의 성에 비하면 한국의 성들은 담장에 가까운 개념이다. 경복궁 등의 왕궁도 외적을 막는 성벽이라는 개념이 아닌 것으로, 조선의 통치는 무력에 근거하지 않았음을 나타내고 있다.

지금은 없어졌지만, 해미읍성의 주위 해자의 폭은 2m에 불과했으며, 성벽의 높이도 5m로 담장 역할을 하는 정도였다.

력에 의존하지 않는 방식 즉 직접적인 무력이 아닌 고도의 사회시스템으로 통치가 이루어졌음을 알 수 있다.

이런 면에서 보다면 조선의 국가시스템은 세계사적으로도 독특한 방식이었다고 이쓰코에게 설명하였다. 이러한 한국문화의 특징은 일본 문화와 대비가 되었을 때 가장 분명하고 효과적으로 설명할 수 있게 된다. 이러한 관점은 내가 앞으로 전개하려는 담론의 중요한 부분으로 조선의 독특한 선비와 유교사회라는 개념과 긴밀하게 연결되어 있다.

내가 고등학생이었을 무렵, 박경리의 소설 '토지'가 나왔고, 이무렵에 이어령이 쓴 몇 권의 책을 읽은 적이 있다. 그후 대학생 때 이어령의 '축소지향의 일본인'이라는 책이 나왔다. 이어령의 몇몇 책들은 고등학생 때도 보았으나, 나에게 감동을 준 것으로는 '축소지향의 일본인'이 유일하다. 이 책은 일본의 문화비평에 관한 주제로 나는 그후 수십년 동안 이어령의 저작 이상이 되는 책을 쓰겠다고 작정한 적이 있었다.

이러한 일을 이쓰코에게도 말하였다. 내 말에 한참을 생각하던 이쓰코는 자기도 그 책을 보았다면서 일본에서도 같은 제목으로 출판되었고 상당히 많이 팔린 책이라고 말하였다.

이쓰코는 일반 문화나 역사에 대한 관심이 깊은 편이었고, 특히 나와 이야기 할 때에는 조금의 편견이 없이 모든 것을 수용할 수 있는 코스모폴리탄의 면이 있었다. 상당히 미인인 그녀는 비록 나보다 20년 정도 어린 40대 초반의 나이였지만 대화의 도중에서는 연륜에서 오는 편안함도 있었다.

한가지 말을 남기고 싶은 일로, 이쓰코는 여행 내내 한국인인 나를 의식하여 어떠한 신사를 들려서도, 일본인들이라면 의례히 신사에서 하는 의식- 물로 손을 씻고, 향불을 올리거나 마지막에 손뼉을 쳐서 의식을 끝내는 것을 본 적이 없다. 이 지고至高한 역사답사 중에는 그녀 나름으로 한국인의 역사관에 철저하게 동화 매몰되겠다고 한 결심이 고마울 뿐이다.

오사카의 여인

1 여기에서는 '조선과 예술, 야나기 무네요시 저, 박재삼 역, 범우사, 1997'을 참고·인용하였다.

2 관위(冠位)는 '관직과 지위'를 말한다.

3 D. 매카더의 자서전을 보면, 일본의 인도양 진입은 단 한 차례였지만, 태평양전쟁의 전반 내내 영국의 막심한 우려를 불러 일으켰다.

4 막부는 조슈 번의 세력을 누르려고 동해 쪽 현재의 위치에 수도(번성)를 짓게 했는데, 이것이 지금은 궁벽한 지방도시가 된 이유다.

5 '산성으로 보는 5000년 한국사' 이덕일·김병기 공저, 예스위캔, 2012.

6 다음의 책에 이같은 내용이 나온다. '사무라이 정신은 거짓이다' 장성훈 저, 북마크, 2013.

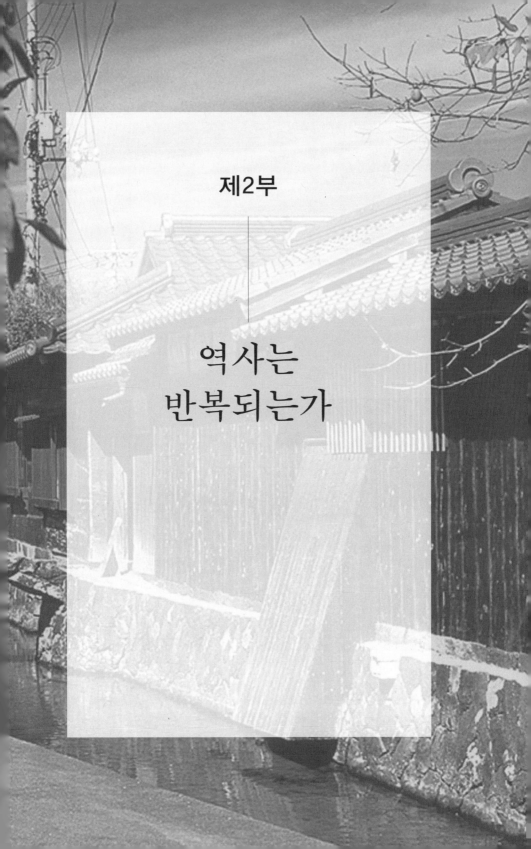

제2부

역사는
반복되는가

하기萩 **의 주택가:**

밀감나무와 사철나무의 정원, 햇빛에 말라버린 목재 담벼락, 풍부한 수량이 흐르는 주택가의 도랑 등, 평화적인 풍경을 이루는 하기.

사진출처: http://www.visit-jy.com/

제1장

메이지유신의
2개 번

임진왜란과 메이지유신, 무려 1,350년 전에 있었던 백제의 멸망(660년)에 따른 백제인의 일본으로의 철수, 그리고 조슈와 사쓰마를 생각할 때마다 끊임없이 역사는 반복하는가, 아니 인간의 운명은 반복하는 것이 아닌가- 라는 생각에 사로잡히게 된다.

일본은 임진왜란에서 조선을 철저하게 짓밟고 약탈했다. 그러한 임란의 세력들이 260년 만에 막부를 뒤엎고 정권을 뺏어 다시금 우리나라를 집어삼킨 것이다.

즉 임란의 주도세력으로 살아남은 자들이 메이지유신을 일으켰으며, 바로 조슈 번주 모리 데루모토毛利輝元와 사쓰마 번주 시마즈 요시히로島津義弘가 바로 그들이다.

임진왜란의 왜장이라고 하면, 우리는 '고니시 유키나가'와 '가토

임진왜란의 왜군진격로:

임진왜란을 일본에서는 '문록의 역役'이라고 한다. '모리 데루모토'毛利輝元는 왜군 중 가장 많은 3만명을 이끌고 출전하였으며, 부산·청주·죽산·한양·안변·춘천·원주로 진격하였다.

'시마즈 요시히로'島津義弘의 진격로는 한양·안변·강릉·삼척 등으로 이어졌다.

지도출처: http://indoor-mama.cocolog-nifty.com/

키요마사' 등은 잘 알지만 사실 이 '하기'를 건설한 '모리 데루모토'가 가장 많은 군대를 이끌고 참전한 사실은 무관심하여 왔다.

또 임진왜란 때 사쓰마의 번주 '시마즈 요시히로'의 조선에서의 활약과 메이지유신에서의 비중도 위의 '모리 데루모토'와 놀랄만큼 닮았다.

慶長の役侵入路

정유재란의 왜군진격로:

임진왜란을 일본은 '경장의 역役'이라고 한다. 병석의 '모리 데루모토'毛利輝元를 대신하여, 그의 종제인 '모리 히데모토'毛利秀元가 모리군 3만명을 이끌고 우군의 총대장이 되어 부산·창원·청주·죽산·공주·전주·의령 다시 창원으로 진격하였다.

'시마즈 요시히로'島津義弘는 우키타宇喜多秀家와 함께 사천·남원·공주·해남 다시 사천으로 진격하여 전라도를 종횡으로 휩쓸었으며 조선에 극심한 피해를 입혔다.

지도에서 전라도 방면의 흰 선이 시마즈의 진격로이다.

지도출처: http://wtfm.exblog.jp/

임진왜란과 정유재란에서 모리 데루모토와 시마즈 요시히로 두 장수의 행적은 상위의 왜장 5명에 포함될 정도로 중요 인물이다. 이들 두 인물은 한국인에 있어서, 이토 히로부미나 도요토미 히데요시에 못지 않는 비중을 가지고 있으며, 이들에 대하여 결코 무관심해서는 안 된다.

우리는 임진왜란의 3대대첩을 '한산도해전, 행주성전투, 진주성전투'로 알고 있지만, 일본의 관점은 우리와는 전혀 다르다. 그들은 일본이 승리한 '벽제관전투, 울산전투, 사천전투'를 임란의 주요 전투로 보고 있다.[1]

그런데 일본이 승리한 이 3개의 전투 중에서 벽제관 전투는 모리가문이 참전한 전투이며, 사천전투는 시마즈 요시히로가 승리한 전투이다. 벽제관 전투에서 명군을 대파한 고바야카와小早川隆景는 모리毛利가의 방계로 '모리 데루모토'의 삼촌이다.

육전과는 별도로 칠천량 해전에서 시마즈 요시히로는 토도 타카토라, 카토 요시아키, 코니시 유키나가 등이 연합한 일본 수군의 주력이 되어 원균이 이끄는 조선의 수군을 전멸시키는 대승을 거두었다.[2]

우리의 교과서에서도 임진왜란의 기술에서, 한일관계의 역사를 일관성 있게 파악할 수 있도록 260년 뒤의 메이지유신을 주도한 번인 '모리 데루모토'와 '시마즈 요시히로'의 왜란의 활동 사실을 함께 다루어야 하지 않을까? 그것은 일본이 불과 100여년전까지 세습가문을 중심으로 이루어져 온 전근대적인 사회였음을 고려하여야만, 일본에 대한 전반적인 이해가 가능하기 때문이다.

모리 데루모토毛利輝元

조슈의 번주 '모리 데루모토'는 히데요시의 일본 통일에 큰 기여를 하였고 이러한 일로 히데요시 수하의 다이묘 중 최대의 영지를 소유하게 되었다.

그 후 '테루모토'는 '히데요시'의 조선침략 즉 임진왜란에 주력군 3만명을 이끌고 참전하였다. 특히 모리 데루모토의 숙부 '고바야카와 다카가게'는 1593년의 벽제관 전투에서 명나라 장수 이여송이 거느린 명군을 대파했다.

임진왜란에서 동원된 군대수를 보면 다음과 같다. 모리 데루모토가 30,000명으로 제일 많으며, 사쓰마의 시마즈도 32명의 장수 중 서너번 째로 많은 10,000명의 군대를 동원하였다. 그 외 고니시는

모리 데루모토毛利輝元

조슈의 초대 번주: 임진왜란 때 가장 많은 병력을 이끌고 조선침략의 선봉에 섰다.

히데료시의 사후, 히데요시 편의 총대장으로 '도쿠가와 이에야스'와 싸웠으나 패배하였다.

7,000명, 가토 키요마사는 8,000명을 동원하였다.[3]

임진왜란과 정유재란의 공적에 의하여 '테루모토'는 오대로五大老에 임명되었다. 오대로란 '히데요시' 말기에 다이묘 중 가장 공이 크고 신뢰할 만한 다섯명을 선발하여 임명한 것인데, 임종 때 히데요시는 이들에게 남은 아들의 보좌를 부탁하고 죽었다.

히데요시가 죽은 후 일본 전역의 다이묘가 두 편으로 갈라져 싸웠는데, 일본 역사상 가장 큰 전투라고 하는 세키가하라 전투이다. 이 때 테루모토는 히데요시의 아들 편인 서군의 총사령관이 되어 '도쿠가와 이에야스'의 동군과 대적하였으나 패하였다.

참고: 임란시의 왜장 및 군원일람표

순서	왜 장 명	인원
제1진	**小西行長** 宗義智 松浦鎮信 등 6장	18,700
제2진	**加藤淸正** 鍋島直茂 相良賴彦 등 3장	22,800
제3진	黑田長政 大友義統 2장	11,000
제4진	毛利壽成(모리 가의 방계), **島津義弘(시마즈 요시히로)** 등 6장	**14,000**
제5진	福島正則 長曾我部元親 등 6장	25,000
제6진	小早川隆景 毛利秀包 立花宗茂 등 5장	15,700
제7진	**毛利輝元(모리 데루모토)**	**30,000**
제8진	羽喜多秀家	10,000
제9진	羽榮秀勝 細川惠興 2장	11,500
	모두 32 장수	158,700명

비고: 위와는 별도로 15만명의 예비병력이 나고야 성에 대기하였다. 또 왜의 수군은 9천명이 침공하였다.

출처: '일본서적 일본교류사-조선서적의 일본약탈사' 이준걸, 홍익재, 2012.

테루모토는 이에야스에게 영지가 몰수될 뻔했으나, 주위의 적극적인 변호에 의해 모리 본가의 멸망은 피하였고 스오周防와 나가토長門 두 개 지방만을 간신히 유지하였다. 이때 영지의 규모가 112만석에서 37만석으로 대폭 줄었다.

이렇게 하고도, '모리 데루모토'는 삭발하고 출가하여야 했으며 영주의 자리를 장남에게 넘겼으나, 암암리에 실권을 행사하였고 4년 후 하기성의 축석을 개시하여 거성으로 삼았다. 사실상 조슈번의 번조인 셈으로 현재 '하기' 성의 입구에는 그의 동상이 세워져 있다.

세키가하라 전투가 있은지 14년 후에 벌어진 전투 즉 히데요시의 아들과 '도쿠가와 이에야스'가 맞붙은 '오사카의 전투'(1614년)에서 테루모토는 이에야스 편에 붙어서 가문을 보전하였다.

오사카의 전투에서 승리한 이에야스는 일본 전역을 차지하고 에도(현 도쿄)에 무인정권인 막부를 세우고 일본을 지배했다. 260년 후에도 막부는 모리 가가 지배한 조슈와, 시마즈 가가 지배한 사쓰마번이 주도한 메이지유신으로 멸망하였다.

그런데 테루모토의 행적 중 한가지 눈에 띄는 것이, 생전에 숙청과 암살을 많이 한 인물로 그것은 여러 기록으로 남아 있는데, 인물의 파악에는 이러한 사실도 참고되어야 하지 않을까?

> 구마가이 모토나오 - '하기'의 축성이 지연되어 처형하였다.
> 아마노 모토노부 - '하기'의 축성이 지연되어 처형하였다.
> 스기 모토노부 - 그의 부인을 빼앗으려고 살해하였다.
> 요시미 히로나가 - 모반을 꾀한다는 이유로 토벌하였다.

나이토 모토요시 - 사노 미치요시 사건에 연좌되어 자결하였다.
나이토 모토모리의 장남.
아와야 모토토요 - 나이토의 차남으로 위의 이유로 자결.
우가이 모토타츠 - 고바야카와 다카카게의 가신으로 살해.

임진왜란 때 일본군의 포로가 된 강항은 그의 저서 간양록에서 데루모토에 대해 "겸손하게 느긋한데서 조선 사람의 성격과 비슷하다"고 기록하고 있는데, 나는 이해가 잘 안된다.

시마즈 요시히로島津義弘4

사쓰마 번주 '시마즈 요시히로'島津義弘는 전국시대에 젊어서부터 용맹을 인정받아 형을 제치고 번주의 상속을 받았다. 요시히로는 히데요시의 전국통일에 협력적이었으며, 임진왜란에서는 만명의 군역을 동원하여 '모리 요시나리'[5]의 뒤를 쫓아 강원도에 진격하였다.

정유재란이 시작된 1597년 7월에는 다른 왜장들과 수군을 연대하여 조선의 장수 원균이 이끈 조선 수군을 칠천량 해전에서 전멸시켰고, 8월에는 남원성 전투에 참가하여 제장들과 전주회의에 참가한 후, 충북 부여까지 북상하였고, 정읍을 경유하여 전남 해남까지 남하하였다. 10월에 경남 사천을 수비하였다.

명나라 병사들이 귀신장군이라고 불렀던 요시히로에 대한 다음의 평가는 그가 얼마나 조선에 큰 피해를 주었는지를 나타내고 있다.[6]

시마즈의 병사들은 일대를 뒤지며 도둑질을 일삼았다. 진주지역으로 들어오는 바다 사천만. 이곳은 시마즈 요시히로의 왜성이 있던 곳이다. 삼면이 바다로 둘러싸인 수륙요새 선진리성은 일본군에 전략적 거점이었다.

노량에서 이순신에게 패하기 전까지 사천만은 시마즈 요시히로의 바다였다.(시마즈가 노량에서 패한 것은 아니라는 일본측의 주장이 있다 ─필자주) 결국은 이 지역을 통해서 일본군이 안전하게 철수를 할 수 있었고 또 많은 우리의 포로라든가 정유재란 때에 지리산을 중심으로 해서 약탈됐던 많은 물자들이 이곳을 통해서 일본으로 빠져나가게 되었다.

정유재란의 거의 마지막에 남해안에 강력한 세력을 구축한 시마즈 요시히로를 몰아내기 위해 조선과 명나라 연합군은 사천의 선진리 성을 공격했다. 그러나 시마즈 요시히로에 유인작전에 말려들어

시마즈 요시히로島津義弘

사쓰마의 번주: 임진왜란 때 조선에 침략하여 많은 피해를 입혔다.

전투는 반나절에 끝났다.

　일본의 기록인 도진의홍기島津中興記에는 "왜군은 이 전투에서 38,717명의 목을 베었다고 하였으며, 시마즈는 성밖에다 시신을 묻고 큰 무덤을 만들어서 경관京觀[7] 이라 명명하였다"는 기록이 있다. 사천의 전투에 대하여 선조실록에는 명과 조선의 대군 29,000명을 7,000명으로 무찔렀다는 기록이 남아있다.[8]

　시마즈가 만든 경관, 즉 조명군의 시체의 무덤이 조명군총朝明軍塚이다. 일제시대에는 시마즈가의 후손들이 찾아와 여기에다 기념 비석을 만들어 놓기도 하였다.

　임진왜란 마지막 전투인 노량해전에서는 일본측의 지휘관이었으며, 순천에 고립된 '고니시 유키나가'小西行長 군을 구하기 위해 출격하였고, 이순신 장군과 명의 수군 부장 등자룡을 전사시킨 인물이다.

　일본함대는 사천의 시마즈, 창선도의 소오 요시토시宗義智, 부산의 데라자와寺澤正成 등이 연합한 대규모 함대였다. 이순신 함대와 시마즈의 함대가 싸우는 사이, '고니시' 군은 퇴각에 성공하였고 이로서 시마즈의 작전목적은 달성되었다. 이러한 조선에서의 전공에 의하여 시마즈 가의 봉록은 증가하였다. 그러나 배와 병력은 거의 궤멸하였는데 그의 배는 250척 중 200척이 파손되고 겨우 50여척을 이끌고 도주하였다. 이때 일본군의 전사자는 1만명이었다는 기록이 있다.

임진왜란 후 일본 전국의 다이묘들이 둘로 나눠 싸운 세키가하라 전투에서 히데요시의 아들 편인 서군에 가담하였다가 패주하여 사츠마에 도주하여 온 요시히로는 이에야스의 토벌에 대비하여 무장을 갖추고 국경을 폐쇄하는 한편 사력을 다하여 이에야스와의 평화 교섭을 추진하여 사츠마를 보존하였다.

바로 직전, 이에야스는 큐슈 다이묘들의 군사 3만명을 동원하여 토벌군으로 출발시켰으나 번번히 실패하였는데, 사츠마에는 아직 1만명이 넘는 군사가 건재하여 장기전의 우려가 있고 이 경우 불만

노량해전에서의 시마즈 요시히로島津義弘

노량해전에서 시마즈의 수군은 이순신 장군과 등자룡(명의 장수)을 전사시키고, 순천의 고니시 군을 무사히 탈출시켰다.

지도출처: http://tieba.baidu.com/p/1798918493

세력들의 반란이 염려되어, 부득이 출정을 중지시키고 시마즈 가의
영토를 그대로 인정할 수 밖에 없었다.

　시마즈를 토벌하지 못한 이에야스는 이 일이 마음에 걸렸고, 죽
음에 이르러 유체를 사츠마를 향하도록 하여 장사지내라고 유언을
남겼다. 이에야스의 우려는 260년 후 도막운동(倒幕運動: 막부타도)이
라는 형태로 현실화되었다.

시마즈 요시히로島津義弘

사쓰마의 번주로 임진왜란 때 조선에 침략하여 많은 피해를 입
혔다. 그림은 임란 전의 일본 내의 오키타나와테 전투(沖田畷合戰,
1584)에서의 출전을 그린 것으로 '요시히로'는 그림 윗부분에서 검
은 말을 타고 있다.

사쓰마 번의 생존본능 ─ 외성제^{外城制}

본서의 앞에서 하기의 성을 중심으로 사무라이의 생존본능을 이
야기하였다. 메이지유신을 주도한 두 개의 번 가운데 나머지 하나인
사쓰마 번을 둘러보면 '하기'에 못지않은 독자적인 생존본능의 철학
을 견지하는 예를 볼 수 있는데 그것이 바로 외성^{外城} 제도이다. 이것
은 가고시마의 여명관에서 본 가장 인상적인 것 중의 하나이다.

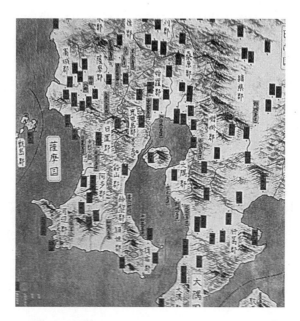

사쓰마 번^藩의 외성^{外城}

사쓰마 번의 외성은 사무라이 사회의 전근대성을 보여주고
있다. 가고시마 시의 본성(츠루마루, 鶴丸) 주위에 설치된 해
자 등의 방어시설과는 별도로 100여개의 외성을 설치함으
로서 사무라이의 생존 본능을 과시하고 있다.
길죽한 금강^{錦江} 만의 가운데 있는 섬이 활화산인 사쿠라지
마^{櫻島} 이며 바로 왼편 건너에 가고시마 본성이 있다.

사쓰마는 큐슈의 최남단에 자리했던 번이다. 일찍이 막부의 허락을 얻어 최남단에 바로 이어지는 류큐 왕국(지금의 오키나와)을 점령하여 사쓰마 단독의 속국으로 삼았다. 사쓰마 일개 번藩이 영국의 함대와 단독으로 대적하였다가 무참히 패배한 적이 있을 정도로 무력에는 자신이 있었다.

외성제도는, 근세 사쓰마 번이 지방행정과 방어를 일체화한 지배구조로서 군사 네트워크를 형성하여 반농반사半農半士의 무사 집단이 주둔 거주하여 유사시에는 영주의 명으로 전투원이 되는 역할을 하였다.

외성은 가고시마 성하城下 마을과 그 부근을 포함하여 사쓰마 전체에 100여 곳이 있었다. 번 직할의 외성外城과 번주 일가 등의 상급 가신이 지배하는 외성을 합하여 1744년 이후에는 113개로 숫자가 거의 안정되었다고 한다.

사쓰마 번藩 하나에 100개가 넘는 외성이 배치된 것은 분명히 앞에서 본 소라게(집게)의 생존방식과 같이 지나친 면이 있다. 백성(영민)들과 차별화한 특권 지배층과 영주 자신만 살아남겠다는 이기적인 발상으로 사무라이의 과잉된 생존철학일 것이다.

역사는
반복되는가

조슈 '모리' 가의 새해는, 번주와 소수의 측근 가신들 간에 다음과 같은 신년인사가 의례적이고도 260년간 은밀하게 계속되어 에도 막부에 대한 복수심과 증오심을 키워왔다.[9]

> "주군, 올해는 거병하여 막부를 타도하여 세키가하라의 원수를 갚아야 합니다."
> "아직은 때가 아니며, 힘을 키워 다음을 기약하자"

그런데 이러한 대화가 260년간 계속되었다는 사실은 우리의 상식으로는 이해가 잘 안된다. 그것은 막부의 '도쿠가와'가와 조슈의 '모리'가의 두 가문 모두 그 지위가 대대로 세습되어 온 점이 우리들의 사회와는 완전히 다른 이유일 수 있다.

조선의 경우, 국가의 어떠한 정책도 왕이나 어느 대신 한사람이 독단으로 결정하는 일이 없고 조정이라는 공론의 장에서 의논하에 결정을 내리게 되며, 그렇게 내려진 결정에 대해 어느 한 사람에게 그 책임을 물을 수는 없게 되며, 그 결정은 조선이라는 국가가 내린 것으로 된다.

따라서 위의 260년간 계속된 두 가문의 원한관계는 일본이라는 전근대적인 사회의 산물이며, 이것은 지금으로부터 2500년전의 중국 춘추시대에 나온 고사인 와신상담나 오월동주 등과 같은 태고적 이야기로 들릴 뿐이다.

에도막부에 대한 사쓰마의 정서도 조슈의 정서와 똑 같았을 것이며, 전근대적인 세습제와 귀족체제 아래에서 대대로의 원한과 복수심으로 불타는 그 집념은 충분히 이해되는 바가 있다. 에도 막부를 뒤집어엎으려는 운동, 줄여서 '도막倒幕 운동'은 막부를 불구대천의 원수로 보고, 그 적을 쓰러뜨리지 않으면 안된다는 운동이었다.

'도막운동'이라는 말 자체가 이러한 의미에서 매우 상징하는 바가 크다고 할 수 있는데, 이러한 배경에서 조슈와 사쓰마의 두 번은 막부를 타도하는 메이지유신이라는 쿠데타를 감행하였고, 이의 성공 후에는 조선을 병탄하기에 이르렀는데 메이지유신의 유탄은 고스란히 조선이 맞은 것이다.

아래의 토막(도막) 운동을 살펴보면 메이지유신의 본질이 더욱 명확하게 설명될 것이다.[10] 여기에서 메이지유신의 복잡한 과정을 설명하거나 이해시키려는 목적이 아니고, 다만 그것이 명분없는 반란이라는 성격이라는 것을 말하고자 함이다.

> 사태가 급박해진 10월 13일, 막부는 대정봉환(大政奉還: 천황에 권력 이양)을 단행한다는 방침을 세웠다. 다만, 막부의 구상은 그렇게 하더라도 막부의 쇼군이 차후에 만들어질 권력기구에서 의장의 지위만은 확보하려 했던 점에서, 막부를 배제하려는 토막파討幕派의 구상과는 차이가 있었다.
>
> 이 같은 막부의 선수先手에 이미 토막討幕의 거병을 결정했던 사쓰마·조슈의 양번은 거병의 명분을 잃어버릴 위기에 처하게 되었다. 이런 위기를 타개하기 위해 오쿠보는 이와쿠라를 통해 토막파 중신 3인에게 '토막의 밀명'을 내려줄 것을 교섭했다. 〈중략〉

그렇다면 메이지 천황이 정치적으로 양면 작전을 구사했다는 얘기다. 왜냐하면 같은 날짜에 막부의 상소를 접수하는 한편으로 사쓰마·조슈 양번에 대해서는 막부를 토벌하라는 밀명을 내렸기 때문이다.

우리는 여기에서 일본에 특유한 사무라이들의 음모정치를 보게 되며, 내용을 잘 아는 상당수 사람들이 메이지유신을 음모와 획책이라고 하는 것을 이해하게 될 것이다. 다음에 글이 이어진다.

사실, 사쓰마 번은 그보다 5개월 전에 이미 에도의 사쓰마 번저(藩邸: 제후의 저택)에 사무라이 500명을 집결시켜 일부러 막부 교란작전을 벌이고 있었다. 이들은 검은 복면을 하고 밤마다 방화·강도 사건을 일삼아 에도의 치안불안을 꾀하는 한편, 이에 발끈한 막부의 선제공격을 유도했다. 막부가 번저藩邸에 대해 선제공격을 가하기만 하면 사쓰마 번으로선 개전開戰의 대의명분을 확보하게 되는 것이었다. 이런 작전을 배후에서 조종한 인물이 바로 '사이고 다카모리'였다.

드디어 막부는 '사이고'가 깔아 놓은 미끼를 덥석 물고 말았다. 방화와 강도짓을 자행하던 흑복면의 무리들이 에도의 사쓰마 번저로 사라지는 현장을 막부의 순찰조가 확인했던 것이다. 10월 25일 막부군은 에도의 사쓰마 번저에 대포까지 발사했다. 이 사건으로 사쓰마 측은 전사 18명, 항복 42명, 생포 33명의 피해를 입었다

위대한 메이지유신은, 위와 같은 음모와 획책을 바탕으로 그 첫 발을 내딛게 된 것이다. 여기에는 요시다 쇼인의 선동과 생도들의

착실한 훈육, 조선을 정복하자는 사이고의 정한론, 700년 동안 존재 감이 없던 천황을 앞장세워 에도막부에 대해 무력으로 도발하려는 4 개 웅번의 음모와 야욕, 그리고 획책이 있었다.

흔히 메이지유신은 대단한 사상과 이념에서 진행된 것으로 잘못 알려져 있다. 다음은 바로 위의 글과 동일한 시기의 동일한 사건을 다루고 있는 글인데, 막부를 타도한 메이지유신의 '지사'라는 인물들 의 실상과 '도막운동'의 본질을 보여주고 있다. 여기에 나오는 '양이' 라는 말과 '텐추구미의 변' 등의 복잡한 말은 무시하고 그냥 읽어 나 가보자!¹¹

이것이 계기가 되어 '안도'도 실각하여 일본은 바로 지사^{志士}들의 천하가 되었다. 이렇게 하여 막부의 요인은 '지사'라는 테러리스 트에게 벌벌 떨며 막부의 힘은 쇠퇴해 버렸고, 점점 '지사'가 조 종하는 꼭두각시 조정(천황의 새 정부)이 되어 간다.

그리고 마침내 막부의 쇼군 '이에모치'는 조정의 강압에 의해 "1863년 5월 10일을 기하여 양이(외세배척)를 결행한다" 라고 전 국에 선언해 버렸다. 그러나 당일 '양이'를 결행한 것은 '지사'의 거점이었던 조슈 번 뿐이었다. 나머지 번들은 연동하지 않았다.

또한 이 날에 맞춘 듯이 '양이'를 외치며 지사들이 '텐추구미의 변'과 '이쿠노의 변'을 일으키는데, 이는 '양이'를 위장한 '도막행 동' 즉 막부타도 운동이었다.¹²

이들 반막부 세력들이 도막^{倒幕} 운동에 성공하여 원수를 갚고 메 이지유신의 새 정부에서 영달하는데 그쳤다면 그것만으로는 우리

한국과는 무관한 역사가 되었을 것이다.

그런데 임진왜란 후 260년이 지나고서도 이들 임진왜란의 세력들은 히데요시의 원령이 씌어져 히데요시가 생전에 이루지 못한 조선정벌을 나섰고 이를 관철시켜 낸 점이 우리의 지대한 관심을 끌고 있다. 이들은 분명히 히데요시의 망령들이며, 그것을 입증할 수 있는 증거는 여럿 있다.

메이지유신으로 쓰러진 '에도막부'야말로 역사상 드물게 동아시아에 장기간의 평화를 가져왔고, 조선에 우호적이었으며 일본이 에도막부 시절 유교적인 국가로 진행되어가는 시점에서[13] 메이지유신이라는 복병을 만났다고 생각한다.

만약 에도막부가 계속 존속하였다면 피로 얼룩진 메이지유신 대신 다른 방식의 근대화가 이루어졌을 것이며, 히데요시의 망령들이 부활하여 조선을 침공하는 일도 없었을 것이다.

이 망령들은 세키가하라 전투에서 도쿠가와에게 패하여 그 세력이 약화되기는커녕 260년만에 오히려 세력을 키워 '세키가하라'의 원수를 갚은 것이다. 모리 가와 시마즈 가는 원수를 갚기 위해 260년이라는 장구한 기간을 절치부심으로 기다려 온 것이다.

사실 우리들 한국인의 관점으로는 복수라는 말은 언어도단일 뿐이다. 우리의 조선사회의 전통적인 관점으로는 개인적인 원한을 품고 사는 일은 자랑도 정의도 아니고, 복수의 행위도 인정되지 않을 뿐 아니라 미덕은 더욱 아니다. 그러나 이러한 일이 일본에서는 '도막운동'이라는 대의명분으로 다루어져 왔는데, 도막운동이나 메이지유신에 대한 일본인들의 편협한 시각에는 도저히 동의할 수가 없다.

이러한 일은 앞에서 말한 바, 춘추·전국시대의 이야기와 같으며, 일본이 에도 시대에 근대적인 국가의 기틀은 다졌지만, 한편에서는 2,500년전의 구습과 낡은 사상이 혼재하고 있었음을 보여주고 있을 뿐이라고 생각한다.

이 도막운동이 무슨 대단히 정의로운 명분으로 받아들여진 배경으로는 일본 사무라이들이 전근대적인 세습적인 지위를 누려온 데서 생긴 일본 특유의 사고방식 때문일 것이다. 사회보다는 가문과 가족, 가신을 먼저 챙기는 습관이 그것이다.

* * * * *

이러한 관점에서 하기와 사쓰마에 대해 내가 사용한 '악의 근원' The origin of evil 등의 말에 이쓰코도 분명 일리가 있다고 동의하였다. '하기'라는 절대로 친근해질 수 없는 도시에서 이쓰코가 여행에 동행하고 나의 감정을 들어주는 것이 고마웠다. 그것은 역사를 거슬러 오르는 시간의 여행을 같이하는 동반자로서의 교감으로, 근세 일본의 역사를 부정하려고 안간 힘을 쓰는 나에게 원군으로서 엄청난 위안을 주었다.

이쓰코와의 이야기 도중, 임진왜란과 메이지유신의 260년 간격의 세월을 넘나들며 조선에 극심한 피해를 끼친 이들 세력들에 대한 상념에 젖었고, 불현듯 윈스턴 처칠의 '2차대전 회고록'[14]에 나오는

'해군성의 업무'Admiralty Task라는 글이 떠올랐다.

당시 영국은 해군국으로 세계 최강국이었기에 해군장관이었던 처칠은 1차대전의 중심인물이 되며, 2차대전에서는 수상으로서 영국을 이끌었으므로 처칠은 그야말로 양 대전의 중심인물이었던 것이다. 세계의 최강국이었던 영국도 2차대전 후 세계중심의 자리를 미국에 넘겨주게 되었다.

이 글은 내가 대학생 때 읽었던 처칠의 회고록에서 가장 인상적인 부분으로, 오래전 내 블로그에 영어 원문을 올려 놓았으므로 이쓰코와 함께 휴대용 태블릿으로 읽을 수 있었다.

그날도 다른 날과 같이 쾌청하였다. 모든 것은 순조롭게 진행되어 저녁에 우리는, 본국함대의 다른 거함 4, 5척이 모여있는 '로크이웨'에 정박하였다. 주위에는 자색의 스코틀랜드의 산들이 아름답게 비쳤다.

나의 생각은 25년 전의 같은 9월로 되돌아갔다. 존 젤리코 경과 그의 함장들을 방문한 것도 바로 이 만灣으로, 그때도 지금 우리들을 괴롭히고 있는 것과 같은 불안에 사로잡힌 전함과 순양함의 긴 함렬이 정박한 것을 보았던 것이다.

당시의 함장이나 제독의 대부분은 이미 이 세상을 떠났거나 훨씬 전에 은퇴하였다. 지금 여러 함정을 방문할 때 나에게 인사를 올리는 상급장교들은, 훨씬 오래전에는 아직 젊은 소위나 그것도 안 되는 후보생이었다. 〈중략〉

완전한 규율, 훌륭한 자세와 태도, 제식동작- 이 모든 것은 옛날과 조금도 달라지지 않았다. 그러나 같은 제복의 알맹이가 되고 같은 부서를 채우고 있는 것은 전혀 다른 세대의 사람들이었다. 다만 군함의 대부분은 나의 재임 중에 건조된 것이고 새 군함은 하나도 없었다.

처칠은 먼저 1차세계대전 때 해군장관으로서 전쟁 준비와 자신의 역할을 언급하고, 2차세계대전이 시작되자 20년만에 다시 해군성으로 복귀하여 영국의 북단에 있는 해군기지를 시찰한 소감을 적고 있다.[15] 그것은 다음과 같이 이어진다.

> 그것은 돌연 전생에 소생했을 때와 같은 기이한 체험이었다. 나만이 훨씬 전에 차지하고 있던 같은 지위에, 그대로 꼭 남아 있던 것과 같은 느낌이었다. 〈중략〉
>
> 이튿날 '로크이웨'에서 '인버너스'로 차를 달렸다. 그곳에서는 기차가 기다리고 있었다. 도중 뜨거운 일광에 반짝거리는 냇물가에서 야외점심을 하였다. 나는 추억에 잠기어 말할 수 없는 이상한 마음이 되었다.
>
> > 바라건데 흙에 앉아
> > 왕들의 죽음을 생각하며
> > 슬픈 이야기를 하고 싶네
> > For God's sake, let us sit upon the ground
> > And tell sad stories of the death of kings.
>
> 이렇게 시간의 간격을 두고, 똑같은 무서운 길을 두 번이나 지나간 사람은 나밖에 없을 것이다. 그 길의 정상에서 나만큼 위험과 책임을 느낀 사람도 또한 없을 것이고, 거함이 격침되고 형세가 나쁠 때에 해군 참모총장이 어떻게 취급되는가를 나만큼 이해한 사람도 없을 것이다.

우리가 실제로 다시 똑같은 원 위를 간다면 나는 다시 한번 '해임의 괴로움'을 견디지 않으면 안되는 것일까? 피셔, 윌슨, 배튼버그, 젤리코, 비애티, 패커냄, 스터디...**16** 모두 세상에서 사라졌다.

홀로 서성이는 사람이 있네	I feel like one
아, 나는 그 사람을 닮았네.	Who treads alone
향연장엔 손님들이 모두	Some banquet hall
사라지고,	deserted,
불은 꺼지고,	Whose lights are fled,
화환은 시들었는데,	Whose garlands dead,
그 사람 혼자서 떠나네.	And all but he departed!

그리고 다시 우리들이 불가피하게 내던져진 시험은, 어쩌면 지고무한至高無限한 것이었을까? 폴란드는 고뇌에 빠지고, 프랑스는 지난날의 무용의 열정도 식고, 소련이라는 거인은 이미 동맹국도 아니며 중립국은 더욱 아니고 적이 되는지도 모른다. 이탈리아는 우방도 아니고 일본도 동맹국이 아니며, 미국은 다시 참전해 줄 것인가? 〈중략〉

그러는 동안 빛은 풍경 속에서 사라졌다.

비록 형태는 달리하지만 역사는 반복되는 것이며, 인간의 운명도 동일하게 반복된 실제의 이야기를 이쓰코와 함께 읽어나갔다.

너무나 생생하게 묘사된 처칠의 경험에서 미루어 볼 때, '역사는 반복된다'Die Geschichte wiederholt sich라든가 인생유전人生流轉이라는 등의, 비록 진부하지만 윤회설의 틀림없는 진실 앞에서는 누구나 숙연해지지 않을 수 없는 일이며, 아마 이쓰코도 그랬을 것이다. 20세기의 대표적인 제국주의자의 한 사람인 처칠도 '전생으로부터의 환생' resuming a previous incarnation이라는 말을 입에 올리고 있지 않는가? 그는 분명히 20년전의 과거로 갔다 돌아온 시간여행을 말하고 있다.

* * * * *

그런데 여기에서 처칠이 직접 느낀 20년 간격의 무서운 반복보다 더한 것으로 더 오랜 세월에 걸쳐, 무한 반복되고 무한 재생, 무한 충전, 무한 순환, 그리고 무한 리필되는 실제의 역사가 하기와 사쓰마에서 펼쳐져 왔다. 바로 백제의 멸망 때부터 시작하여, 임진왜란을 지나 메이지유신에 이르기까지 한반도를 미워하고 저주하는 세력들에 의한 것이다.

내가 홀로 '하기'를 여행하려 했던 것도, 이러한 한반도에 대한 저주가 일관성 있게 진행되어 온 과정과 거기에 감추어진 순환구조의 잠재된 형상을 몸과 마음으로 느껴보려는 이유에서이다.

사실, 제반의 한일문제는 어느날 하늘에서 갑자기 떨어진 것이 아니다. 독도와 종군위안부 그리고 역사왜곡 등 모든 한일의 문제는, 일본의 고대사에 기원하는 1,300년 전부터 이어오는 일관된 저주와 증오에 기원하는 것이다.

이러한 일관적인 흐름, 즉 백제의 멸망에서부터 시작하여 임진왜란과 메이지유신으로 내려오는 하나의 맥은 일본인들은 분명히 알고 있을 것이다. 다만 한국인들만이 이러한 경험법칙을 한 귀로 흘러 보내고 무관심해 왔을 뿐이다.

나는 이러한 이야기를 이쓰코에게 이야기했고, 그녀가 약간은 복잡한 역사적 내용을 나와의 여행에서 그럭저럭 이해하는 것으로 보아, 여타의 일본인들도 알게 모르게 이러한 내용을 짐작할 수 있는 역사에 대한 감각이 체질화되어 있음이 분명해진다.

▌ 사무라이의 로망

아침식사 후 간단한 여장만 들고서 호텔문을 나선 우리 둘은 하기의 동서와 남북의 모든 거리를 부지런히 걸었다. 나로서는 봐야 할 것과 사진으로 남겨야 할 장소는 무척 많았고 이쓰코도 보조를 잘 맞추어 주었다.

이쓰코는 일견 이러한 역사의 반복과 현장의 체험에 대하여 상당한 흥미를 보였고 진지한 대화를 나누었으나, 점심 때 하기 박물관에 딸린 식당에서 같이 우동을 시키고 맥주 한 캔씩을 놓고 창밖의 조용한 정원을 내다보며 장시간 대화를 나눈 후부터, 역사 흔적의 세세한 부분보다는 하기의 고즈넉한 정취에 정신이 쏠려 들어가고 있었다.

그것은 답사와 역사의 대화보다는 도시가 주는 분위기에 젖어들어 커피를 마시자거나 악세사리 등을 파는 소품 가게에 머무는 시간이 많아졌으며, 그리고 가끔은 하기 어디서나 흔하면서도 쓴 맛의 나츠미깡을 먹어보자며 여유를 가지고 벤치에 앉기도 하였다.

또 이러한 경향은 그녀의 말에서도 그대로 나타났다.

하기라는 도시는 참으로 조용하고 더 없는 낭만적인 분위기로, 이 이상 정취있는 여행지는 드문 것 같네요.

라고 하면서 자기가 다녀본 세계의 어느 도시보다 마음에 더 든다는 것이었다.

＊ ＊ ＊ ＊ ＊

임진왜란 직전의 소위 전국시대, 전 일본이 갈갈이 찢어져 만인에 대한 만인의 싸움이 벌어졌을 때, 모든 사무라이들은 이 싸움에 말려들지 않을 수 없었다.

보통 전국시대의 다이묘들 모두가 일본통일의 야망을 꿈꾸는 영웅으로 비치지만, 실제로 대부분 사무라이들이 바라던 것은 끝없이 계속되는 참혹한 전쟁으로부터의 탈출과 평화 그리고 현상유지였다. 그러나 시대를 둘러싼 환경은 그것을 그대로 놓아두지 않았다.

그것은 죽느냐 사느냐하는 매번 갈림길을 선택해야만 했던 운명이었고, 그 싸움의 결과만이 역사로 남아 때로는 로망으로 그려지고 있을 뿐이다.

그러한 격렬한 싸움이 260년만에 재현된 것이 메이지유신이다. 메이지유신 즉 일본의 근대가 서양의 세력 앞에 발가벗겨지고 일본 내의 세력들이 여러 파벌로 나누어 서로가 서로에 대한 반목과 불화로 인하여 참혹한 내전으로 치달았던 때에, 생존이라는 오직 하나의 목표에 목숨을 걸고 각오를 다진 일단의 사무라이 이야기 속에는 항상 여인들의 스토리가 같이 묻어나온다.

그 살벌한 시대의 어디에도 풋풋한 향기를 가진 여인들이 있었으며, 거리를 거닐다가도 느닷없이 눈앞이나 혹은 등 뒤에서 칼싸움이 벌어지던 시기에 일단의 칼잡이들이 칼에 맞으면서 목숨을 간신히 부지하여 숨어든 곳에서 여인의 따뜻한 보호를 받는 모습이 떠올랐다. 그것은 일본의 드라마에서 흔히 재현되는 장면이다.

이상하게도, 수백년 전의 모습을 그대로 간직하고 있는 도시의 고즈넉한 무드에 젖어들어 햇빛과 바람과 세월에 바래어 탈색된 목조 담벼락을 뒤로 하고, 흰색 바탕에 빨간 장미꽃 무늬가 그려진 양산을 받치고 한떨기 꽃처럼 화사한 미소를 짓고 서있는 이쓰코의 모습은, 피의 역사를 간직한 채 이미 박제가 되어버린 공간과 시간과 일체를 이루어 내 눈에 들어왔다.

그러자 이내 배경의 거리가 어지럽게 흩어지며 그녀의 모습만이 유일하게 살아있는 색깔을 간직한 채 시간을 초월한 존재로 다가와, 마치 막부 말기의 혼란한 시대로부터 환생한 여인이 아닌가 하는 착각이 들었다. 그것은 제임스 카메론의 영화 타이타닉에서 난파된 배 안으로 들어간 잠수부들이 카메라를 들이대자 만물이 차례로 살아나는 장면 같았다.

시간이 정지된 거리는 막말(막부의 말기) 혼란기 사무라이들의 소란이 방금 전까지 여기에 있었던 것 같은 느낌이 들었다. 그들의 함성과 칼이 부딪히는 소리의 잔향이 아직도 남아있는 듯한 거리에서, 가끔 이쓰코가 이러한 모습으로 나의 눈을 혼란시킬 때면, 증오와 저주, 피로 점철해 온 일본역사에 대한 나의 부정적인 관점도 조금씩 흔들리고 있음이 느껴졌다.

* * * * *

사쓰마의 영주인 시마즈 가문에 내려오는 기록에 의하면 대부분의 사무라이들의 수명이 20세 전후였다는 것이다. 또 죽음도 일상적이었다고 기록하고 있다.[17] 이쓰코는 당시의 참혹성을 잘 알고 있었으며 다음과 같이 말하였다.

> 언제 어떻게 무슨 일이 일어날지 모르고, 누구를 얼마나 믿어야 할지 모르는 무법천지 속에서 일본열도는 약육강식의 정글이 된 것입니다.
>
> 모반과 하극상이 얼마나 심했던지, 영주와 사무라이들은 동료나 부하는 물론 부모나 형제, 심지어 자식까지도 믿을 수 없는 극단적인 상황이 되었고, 식사를 할 때나 잠을 잘 때에도 늘 칼을 지니고 있었고, 그것도 단순히 옆에 갖고 있는 것이 아니라 언제 어디서나 칼을 뽑을 수 있도록 준비하고 있었지요. 잠을 자는 곳조차 비밀에 부치고, 음식 또한 독살이 두려워 함부로 먹을 수 없는 그러한 시대였습니다.
>
> 당시 사무라이에게 있어서 죽음이라는 것은 이미 일상의 한 부분이 되어 있었던 것입니다. 날마다 계속되는 전투에서 보고 듣는 것이 죽음이었지요. 지난 싸움에서는 형제가 죽고, 이번 싸움에서는 조카가 죽고... 묻히지도 못한 주검이, 그것도 목이 떨어져 나간 시체가 곳곳에 널려 있었지요.

그들에게 있어 죽음은 단지 시간 문제였을 뿐입니다. 이번 싸움에 죽느냐, 아니면 다음 싸움에 죽느냐 하는 문제이지, 결코 죽음 자체를 두려워 할 수 있는 처지는 아니었던 것입니다.

그렇다면 목숨이 항상 죽음 앞에 놓여 있으며, 실제로 그렇게 살다간 사무라이들의 로망은 무엇이었을까? 아니면, 사무라이들한테 로망이라는 것이 있기는 했을까?

유난히 죽음을 찬미하고, 죽음을 앞두고 인생의 무상함을 적은 짧은 단가나 사세구辭世句 등을 남기는 전통이 사무라이들의 로망에서 비롯된 것이었을까?

수시로 전쟁이라는 극단의 환경을 겪어온 사무라이들은, 조선시대를 살다간 우리의 선조들보다 수십배 더한 강도로 인생에 대해 느끼고 인생의 무상함에 대해서도 수십배 더한 달관의 경지에 들어갔던 것이었을까?

그렇다면 이러한 이유로 죽음이라는 극단으로 압축된 인생의 의미를 더 깊이 받아들이는 종교차원의 깨달음까지 도달했던 것은 아니었을까?

사무라이의 무운이 다했을 때, 그들의 로망이 죽음 외에 유일하게 탈출할 수 있는 곳으로 여인이라는 태초의 안식처를 택하는 것은 일본의 무협영화에서 흔한 장면이다.

히로시게의 '에도 백경' 중 후카가와스사키[深川洲崎十万坪]:

하늘 높이 솟아오른 매의 순간적인 날개짓, 목표를 포착하여 뻔뜩이는 매의 눈에 대비되어, 지상의 사물은 스틸영화에서의 프레임처럼 삼차원으로 작고 과감하게 처리한 에도시대의 거장 히로시게[歌川廣重]의 우키요에 '에도 백경'[百景] 중 하나.

그림의 아래 절반은 위험을 인지하지 못하는 일상적이며 보편적인 세상이고, 그림 상부의 절반을 차지하는 매는 불안정한 시간의 추에 매달린 채 긴장과 불안 그리고 공포 속에 살아가는 사무라이의 세계를 상징하는 것이라고 말한다면 필자의 지나친 표현이 될까?

사무라이의 세계는 '무정, 순간, 대담성'이라는 키워드로 압축되며, 동양의 보편적인 사상을 고집스럽게 거부하는 경향이 이 그림에 반영되었다고 말한다면 필자의 지나친 상상일까?

* * * * *

한편 생각해보면, 또 다른 형태로 사무라이의 로망이 발현할 수 있는 곳이 있다. 그것은 바로 일본인들의 허무주의와 통하는 것이 아닐까?

'국화와 칼'의 저자 '루스 베네딕트'가 말했듯이 일본의 개별 사물들은 조밀하고 정감이 가고 애조를 띤 문양과 색조를 띠고 있지만, 거기에 잔인함으로 상징되는 사무라이들의 칼이 오버랩되면 극렬한 '대비'^{Contrast}를 이루며 일본 문화의 감추어진 진수를 드러내게 된다.

일본의 거리 상점 곳곳에서 흔히 볼 수 있는 일로, 접는 부채나 나무젓가락 하나하나에도 화려하고 정교한 문양이 들어간다. 그 문양은 예쁘고 정감이 있는 것은 분명하다.

그러나 그러한 취향은 대부분의 한국인들에게는 체질상 맞지 않는다. 일제 반세기의 지배를 겪었으면서도 현재 한국에는 이러한 종류의 일본 문화는 하나도 남아있지 않다. 적어도 외양적인 면에서는 그러하다. 그것은 일본인들의 허무주의에서 발현된 요소로서 한국인들의 심성은 일본의 허무주의 문화를 고집스럽게 거부하기 때문이 아닐까?

이러한 허무주의에서 출발한 일본의 문화는 무의미[18]의 철학으로 귀착되는데 이것이 일본의 문화와 정신세계를 관통하는 코드가 아닐까? 일본 문화에 흐르는 무의미라는 코드는 분명히 허무주의와 일맥상통한다고 할 수 있다.

사무라이들은 결국 언제 죽을지 모르는 운명이었다. 따라서 이러한 바탕에서 나온 사무라이들의 문화는 일시적, 찰나적 또는 순간적인 요소를 가지고 있다.

나는 이러한 사례를 잘 알고 있다. 사무라이들의 이러한 철학이 결국은 인생은 덧없는 것이라는 허무주의에 흐르고 있으며, 그러한 것이 죽음에 임하여 남긴 사세구에 그대로 나타나고 있다.

> 이슬로 와서 이슬로 사라지는 나의 몸이여,
> 나니와(현 오사카)의 일은 꿈 속의 꿈이로다. (히데요시)

> 기뻐하다가 잠에서 깨어 다시 잠든다.
> 덧없는 세상 꿈은 새벽하늘과 같네. (이예야스)

> 치쿠마筑摩 강가의 횃불이 질 때,
> 나의 이 몸도 함께 꺼지리. (이시다 미츠나리)

이에 반하여, 우리의 경우 죽음에 임하여 남긴 시들은 인생에 대하여, 또는 사회에 대하여 이루지 못한 꿈을 한탄하는 것이 주종을 이룬다. 즉 사회에 대한 미련과 집착이 아직도 남아 있음이 일본의 사세구와 다른 점일 것이다. 우리나라의 선비들은 죽음 뒤에는 적어도 자신의 혼백이라도 남기려는 경향을 보인다.

이러한 일본 문화에 있어서 시간상의 찰나적·순간적인 요소는, 공간에서 표현될 때는 단편화되고 분리화되어 반영된다. 일본 우키요에의 걸작들도 만화의 한 컷 모양으로, 사물을 작은 시간단위의 프레임으로 잘라내어 마치 영화에서 스틸화면으로 처리한 것과 같게 된다.

그런데 사무라이들의 상식을 벗어난 행동은 여기서 끝나지 않는다. 태평양 전쟁의 막바지에 미군으로부터 궁지에 몰릴 때는 마지막 결전을 다지는 밤을 맞아서는 부상한 동료마저 모두 살해하였다. 그리고 마지막이 되는 다음날 아침에는 만세돌격으로 모두 자폭하는 것으로 전투를 마감하는 일이 많았다.[19]

이러한 만세돌격은 승패의 전망을 전혀 고려하지 않고 이루어졌으며, 여기에서는 생명에의 애착도 미련없이 버리고 있다. 사무라이

일본군의 만세돌격 Banzai charge:

일본군의 유명한 만세돌격은 옥쇄와 같은 의미이며, 태평양 전쟁 중 여러 곳에서 있었다. 만세돌격이란 절망적인 상황에 처했을 때 전 부대원이 소총 등 개인무기, 심지어 칼을 들고 적의 기관총이나 탱크를 향하여 무조건 돌진하여 옥쇄하는 사무라이 특유의 방식이다.

위 사진은 1942년 10월 남태평양의 과달카날 섬에서의 만세돌격 후 일본군 시체들이 해변에 흩어져 있는 광경

사진출처: http://en.wikipedia.org/wiki/Battle_for_Henderson_Field

들의 허무주의는 옥쇄, 할복, 자결 등의 화려한 용어로 포장되지만 궁극으로는 자신의 목숨도 내다버리고 있으며, 무의미한 살생을 벌이고 있는 것일 뿐이다.

우리의 신라시대 화랑의 세속오계 중 다섯 번째인 살생유택^{殺生有}^擇, 즉 생명을 죽일 때는 때와 장소를 가려야 한다는 계율이 천년전에 있었다는 것을 비교해보면 놀라지 않을 수 없다.

태평양전쟁 때, 함상에서 가미가제 특공대의 돌격을 목격한 많은 미군 병사들은 일찍이 겪어보지 못한 이런 현상을 두고 동양의 정신이라는 모호한 말을 붙여 설명하였다.

또 미국의 더글러스 매카더 장군은 필리핀에서 오래 근무한 경험과 일본군을 상대해 온 전력으로, 자신이야말로 동양의 정신을 잘 안다고 자서전에 자신있게 썼지만, 동양에는 이러한 자폭 정신은 없다고 단언할 수 있다. 그것은 동양 삼국 중 일본만이 갖는 정신일 뿐이며 한국과 중국인들은 일본인들의 그러한 옥쇄정신이 이해가 잘 안된다.

무서운 이야기들

그러나 한편으로 이러한 낭만과는 거리가 먼 이야기도 있다. 그것은 만주와 중국대륙에서 저지른 관동군들의 잔인한 고문이야기이며, 인간으로서 할 수 없는 잔악한 고문과 처형방식 등에서의 오싹한 이야기는 일본 사무라이에 대하여 어떠한 낭만도 거부하고 있다.

일본 사무라이들은 포로나 강제로 끌고간 조선인 징용자, 위안부를 끊임없이 학대하다가, 막다른 궁지에 몰리면 잡은 포로나 징용자들의 인육을 먹었으며, 전세가 아주 나빠져 철수할 때가 이르면 징용자들의 목을 칼로 베었다. 이러한 이야기는 중국의 하이난(해남도)섬 등에 생생히 남아있는 것을 보았다.

그런데 사무라이와 똑같은 이야기가 이 글을 쓰는 동안 이슬람국가IS, Islam State로 발돋움한 곳에서 벌어지는 서방기자들의 인질을 칼로 참수하는 장면에서 재현되고 있다.

그리고 청일전쟁에서 여순(뤼순)을 함락할 때 그곳의 주민 수만명을 학살한 사건과 그 뒤 중일전쟁 때 남경의 대학살은 두고두고 사람들의 기억에서 사라지지 않고 있다. 당장 일본이 조선에서 동학군과

청일전쟁에서 일본군이 청군포로를 참수하는 장면:
그림 왼편에 일본군이 청군을 참수하여 잘린 머리가 보이고, 그림의 우측 위에는 포로들이 꿇어앉아 있다.

일제 초기에 전국각지에서 일어난 의병을 처형할 때의 일만 해도 그렇다.

나는 이러한 일은 이쓰코와의 대화에서 단 한마디도 언급하지 않았다. 전에 아우슈비츠에 있었던 독일의 유태인 수용소를 구경하려 할 때 내가 아는 한 지인은 말리면서 이렇게 말했다.

> 그곳을 보는 순간 당신은 사람의 인간성 자체를 회의하게 되고, 인간에 대하여 부정적인 감정이 생길 수 있으므로 보지 않는 것이 좋을 것이다.

나는 이 말을 뚜렷하게 기억하고 있고, 여행내내 이쓰코를 상대로 일본인들이 저지른 극단의 만행에 대해서는 절대로 입 밖에 내지 않았다.

일본인들이 가끔은 개별단위로 한일의 역사를 사과, 반성하는 경우가 있으며, 일부의 언론에서는 이들을 양심있는 일본인이라는 제목으로 보도하고 있다. 여기에 대해서는 나는, 일본인이 개인적으로 책임지거나 반성 사과할 일은 없으며, 이러한 기사야말로 한일관계를 바로 보지 못하게 하는 원인이 될 수 있다고 생각한다.

따라서 일본인은 누구나 개인적으로는 조금도 일본의 전쟁범죄에 대하여 부담을 느낄 필요는 없으며, 일본의 전쟁범죄는 군부의 책임이며, 더 소급한다면 조슈와 사쓰마의 유신을 주도한 세력에게로 귀착되는 문제일 뿐이라고 말한 적 있다.

일찍이 여순(뤼순)의 관동군 사령부로 쓰이던 박물관에서 본 무서운 광경 등은 분명 인간의 숨결을 조금도 느낄 수 없는 것들이다. 거기의 만행에 가담했던 일본의 고문기술자들은 인간인가, 인간의 탈을 쓴 악귀들인가?

이쓰코는 다음과 같이 말한 적 있는데, 그것은 과거 일본인들이 저지른 숱한 만행도 포함된 것이리라.

> 악인이나 의인이거나 간에, 결국 인간의 근본바탕은 다 같으며 기본적으로 공Emptiness입니다. 이것은 모든 사람들에게 해당되는 말이 아닐까요?

이 얘기는 불가의 기본교리이다. 그러나 이것이 아무리 교리이고 진리라고 하여도 나로서는 인정하기 힘든 진리일 뿐이다. 이쓰코의 이러한 말은 처음 들었을 때는, 극악무도한 명치시대의 일본 침입자들을 그들로부터 침략을 당하여 피해를 보았던 중국이나 조선의 선량한 사람들과 같은 선상에서 비교한다는 데서 상당히 불쾌하였지만, 나는 이때 이미 이쓰코의 의식수준이나 그녀가 가진 철학과 지식의 깊이를 가늠한 상태였고, 더욱이 마음속으로 그녀를 연모하게 되었던 관계로 이 말에 대한 반발심이 그렇게 심하지는 않았다.

그리고 이 조그만 반발심마저 그녀와 함께 하는 여행에서 차차로 옅어져 갔다.

유신영웅들의 비명횡사

이쓰코와 나는 연인이 아니면서 여행 내내 가까이 지냈다. 한가지 다행했던 일은, 타고난 말재주나 재치, 위트가 서툰 나에게 이쓰코는 내내 나를 편하게 상대해준 여인이란 것이었다.

한일간의 역사문제의 근본적인 갈등의 문제에 대해서는 이쓰코와는 될수록 말을 아꼈다. 그것은 내가 이쓰코를 생각하는 마음에서 쓸데없는 문제를 야기하지 않는 것도 한 가지 이유이지만, 이 문제에 대하여 나는 상당히 다른 결론을 가지고 있기 때문이기도 하다.

그러나 장시간 같이 있다 보니 자연스럽게 여기에 대하여 대화를 나누게 되었다. 내가 보는 바로는 한일간의 역사문제는 '양심·반성·사과' 등의 말로 해결될 성질의 것이 아니며, 진정한 해결은 역사의 규명을 통하여 이루어질 수 있다고 말했다. 나는 이쓰코의 생각을 물어보았다.

한일 간의 문제는 들여다보면 볼수록 임진왜란이나 메이지유신, 거기에다 더 오래 전의 백제 멸망 시의 원한까지 개입되어있는 것이 틀림없다. 한마디로 한일의 역사는 오랜 기간 증오감이 층층이 쌓여져 온 것임이 분명하다. 그것은 한국에 대한 일본의 일방적인 증오감이 중첩된 것이다.

여기에 비하면 종군위안부나 독도는 그 일부분의 문제에 지나지 않는다. 어쩌면 일본인들이 이러한 내용을 더 훤히 더 알고 있지 않을까?

일본인의 위인과 영웅이 한국에게는 원수가 될 수밖에 없는 한일 간의 특수한 관계는 냉엄하지만 너무나 분명한 사실인데, 혹 이와는 다른 시각을 가진 의견이 나올 수 있을까? 동아시아의 평화와 공존을 말하기 위해서는, 한일 양국은 진정으로 합심해야 하지만, 지금까지 양국 간에 진행되어 온 역사의 과정을 보면 이것은 사실상 불가능하다.

앞으로 메이지유신이나 임진왜란 그리고 과거 백제의 패망으로 인한 일본국의 성립 등의 지나간 천년 역사의 진실된 복원이 이루어지고 그러한 역사를 바탕으로 하여 한일 양국이 진정한 형제의 국가로 다시 탄생할 수 있을 것인가?

혹 양국 역사의 진정한 화해가 지금과 마찬가지로 백년 후까지 묻혀버리고 마는 것이 아닌가?

이쓰코는 여기에 대한 언급을 하기에 앞서 상당히 신중한 모드로 들어갔다. 그것은 의견의 충돌을 야기한다기보다는 자칫하면 나의 거룩한 희망을 꺾게 될 수도 있는 대답이었기에 그러했을 것이다. 그녀의 대답은 이러했다.

메이지유신의 행적도 처음부터 명백한 진로가 설정되었던 것이 아니었고, 갈팡질팡으로 달려오면서 열매를 맺었을 뿐입니다. 이 과정에서도 메이지유신의 영웅들은 대부분 비명횡사하였지요. 이들은 과연 무엇을 이루었던가요? 이들은 정작 자신들의 운명은 개척하지 못했던 것입니다.

어차피 세상이나 인생은 백 퍼센트 다 이해하고 살 수 있는 것이 아닌 것입니다. 인생을 제대로 살았는가 그렇지 못했는가는 죽음에 이르러서야 알 수 있는 것일 뿐, 지금 판단할 수 있는 일은 아닌 것 같습니다.

따라서 제가 보기에는 선생이 생각하시는 한일 간의 진정한 화해는 당장 결과가 눈에 보이지 않더라도 의미가 없다고 할 수 없으며 그것의 판단은 나중에 내려야겠지요.

그녀에게서 이러한 대답이 나온 것은 의외였다. 인생에 대한 제대로 된 평가는 죽음에 이르러서야 알 수 있다는 이쓰코의 말과 똑같은 말이, 고대 그리스의 현자인 솔론이 먼 나라를 여행하던 중 어느 왕에게 한 것으로 헤로도토스의 저서인 '역사(히스토리아)'에 기록되어 있는 것을 뚜렷이 기억하고 있으며 내 인생의 거울로 걸어두고 가끔은 되뇌며 왔다.

솔론의 말이거나 또는 그녀 스스로 그렇게 생각했거나 간에, 이 말이 그녀에게도 인생의 지침이 되고 있음은 분명하였다. 비록 짧은 여행을 통한 단편적인 판단일 수는 있겠지만, 내 인생의 중요한 부분이 되어 온 좌표에 대한 타당성을 여인에게서 확인한 셈이다.

사실 이쓰코는 나이와 배경, 습관이 전혀 다른 남자와 하기라는 낯선 도시에 동행해 온 것으로, 나도 이쓰코도 이때의 하기 여행은 상당히 별난 결정이었음에 틀림없다.

나로서는 여인의 동행이 즐거운 일이었지만, 나보다 한참 밑인 연령을 고려할 때, 혹시 내가 모르는 까다로운 성품을 가졌거나 또는 깊이 알지 못하는 여인을 상대하는데서 오는 막연한 불안이 없지 않았다. 그런데도 이쓰코가 여행 중에 조금의 변덕이나 불편한 내색을 보이지 않았으며, 오히려 내내 밝은 표정과 미소를 잃지 않았던 일은 지금도 고맙게 생각하고 있다.

그러나 나로서는, 이같은 여러 가지 요인으로 언제나 발생할 수 있는 여인 특유의 변덕이랄까, 그런 걸로 인하여 여행이 어느 곳에서 갑자기 멈출지를 알 수 없는 데서 오는 긴장감도 항상 있었다. 그것은 내 마음속에서는 그녀와 조금은 가까워졌다는 느낌과 여러 부분에서 상당한 교감이 이루어졌다는 확신이 들고 난 다음에 따르는 불안일 수도 있는 것이다. 어쨋건 이러한 불안마저 그녀의 말처럼 인생의 먼 훗날 다시 생각하고 평가해야 할 것일 수도 있다.

제2부\역사는 반복되는가

제2장

히데요시의
망령

에도막부는 임진왜란을 일으킨 도요토미 히데요시가 죽은 다음, 도쿠가와 이에야스德川家康가 히데요시의 아들과 그 잔당을 타도하고 에도江戶 곧 지금의 도쿄에 세운 무인정권으로 조선의 후기와 거의 같은 시기다.

조선과 에도막부의 양국관계는 그야말로 일의대수一衣帶水 즉 옷의 띠만큼 좁은 강폭을 사이에 둔 이웃으로 덧없이 평화로운 세월을 보냈다고 할 수 있다. 이 이상적인 선린외교는 일견 당연히 그렇게 되어야 할 국제관계처럼 보이지만, 이것은 일본측으로부터 우호적인 반응이 있었기에 가능한 일이었다.

그런데 260년간의 에도시대가 끝나면서 이웃 일본인들은 칼을 든 강도로 돌변하여 조선에 나타났다. 막부 이후에 등장한 일본인들은 그 이전과는 DNA가 전혀 다른 인종으로 보일 뿐이다. 그리고 현재의 일본정부도 히데요시의 망령이 지배한 메이지유신 정권의 연장선으로 같은 정서가 이어져 왔음이 분명하다.

도쿠가와 막부가 유지한 평화에 대한 이러한 평가는 극히 당연한 것이지만 우리들 대부분의 한국인은 이러한 사실을 들어본 적도, 생각해본 적도 없을 정도로 하찮게 취급하여 왔으며, 단지 명치 이후의 일본을 증오하고 성토하는데만 골몰해 온 것은 안타까운 일이다.

이런 면에서 본다면, 일본에서는 아무도 쳐다보지 않는 도쿠가와 이에야스야말로 한국에서 동상을 세우고 기려야 할 인물이 아닐까? 이것은 단순한 이벤트 성의 발상이 아니며 어쩌면 한일 양국의 평화를 추구하는 여정에서 첫걸음이 될 수도 있다.

▌에도막부

일찍이 에도막부는 조선과 선린외교로 평화적인 관계를 유지했다. 오랫동안 동아시아에 창궐하였던 왜구의 침입은 에도막부에 와서는 일체 근절되었으며, 또 막부는 대외적으로는 260년간의 대평화 시대를 유지하였는데 이는 세계의 역사상 드문 일이다.

사실 임진왜란을 겪으면서 조선은 거의 멸망상태에 이르렀다고 할 수 있다. 왜군은 아래와 같이 6부의 전담부서를 두면서까지 철저하게 또 조직적으로 약탈한 것을 보면 조선이 입은 피해의 규모를 상상하기가 어렵지 않다. 이 6부는 각각

도서부는 전적을

공예부는 각종 공예 기술자를

포로부는 조선의 젊은 남녀 납치를

금속부는 병기와 금속 예술품을

보물부는 금은 보화와 진기품을

축부는 조선 가축의 포획을 조직적으로 저질렀던 것이다.

임진왜란으로 인구의 반 이상이 죽었으며 전쟁의 상처가 핥고 지나간 후 조선의 국가 시스템은 거의 마비가 되었다. 흔히 조선 후기는 실학의 시대라든가 영·정조 시대의 부흥이니 하지만 필자의 견해로는 임란 후의 조선은 이미 기울어진 나라였다.

한편 이미 임진왜란 전에, 일본의 무력은 백년 이상 지속된 전국시대의 실전으로 명실상부하게 세계최고의 수준에 도달했다. 총기를 자체 제작하는데 성공하여 당시 일본에는 유럽에 있는 총기를 합친 것보다 많은 숫자의 철포(조총)를 보유하였고, 오다 노부나가(일본의 전국시대 다이묘) 때 이미 조총의 3단사격법이 실전에 적용되었다.

임진왜란 후 일본의 경제는 엄청난 규모로 상승했고 그 경제력에 따라 다시 일본은 세계 최강의 군사력을 유지할 수 있었다. 그리고 도쿠가와 막부가 이룬 정국의 안정으로 교육수준도 매우 높아졌으며 문화도 만개하였다.

아마 이때 일본이 칼끝을 한반도로 겨누었다면 조선은 그대로 멸망했을 것이다. 이 무렵은 명나라의 북쪽에서 발호한 여진족으로 인하여 조선은 명의 구원을 기대할 수도 없었던 시대였다. 또 임진왜란 때는 의병들의 봉기가 전국적으로 일어났으나 정묘호란과 병자호란에서 의병은 그림자조차 보이지 않았다. 임진왜란 후 불과 30년 만에 절의節義로 상징되는 조선의 선비정신이 사라져버린 것이다.

이렇게 조선이 정신과 물질의 양면에서 분명히 퇴영했음에도 도쿠가와 막부는 조선에 대한 침략의 의사를 전혀 보이지 않았다. 임란 후 에도막부에 파견된 조선통신사는 일본의 침략이 다시 있을 것인가 아닌가를 놓고 항상 촉각을 세웠는데 이러한 사실은 기록으로 남아 있다.

조선통신사는 도쿠가와 막부가 침략의 의사를 가지고 있지 않다는 것을 확인하고는, 적정敵情의 탐색이란 임무를 그치고 순수한 문화의 전도사로 탈바꿈하였다. 이러한 일로 그 후에 파견된 조선통신사의 행적은 분위기에서 신명이 올라 있음을 엿볼 수 있다.

* * * * *

우리가 일반적으로 알고 있는 조선통신사, 즉 조선의 우수한 선진문물을 일본에 전수해 주었다고 알고 있는 그러한 성격의 조선통신사는 대체로 임란 후 도쿠가와 막부의 시절에 보낸 12회의 조선통신사를 가리킨다.[20]

이때의 통신사 규모는 세계사적으로도 유례가 없을 정도로 컸으며, 일본 에도막부의 쇼군들이 여기에 들인 비용도 국가의 재정에 맞먹는 정도의 거금이었다. 통신사도 선진문화의 전수라는 국가적인 자부심과 사명감을 가지고 일본으로 건너갔다.

통신사는 도쿠가와 막부 쇼군의 취임 때마다 파견되는 관례였으며 인원은 대략 4~500여 명이었다. 통상 통신사의 왕복 행정은 거의 1년에 이르렀으며, 일본측에서는 접대인원이 3,000여명 전후로 막대한 경비를 들여 극진한 대접을 하였다.

1439년 이탈리아 피렌체의 지도자인 '코시모 디 메디치'$^{Cosimo\ di}$ ^{Medici}가 700명의 그리스의 문화예술인들을 피렌체로 초빙한 일이 있었는데, 이때 서유럽 최초로 플라톤 전집이 소개되었고 그리스 문화가 부활되면서 피렌체가 르네상스의 발상지가 되는 계기가 되었다.

코시모는 그리스 학자들의 강의와 플라톤의 숭배자가 되어 자신의 별장에 옛날 플라톤이 세웠던 아카데미를 되살렸다. 피렌체 대학은 지난 700년간 서구 세계에 알려진 적이 없었던 그리스어를 가르치기 시작했다. 특히 밤마다 산타마리아 노벨라 성당에서 플라톤 강의가 벌어졌는데, 이는 아리스토텔레스의 합리적 전통에 토대를 둔 서방사회가 플라톤의 초월적 사고와 감성적 직관과 융합되는 계기가 되었다.

오랜 기간의 전국시대를 거치면서 황폐해진 일본에 조선통신사가 방문한 일은 일본을 문화국의 수준으로 끌어올린 역사적 사건이다. 이러한 조선통신사를 '코시모 디 메디치'가 700명의 동방현인들을 초청한 사건에 비유한다면 이것은 필자의 상상력이 지나치게 비약한 것이라고 말할 것인가?

에도시대의 중기에 이르면서 일본은 기존의 포르투갈 외에 네덜란드 등으로부터도 서양문물을 수입하기 시작했는데, 이때부터 일본에 대한 조선의 문화적인 우위는 사라졌다. 이는 일본의 문화가 한국의 문화를 능가하게 된 문화역전이라고도 할 수 있다. 이러한 일로 일본으로부터의 조선통신사에 대한 대우는 점차로 낮아지게 되었다.

통신사가 쇼군의 취임 때 파견되어 축하·조공사절로 왜곡되고 있었음에도 조선에서는 이것도 모르고 통신사를 파견했다라든가, 조선의 국력이 딸리는데도 일본에 문화를 전수해 줌으로서 자신의 주제도 몰랐다는 이야기가 있는데 이는 모두 사실이다.

또 조선통신사에 들어가는 천문학적인 거금을 지방의 다이묘(지방의 번주)들에게 부담시킴으로써 막부가 그들의 힘을 소모시키려는 목적에서였다는 주장도 사실일 것이다.

피렌체에 초빙된 700인의 그리스 학자와 예술가:

코시모 디 메디치는 그리스 문화사절단을 피렌체로 초청하여 고대 그리스문화를 도입함으로서 르네상스를 열었다.

그러나 사무라이들에게는 존재의 이유가 생존 그 자체였다면, 조선과 조선 사대부들이 가졌던 존재의 이유는 문화의 창달이었다. 조선은 최고의 문화국을 자처하였고 문화국을 지향하는 국가였으니 선의의 문화전수를 이렇게 비하하는 일은 좁은 생각일 뿐이다. 모든 국가의 흥망성쇠는 운명적인 면이 있으며, 조선이 멸망한 것도 그러한 것이 아닐까?

에도막부가 조선의 선진 문화를 동경하고 수용하였던 것은 훌륭한 정책이었으며, 200년 동안 12회에 걸쳐 매번 1년치의 막부예산에 맞먹거나 육박하는 거금을 들여 국가적인 차원의 사업으로 조선통신사를 초빙한 것은, 앞에서 말한 코시모 디 메디치가 700명의 그리스의 문화예술인들을 피렌체에 초빙하여 서유럽의 르네상스 시대를 열었던 사건에 비견되며 인류사에 빛나는 일로 칭송되어야 마땅하다.

에도막부가 조선을 침략하여 병탄하려 했다면 그들의 압도적인 힘으로 보아 이는 어렵지 않은 일이었을 것이나 막부에는 침략의 의사가 조금도 없었다. 이 점은 정권을 잡자마자 조선을 침략 합병한 유신의 주도세력들과는 여러 면에서 대비된다.

토요쿠니豊國 신사

이쓰코와의 대화 도중에 "도쿠가와 막부가 동아시아에 실현한 260년간의 평화는 위대한 업적으로 막부가 쓰러진 것은 안타까운 일이며, 막부를 쓰러뜨리고 세운 명치정부는 임진왜란을 일으킨 히데요시豊臣秀吉의 이념을 그대로 잇고 있다"는 점을 지적하지 않을 수 없었다. 나는 여기에 덧붙여 이야기하였다.

에도막부를 세운 이예야스는 유교를 위시한 인문주의적인 소양이 높았고 상당한 학식을 가졌을 뿐 아니라 아들들에게도 학문을 권장하였읍니다.[21] 나름대로 실용주의를 겸비한 이상적인 사회를 건설하려 했으며 그의 정신세계는 높은 경지에 있었음에 분명합니다.

도쿠가와 이예야스를 중국 전한의 성군이었던 효문황제나 송의 태조 조광윤에는 비할 수는 없겠지만, 상당한 휴머니스트라고 말한다면 지나친 말일까요?

여기에 대한 이쓰코의 대답은 다음과 같았다.

선생은 도쿠가와 막부의 260년간의 평화가 온통 선생의 머리를 지배하는 것 같습니다. 저도 선생과 같이 여행하면서 선생의 주장 즉 에도막부가 이룬 평화는 단순한 것이 아니라는 생각이 드는군요.

그러면서 이쓰코는 다음의 말을 덧붙였다.

흔히 일본에서 이예야스를 두고 "별다른 특징없는 평범한 노인"이라는 정도로 폄하하는데 이는 메이지유신의 세력들이 지어낸 것이라는 소문이 있읍니다.

그러고 보니 이것은 충분히 그런 소지가 있는 것으로, 메이지유신이 성공하자마자 그 주도세력들이 맨 먼저 한 일을 보면 짐작되는 바가 있다. 그것은 히데요시를 신으로 모신 토요쿠니豊國 신사가 전국에 일시적으로 세워졌던 것이다.

이보다 앞선 일로, 풍신수길은 임진왜란 중에 죽었는데 교토 방광사方廣寺의 뒷산 아미타 봉우리에 화장한 유골을 묻고는 일체 비밀로 하였다. 1599년 임진왜란이 모두 끝난 후에야 장례식을 성대히 치렀고 풍국대명신豊國大命神 이라는 신의 칭호를 수여했다. 그런 다음 묘소를 중심으로 거대한 풍국신사(토요쿠니)를 건립했다.

그러나 그 후 풍신수길 가를 멸망시킨 도쿠가와 이에야스는 풍국신사를 파괴하고 풍국대명신의 호칭도 금지하였다. 이것은 무엇을 의미하는가? 곰곰이 생각해 보면, 도쿠가와 막부는 히데요시의 존재와 더불어 임진왜란의 의미 자체를 근본적으로 부정하였던 것이다.

260년 후 메이지유신이 성공하자마자 임진왜란의 주범인 히데요시를 신으로 모신 토요쿠니豊國 신사가 전국에 일시적으로 세워졌다. 이들 유신의 주도세력들은 정권을 잡자마자 옛날 자신들의 주군이었던 히데요시의 위상을 복원하였는데, 여기에는 260년전 세키가하라에서 이에야스에게 당한 복수심 이상의 것이 숨어있다.

즉 토요쿠니 신사의 건립은, 명치정부가 도쿠가와 막부를 송두리째 부정하고 성립된 정권이라는 점에서, 그 주도세력이 지향하는 방향과 정신적인 실체가 무엇인지를 분명하게 보여주고 있다. 그것은 바로 히데요시의 부활이자 임진왜란의 재현이다.

이때에 집중적으로 세워진 토요쿠니 신사는 다음과 같다.

쿄토 토요쿠니豊國 신사 바로 앞의 이총:

메이지유신이 성공하자마자, 임진왜란의 주범인 토요토미 히데요시를 신으로 모신 토요쿠니 신사가 전국에 세워졌다.

쿄토의 토요쿠니 신사는, 임진왜란 때 조선인의 코를 잘라서 묻은 코무덤(나중에 귀무덤耳塚 으로 바꿔부름)의 바로 앞에 세워졌다. 코의 수는 10만개로 추정한다.

쿄토의 토요쿠니 신사:　　　　　1868년 창건(명치천황 원년)

오사카의 토요쿠니 신사:　　　　1868년 명치천황의 건립명령

　　　서가 있었으나, 실제 창건은 1879년에 이루어짐.

나고야의 토요쿠니 신사:　　　　1885년 창건

후쿠오카의 토요쿠니 신사:　　　1886년 창건

　토요쿠니 신사의 부활에서 생각해 보면 결론은 분명해지며, 이쓰코는 나 대신 다음의 말로 끝맺었다.

　그러고 보니, 근대 이후의 한일간의 역사인식은 도요토미 히데요시와 이순신으로 대표되는 대립관계에 있었다고 볼 수 있을

것 같습니다. 앞으로 임진왜란에서 상반된 인물 평가의 해소 없이는 한일간에 발전적인 역사의식의 공유는 어려울 것이라는 생각이 드는군요.[22]

이제 그녀는 한일 역사에 관통하는 도도한 흐름을 감지하고 있었고 나도 그녀와의 대화를 통하여 이러한 담론을 더 정치하게 다듬을 수 있었다. 일본인들이 진즉에 이쓰코의 반 정도 의식만 가졌더라도 한일간의 평화는 도래하고도 남았으리라.

고시치노키리五七の桐

일본인들의 옷이나 가게의 입구에 자주 보이는 문장紋章... 가문이나 소속을 표시하는 문장紋章의 대부분은 우리들 한국인들이 놓치기 쉬운 코드이다. 그것은 우리가 여기에 대한 전통이 없으며 따라서 별다른 느낌이 와닿지 않는 것이다. 조선왕실을 상징하는 배꽃(梨花: 이화)도 근대에 와서 일본 천황가의 문장 등에 대응하여 만든 것일 뿐이다.

작년의 오사카 여행에서, 교토 토요쿠니(풍국) 신사의 정문인 당문(唐門, 가라몽)의 대들보에 새긴 히데요시의 문장은 오랫동안 나의 뇌리를 떠나지 않았다.

구천에 떠도는 히데요시의 혼령, 음습한 분위기와 두꺼운 곡선의 정면 처마선을 가진 당문. 거기에다 우리의 명랑한 색깔의 단청과는 달리 온통 까맣게 칠한 목조 부재. 같은 검은 색의 대들보 위에 띠엄 띠엄 새긴 3개의 오동잎 무늬는 금박으로 칠해져 사무라이 문화가 만들어내는 특유의 긴장감을 더하였다.

고시치노키리五七の桐!

풍국신사에 들어서면서 이쓰코의 설명이 잠깐 있었는데 일본에 있어서의 '가문의 문장' 즉 가몽에 관한 것이었다.

고시치노키리五七の桐라는 명칭을 모르더라도 석장의 오동잎에 5·7개의 꽃이 달린 문장은 도요토미 히데요시가 등장하는 영화와 드라마에서 흔하게 보이는 장면이지요.

히데요시의 오동잎 문장: 고시치노키리五七の桐

그러면서 그녀의 말이 이어졌다.

일본에서는 위로는 천황가부터 아래로는 서민에 이르기까지 어떤 집에도 가몽(家紋: 가문의 문장)이 있었습니다. 이것은 가몽이 묘지苗字 대신 쓰였기 때문입니다. 묘지란 성씨를 말하는 것입니다.

가몽이 왜 필요했을까요? 에도막부에서는 무사계급 외에는 묘지苗字를 쓰지 못하게 하였답니다. 그래서 서민은 묘지 대신에 가문을 쉽게 구분할 수 있는 것이 가몽이랑 옥호屋号입니다.

옥호라는 것은 에치고야越後屋, 가가야加賀屋처럼 점포명 등을 말하는 것으로, 옥호屋号(야고: 가게나 집이름)를 보면 왜 서민도 가몽이 필요한가를 금방 아실 것입니다. 실제로 일본의 문장은 매우 다양하고, 여기에 비교할 수 있는 것이 유럽의 경우입니다.

이쓰코는 문장이 일본만의 대단한 문화의 코드인양 설명을 계속하였으며 자신의 지식에 막힘이 없어보였다. 그녀의 설명 그대로라면 각 가문의 문장은 단순히 일본 문화의 특징으로만 끝날 뿐이다.

그러나 가문의 문장을 내세우는 일은 중국이나 조선에는 없었다고 할 수 있다. 통상적인 상식으로는 그러하며, 그것은 분명히 전근대적인 유물임이 분명하다. 나는 즉석에서 떠오른 생각을 말하였다.

서양과 일본의 세습 귀족가문의 문장:

위의 두 줄은 서양의 세습 귀족가문의 문장이고, 아래의 두 줄은 일본의 세습 귀족가문의 문장이다.

내 생각으로는, 중국도 조선도 가문을 나타내는 문장은 없는 것으로 알고 있습니다. 아마도 유럽의 경우와 비교되는 것은 분명하겠지만, 유럽의 경우도 전근대적인 문화에서 나타난 현상이 아닐까요?

느닷없이 끼어든 나의 반론, 특히 전근대적^{Pre-modern}이라는 말에 이쓰코는 의아한 표정을 지었고 "왜 유럽이 전근대적인가요?" 라고 반문하였다.

특정가문을 상징하는 문장은 분명히 세습제 봉건사회의 유물이며 중세나 근세 서양의 귀족제도^{Peerage system} 아래에서 발달하였는데 이런 면에서 전근대적이라고 할 수 있다.

일본의 경우도 가문을 상징하는 문장이 발달한 양상을 보이는 것은 서양과 마찬가지로 전근대적인 세습제 귀족국가이기 때문이다.

사실 나는 지금까지 문장에 대하여는 무관심했으나, 이쓰코의 해설에서 중요한 화두- 유럽과 일본에 나타나는 전근대적 현상의 공통점이 떠올랐던 것이다. 역설적으로, 이것은 조선과 중국이 가진 고차원적인 국가시스템의 성격을 설명할 수 있는 중요한 코드가 될 수 있다.

아래의 지도는 전국시대의 일본 중부지방을 그린 지도인데 그 지방에 할거하던 여러 세력들이 소왕국을 이루고 있는 것을 가문의 문장으로 표시한 것이다.

바로 중국과 조선에는 오래전에 없어졌던 봉건제도가 유럽과 일

**일본 세습
귀족가문의 문장:**

일본 중부지방의 세습귀족가
문을 문장으로 표시한 지도[23]

본에서는 근세까지 존속하였음을 알 수 있다. 이러한 전근대적인 유
물이 유럽에서는 1918년 1차세계대전으로 소멸하였는데 독일의 프
로이센이 대표적인 예가 될 것이다. 일본의 경우에는 1868년 메이지
유신으로 소멸하였다.

이러한 사실에서, 우리는 역설적으로 조선과 중국에 오랫동안 정
착된 중앙집권제라는 것이 얼마나 발달한 형태의 정치체제이자 사
회체제인지를 알 수 있다. 사실 문장이 일본 문화의 핵심을 관통하
는 하나의 코드임을 뒤늦게야 알게 되었다.

문장紋章에 담긴 의미

조선총독부의 문장:

朝鮮總督府의 영문글자와 함께
고시치노키리가 새겨져 있다.

우리의 해방 후 70년이 지났는데도 한국과 일본은 모든 면에서 엇박자를 보이고 있다. 이러한 현상은 절대로 단기간에 해소될 수 있는 성격이 아니다. 그것은 임진왜란 세력과 메이지유신 세력, 더 나아가 현재 일본의 지배세력까지 동일한 세력임이 큰 원인으로 보여진다.

현 일본세력은 자신들이 임진왜란 세력의 후손임을 자랑스럽게 내세우고 있기까지 하다. 히데요시 가문의 문장인 고시치노키리五七の桐가 현재 내각총리대신의 문장으로 사용되는 것이 이를 말해준다.[24]

또 같은 문장紋章이 조선총독부에서도 사용되었다. 이로서 메이지유신의 세력들에게 마음의 고향이 어디인지 알 수 있다.

현 일본 총리실의 문장:

일본 수상(총리: Prime Minister of Japan)과 '수상관저'의 문장에 히데요시의 문장인 '고시치노키리'가 쓰이고 있다. 중앙은 고이즈미 전 수상.

풍신수길 300년제
(1898년)

앞에서 말한 풍국신사 외에, 명치 신정부(일본 제국)가 출범한 이후, 오사카와 쿄토에서 거행되었던 일련의 도요토미 히데요시 현양 사업을 시기별로 정리하면 다음과 같다.

1890년: 풍국회 결성
(1894년: 청일전쟁)
1898년: 풍신300년제 거행
1925년: '대오사카 기념박람회'
　　　　천수각의 복원과 오사카성 공원화의 추진계획
1930년: 천수각의 복원과 오사카성 공원화 공사 착수
1941년: 태평양전쟁 발발 때, 쿄토와 오사카의 풍국신사 앞에서
　　　　대규모 전승보고와 축하행진

여기에는 히데요시의 조선에 대한 침략사상을 국가의 이념으로 재창출하여 국민들에게 정착시키려는 목적이 있었다.

* * * * *

청일전쟁이 일어나기 직전, 일본의 군비증강과 팽창적인 움직임 속에서 쿄토 풍국신사의 주지는 황폐해진 히데요시의 묘소와 관련 유적지를 정비하여 풍신수길을 기념하고 숭경崇敬의 공간으로 만들려고 했다. 이 사업에 대해 이토 히로부미가 적극적으로 나섰고 1890년에는 풍국회가 결성되었다.[25]

풍국회취의서趣意書에는 풍국회 회장인 쿠로다 나가시게黑田長成 후작이 1896년에 행한 다음의 연설이 실려있다. 후작은 임란 때 조선 침략에 앞장섰던 쿠로다 나가마사黑田長政[26]의 후손이다.

> 하늘에 있는 풍태합(豊太閤: 풍신수길)의 영을 위로하고 후세의 사람들로 하여금 태합의 위대한 업적을 흠모하는 마음이 생기게 한다. 〈중략〉

> 풍태합과 같은 영걸의 유적을 숭고웅대崇高雄大하게 만들어 국민으로 하여금 그의 공적과 위풍을 흠모하려는 마음이 생기도록 하는 것이 가장 시급한 일이다.

풍신수길 300년제[27]

청일전쟁(1894년) 이후 일본은 조선합병을 준비하면서 히데요시의 유적을 복원함으로서 국민적인 일체감을 조성하려 했다.

1898년 도요토미 히데요시 300년제가 거국적으로 거행되면서부터 도요토미 히데요시의 위상이 현재와 같이 국민적 영웅으로 고착되었다. 이때는 명치천황 집권 31년으로 유적복구와 기념행사는 아래와 같다.

> 아미타 봉우리(풍신수길의 묘가 있었던 곳)의 고유제
> 히데요시 묘의 오층탑 복원
> 이총耳塚 복원
> 묘소의 정비사업
> 쿄토 박물관의 히데요시의 유물전시회 (주로 침략관계의 유물)

쿄토의 기념식: 원유회, 스모대회, 와가和歌 낭송회, 마술회, 쿄토
시내에서의 풍신수길 춤豊國踊을 추면서 지나가는
시가행진, 가등청정 등으로 분장한 무사들의 가
두행진 등
기타 각종 간행물의 발간

이총에 숨겨진 비밀

이 시기에 정비된 것 중 중요한 것이 방광사 앞의 이총耳塚 이다.
이총은 조선 군민의 코를 베어 묻은 무덤으로 에도시대의 중기에 스
스로 야만적이라고 여겨 귀무덤으로 이름을 바꾼 것으로, 1830년 대
지진으로 황폐화된 후 그 동안 방치되어 있었다.

그러다가 청일전쟁의 발발 4년후인 1898년, 풍국회의 자금지원
으로 복원되었고 이총수영공양비耳塚修營供養碑가 세워졌다. 비문은 모
두 마모되어 읽을 수 없었으나 이즈코는 비문의 원본을 찾아 현대일
본어로 내용을 풀어 보내왔다.[28]

비문에는 무려 2700년전의 인물인 초 장왕莊王의 고사가 인용되
고 있으며, 여기에 나오는 경관京觀이란 전쟁에서 적병의 시체를 묻
어 전승의 기념비로 하는 고대의 풍습이다.

춘추시대 필邲의 전쟁에서 초나라 사람이 적의 시체를 쌓고 무덤
을 만들어 승리를 과시하는 경관을 만들자고 청하였지만 초왕은
허락하지 않았다. 이는 훌륭한 행위이지만 풍태합(豊太閤, 풍신수
길)의 자비로운 마음에는 미치지 못한다.

정한전쟁(征韓戰爭: 1597년의 정유재란)에서 아군이 잇달아 승리하여 적을 참하고 코를 잘라 바치니 그 수가 몇 만이었다. 공(히데요시)이 그들의 승리를 기뻐하여 상을 내렸지만, 적국의 병사(실제로는 민간인이 많음)들을 불쌍히 여겨, 그 코를 쿄토의 대불大佛 앞에 묻고 분묘를 만들어 비총鼻塚이라 하고 크게 공양하였다. 당시는 1597년 9월이었다.

은혜와 원수를 구분하지 않고 피아彼我를 논하지 않고 자비로운 마음으로 평등하게 공양하는 저 아름다운 공(히데요시)의 은덕이 해외에까지 미침이 넓도다. 공의 이런 마음은 금일의 적십자사의 뜻을 300년 전에 발현하고 있었다고 하더라도 좋을 것이다.

이것은 이총 일대를 정비하면서 공양비를 세울 때 적십자사 마크도 함께 새겨 넣었는데, 히데요시가 300년전에 적십자 정신을 가지고 있었다는 억지이다. 비문은 아래에 계속된다.

세월이 흘러 풍신가豊臣家는 망했지만 비총鼻塚만이 홀로 엄존儼存하여 우뚝 솟아 평안한 위용으로 사방을 바라보고 있다. 당시의 위대한 업적과 풍공의 자비스런 마음을 느끼지 못하는 사람은 없을 것이다.   〈중략〉

이총은 일본의 위세 확장의 상징이며, 풍공(히데요시)의 성덕盛德을 보여주는 유물이다. 조선과 아국과는 서로 보완관계에 있으며, 근년에는 타국에 앞서 위기에 빠진 조선의 독립을 도와 대전(청일전쟁, 1894)을 치루면서 이웃나라의 교의交誼를 완수했으니, 옛날에 풍공(히데요시)이 행하였던 일의 감회가 새롭다.   〈하략〉

명치31년(1898년), 육군대장 창인친왕彰仁親王 전액篆額

비문은 코를 베어 무덤을 만든 행위를 도요토미 히데요시의 성덕이라고 찬송하고 청일전쟁을 조선의 독립과 동양의 평화를 위한 전쟁이라고 강변하며, 따라서 이 전쟁이 도요토미 히데요시의 임진왜란과 연관이 깊어서 이총을 복원한다는 말로 횡설수설하고 있다.

다음은 이쓰코가 알려준 이총에 감추어졌던 비밀로, 그녀로서는 드물게 자신의 소감을 첨부하였다.

공양비의 안내문에는 여기에 묻힌 사람들을 위령한다고 써 있지만, 보수공사에 기금을 낸 사람들의 이름이 석책에 새겨져 있습니다. 기증자의 대부분은 가부키(일본 연극) 관계자들이며 그 가부키마저 거의 히데요시의 영웅담을 주제로 한 것입니다.

개인적으로 보기에는, 사자를 위령한다는 성격은 틀리지 않지만 다이쇼大正 4년이라는 시기에 배우들에 의한 석책 기증의 동기가 순수하게 왜란에서의 조선인들을 공양하는 것은 아닌 것입니다. 경관京觀의 성격이 강한 것이 분명합니다.

히데요시가 조선인의 코를 베어 무덤으로 만들어 후세에 남긴 일은 역사에 남는 잔악의 극치이다. 그런데 300년 뒤에 명치정부는 이러한 잔학행위를 찬양하고 임진왜란을 현창하고 있으니 비분하지 않을 수 없는 일인데 이쓰코도 여기에 대해 같은 감정이었던 것이다.

* * * * *

그리고 61일간에 걸친 풍공300년 축제는 사실상 이총을 중심으로 이 일대에서 성대하게 개최되었던 것이었으며, 이때 풍신춤을 추면서 외친 구호는 도요토미 히데요시와 임진왜란을 찬양하는 것이었다.[29]

> 나라를 통일하고 외국을 공격했을 때 무적이었던 사람은 누구?
> 어샤, 히데요시. 위대한 분!
> 조선팔도를 공격해서 조선과 명을 떨게 한 사람은 누구? 어샤, 히데요시. 위대한 분!

메이지유신이 나던 1868년부터 풍국신사를 세웠고, 이제 300년제를 거치면서 도요토미 히데요시는 연극과 영화, 국민가요, 소학교의 노래, 가부키 등으로 일본인의 의식 속에 자리잡아 간 것이다.

이총에 대한 어느 일본인의 생각:

아래는 이총에 대하여 쓴 에조에江添亮이라는 일본인의 블로그 글로 일본인이 이총에 대하여 직설적으로 표현한 단상을 볼 수 있으며, 우리에게도 많은 것을 생각나게 한다.

> 그러나 한국인들은 실로 평화적이다. 만약 그들이 이총의 왼쪽에 있는 비석에 적혀있는 한문을 알았다면, 열화처럼 분노하고 머리털이 위로 치솟고, 눈초리가 찢어지며 비석을 둘러싸고 맨손으로 파괴를 시작했을 것이다. 비석은 노화가 심해 더 이상 무엇이 써있는지 잘 구분되지는 않지만, 아래와 같은 내용이다.
>
> 블로그명: 本の虫   http://cpplover.blogspot.kr/

계속된 히데요시의
망령

1898년에 있었던 300년제 이후에도 풍신수길의 망령은 계속되었고 2차대전의 패전 때까지 이어졌다.

1922년에는 풍태합豐太合 이라는 노래가 보급되었는데 신찬창가에 실린 가사는 다음과 같다.[30]

> 여력을 펼쳐 '고려의 황야'를 헤쳐나가 국가를 빛내니 어찌 풍국의 신이 위대하지 않으랴?

1925년에는 오사카가 인구 200만명의 대도시가 된 것을 기념하여 '대오사카 기념박람회'가 있었다. 이때 오사카의 기초를 닦은 히데요시의 위대함을 널리 알리려 천수각의 복원과 군사지구였던 오사카성의 공원화 추진이 있었다. 그 중 특기할 점으로는, 원래 목조였던 천수각은 철근콘크리트 구조로 만들어져 원형보다 훨씬 크고 웅장한 규모로 복원된 것이다. (여기에 대해서는 앞으로 따로 설명한다)

1937년의 중일전쟁부터는 풍신수길의 망령이 조선을 넘어 중국침략과 동남아침략으로 확대되어 다음과 같이 나타나고 있다.

> 히데요시는 1930년대 이후 조선침공의 이미지에서 대륙침략을 꿈꾼 일본팽창의 선구자로, 1937년의 중일전쟁의 발발 때는 히데요시의 명·일전쟁의 의미가 강조되었다.[31]

1941년의 태평양 전쟁의 발발에서는 마닐라 공략의 성공에 관련

하여 쿄토와 오사카의 풍국신사 앞에서 대규모 전승보고와 축하
행진이 벌어졌다.

* * * * *

히데요시의 조선침략 사상을 잇는 메이지유신의 이념은 2차대전
이후에도 계속되었는데 이러한 정황은 아래의 글에서 볼 수 있다.
국민의 국가관, 역사관에 국가의 권력이 아직도 개입하고 있다는 것
이다.[32]

일본의 역사왜곡 포장은 메이지유신사와 함께 태평양전쟁사에
서도 드러난다. 1961년 하야시林房雄의 '대동아전쟁긍정론'이 중
앙공론에 연재됐다. 그는 대동아전쟁에 대해

"메이지유신 이래 일관해서 일본지도자가 구미의 압박으로
부터 아세아 제민족을 방위하기 위해 노력해 온 당연한 결과
다" 라는 궤변을 늘어놓았다.

이들은 메이지유신론과 태평양전쟁을 관련지으며 이를 일본 근
현대사의 전 과정 속에 자리매김하려 하는 것이다. 이를 통해
1968년 명치 100년을 맞으며 "명치 100년은 좋았다" 라며 대대
적 행사를 하고 축제를 벌였다. 이로서 국민의 역사의식을 정부
가 통제하려고 가일층 노력했다.

일본은 1966년에는 국회 회기를 연장하면서까지 '국민의 축일법
祝日法' 개정을 강행해 사실상 기원절紀元節의 부활을 의미하는 2월
11일을 '건국기념일'로 제정했다. 이에 따라 1968년 10월 23일
에는 정부주최의 '명치백년기념식전'과 지방자치제 식전이 일
제히 거행됐다. 일본은 이처럼 국민의 국가관, 역사관에 권력이

개입하고 있다.

여기서 말하는 '기원절'이란 BC.660년에 신무천황이 일본을 세운 것을 기념하는 것인데, 이것은 분명히 히데요시의 망령이 현재의 일본에 계속하여 떠돌며 지배하고 있음을 말하고 있다.

본서는 "일본의 건국신인 신무천황은 AD.365년에 일본에 진출한 가야왕 소전오존이다" 라는 전혀 다른 인식에 바탕을 두고 있다.

나가하마長浜시의 풍공축제豊公祝祭:

일본 나가하마長浜시의 홈페이지에는 2012년 풍공축제 참가자가 '풍태합豊太閤 풍신수길'이라는 깃발 옆에서 찍은 사진이 올라있다. 풍신수길의 망령이 현재에도 일본을 지배하고 있는 것을 볼 수 있다.

인터넷의 축제 기념사진을 스케치(유태민 그림)로 대체함.

히데요시의 상징— 오사카성

히데요시가 일본을 통일한 후 지은 오사카성. 도쿠가와가 세운 에도성과 더불어 일본 문화의 대표적인 상징물이다. 근대의 오사카라는 거대 도시는 히데요시가 지은 오사카성에서 유래한다.

오사카성의 천수각은 얼핏 보아도 콘크리트 건물로 복원한 것임을 쉽게 알 수 있다. 꼭대기층까지 설치된 엘리베이터는 그렇다해도 계단의 손잡이도 목조건물에서는 볼 수 없는 구조이며 꼭대기층의 전망대도 역시 그러하다. 그러나 관광 안내문만으로는 구체적인 사실까지는 알 수가 없었다.

얼마 전, 이쓰코는 여기에 대한 자료를 보내왔는데 그것은 내가 기대한 이상으로 풍부한 내용이 들어 있었다. 원래의 건물은 불에 탔으며 1930년에 대대적으로 복구하면서, 천수각은 콘크리트를 사용하여 원래보다 훨씬 크고 더 높게 만들었다는 것이다.

그녀의 생각에는 여기에 어떤 저의가 숨어있음이 분명하며, 이러한 의도에서 히데요시에 대한 현창 사업이 이차대전의 종전까지 이어져 왔다는 내용이었다.

> 천수각 재건사업은 도시 설립자인 도요토미 히데요시에 대한 기억을 복원시켜 오사카시에 대한 시민들의 애향정신을 표상함으로써 오사카의 도시정체성을 새로이 확립하기 위한 것이었읍니다.[33]

> 시정 당국의 계획에 따르면 천수각 재건 사업은 고성이 가진 권위를 바탕으로 역사적 교화의 효과가 막대한 것은 물론이고 장

중한 위용은 실로 당당하게 도시의 일대 미관을 이룸과 동시에 오사카시 중흥의 아버지이자 일세의 영웅인 도요토미의 장대한 계획을 오랫동안 기리기 위한 것이었습니다.

또 그녀의 자료는 구체적으로 다음과 같이 말하고 있다.

현재 천수각 역사박물관은 도시 설립자인 도요토미 히데요시를 중심에 놓고 오사카의 역사를 재구성해 놓았습니다. 예컨대 3층 전시실의 주제는 '히데요시와 그의 시대'이며, 4층에서는 히데요시 생존 당시 유물이, 5층에서는 1615년 오사카 여름 전투를 미니어처와 파노라마 영상 등으로 재현해 놓았습니다.[34]

천수각의 꼭대기 8층에 설치된 전망대에 올라 광대하게 펼쳐진 오사카 시를 조망할 때, 히데요시의 위대함을 느끼지 않는 일본인은 아마 없을 것이다. 이로써 관람객뿐 아니라 모든 시민들은, 자연스럽게 히데요시가 세운 오사카성이라는 역사성과 시공간적인 콘텍스트 위에서 현재의 오사카를 인식하게 되는 것이다.

한국을 덮은 암운

명치 정부에서의 공신으로 최하급 무사출신이 공작의 작위에까지 오른 인물은 아래 5명밖에 없다. 이들은 말만 무사계급이지 실제로는 평민보다 나을 것이 없는 최하급의 빈곤한 무사출신이다.

이토 히로부미   조슈 출신
야마가타 아리토모   조슈 출신

카츠라 타로   조슈 출신

오야마 이와오   사쓰마 출신

마츠카타 마사요시   사쓰마 출신

이들 인물(위에서부터 4명)이 메이지유신 후 귀족계급 중의 최상위 계층과 동렬에 서게 된 계기를 보면, 조선이 명치 정부에서 얼마나 큰 비중을 차지하고 있는가를 상징적으로 보여준다.

명치 일본에서는 1884년 유럽 왕국의 귀족제를 모방해서 화족령을 제정하였다. 이른바 황족 아래 화족華族 이라고 부르는 귀족을 만든 것이다. 이 화족의 다섯 단계 중 최고의 작위는 공작인데 전래의 황족이나 화족(번주 출신) 등 귀족가문이 아니면서 최고 귀족인 공작의 작위를 받은 사람은 위의 5명뿐이다.

> 집안 배경이 없던 이들(위에서부터 4명)이 공작이 된 것은 뛰어난 공로 때문이었다고 한다. 어떤 공로가 높이 평가되었을까. 그것은 명치천황 시기 최대의 국가 목표인 조선 침략에 대한 기여도였다.[35]

참고로 화족령이라는 새로운 제도에서 최고위인 공작에 오른 가문은 다음과 같다.

공가계公家係: 9개 가문 (천황측의 문신)

무가계武家係: 도쿠가와德川家, 시마즈島津家, 모리毛利家

신화족계新華族係: 앞에서 말한 5명

왜성대倭城臺

일본은 조선인들을 식민 통치하면서 모든 지배의 이데올로기를 반드시 임진왜란이나 고대 신공황후의 삼한정벌 신화에 연결시켜 역사적 필연성을 강조하였다. 이러한 시도는 왜성대에서도 그 흔적을 남기고 있다.

임진왜란 때 일본군 장수 카토 기요마사는 숭례문(남대문)으로 하여 한양에 입성했고, 고니시 유키나가는 흥인문(동대문)으로 입성했다. 일제 시절에 서대문은 흔적도 없이 사라졌고 조선문화의 상징인 광화문도 없애려고 시도했지만, 남대문과 동대문이 지금까지 온전히 남아 있는 것은 이러한 까닭이다.

카토는 한양에 입성하여 남산 기슭에 주둔군 사령부를 두었는데 이를 왜성대倭城臺 라고 한다.

300년이 지나고 일본이 우리의 국권을 빼앗았을 때, 일제가 자신들의 조선지배와 과거 임진왜란 때 왜군의 한양지배를 연결시켜 역사성과 정통성을 강조하려고 굳이 왜성대에다 르네상스 양식의 통감부청사를 지은 것은 이러한 까닭이다.

조선총독부는 1907년에 남산 왜성대에 건축한 통감부 청사를 1910년 합병 이후 그대로 총독부청사로 사용하다가 1926년에 경복궁 앞에 지은 신청사로 이전하였다.

'우키요에'에 투영된
정한征韓 DNA

에도막부 때 임진왜란을 소재로 한 우키요에(일본의 다색판화)는 신공황후 전설에 나오는 삼한정벌에 가탁하여 그린 것이 많다. 그것은 막부가 도요토미 히데요시를 포함한 전국시대의 다이묘들에 대한 서적을 출간하거나 유통하는 것을 법령으로 엄격히 금했기 때문이다.[36] 앞에서도 말했듯이 에도막부는 임진왜란과 그것을 일으킨 히데요시의 의미를 모두 부정한 정권이어서 그렇게 된 것이다.

그런데 삼한정벌과 임진왜란에 대한 유키요에는 이것이 옛이야기가 아니고 일본인들의 로망이자 본능으로 뿌리를 내리고 있음을 볼 수 있다.

다음은 츠키오카月岡芳年 라는 화가가 그린 '정청삼한퇴치·진주성

합전도'라는 그림인데, 가등청정과 진주성전투는 임진왜란 때의 일이고, 삼한정벌은 그보다 1000년도 훨씬 더 이전에 있었다는 이야기이다. 물론 삼한정벌 자체는 완전한 허구이자 날조다.

그림에서는 시간이 맞지 않는 두 사건을 붙여서 제목으로 삼았는데, 등장인물의 이름까지 청정淸正을 정청正淸으로 이름을 바꾸어 부른 것을 볼 수 있다.

그리고 우타가와歌川国芳 라는 화가가 그린 '요무팔경 삼한귀범·무내숙이耀武八景 三韓帰帆·武内宿禰'라는 그림을 하나 더 살펴보자. (다음 페이지 그림)

그림은 도요토미 히데요시가 죽고 무내숙이가 귀국하는 내용으로 무내숙이는 신공의 신하인데, 신공의 전설을 그린 인형이나 그림에는 무내숙이가 빠지지 않고 거의 세트로 나오고 있다. 그런데 무내숙이가 쓰고 있는 투구의 모양과 깃발의 문자는 가등청정의 트레이드 마크이므로 그림의 주인공은 결국 가등청정이다.[37]

이렇듯 신공의 삼한정벌은 임진왜란으로, 다시 메이지유신으로 계속 반복·재생되고 있다. 이러한 경향은 앞으로도 반복되지 않는다는 법이 없다.

임진왜란은 조선을 거의 멸망상태까지 몰아넣었지만 도요토미의 조선정벌은, 신공황후의 삼한정벌과 더불어 시대를 넘어 일본인들에게는 가장 인기있는 이야기의 소재로 되어왔고 현재에도 그러하다.

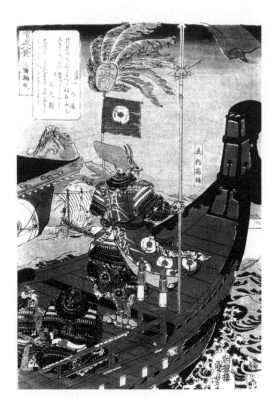

일본은 이러한
전쟁화가 계속 유행
하였고, 일제 때에
도 청일·러일전쟁
과 태평양 전쟁 등
을 소재로 한 그림이
대형 칼러판 책자의
형태로 제작되어 국
책으로 보급되었다.
나는 어릴 때 부친이
간직했던 이러한 일
제의 그림 모음집을
본 적이 있다.

앞에서 말한 일본의 보수속보[保守速報] 웹사이트에는 '신공의 삼한정벌
및 임진왜란'을 소재로 한 우키요에를 실어 놓았는데, 아래는 필자
가 '작가, 제목'의 순서로 일부를 추려본 것으로, 설명은 필자가 따
로 넣었다.[38]

삼한정벌 소재 우키요에:

勝川春亭 : 武勇三番続 其一 神功皇后:
　　갑옷을 입고 있는 신공 그림
歌川国安 : 神巧皇后三漢退治ノ図 신교황후삼한퇴치 그림:
　　신공이 말을 타고 삼한을 정벌하는 그림

月岡芳年 : 大日本史略図会 第十五代·神功皇后:

신공이 칼을 뽑아 들고 있는 그림으로 삼한정벌이 그림의 소재다.

水野年方 : 日本略史図解 人皇十五代:

신라왕이 신공에게 공물을 바치는 그림

임진왜란 소재 우키요에: 특히 임진왜란 소재의 그림은 태반이 시기가 전혀 맞지 않다.

月岡芳年 : 朝鮮征伐大評定ノ図 조선정벌대평정:

도요토미 히데요시와 무사들이 조선정벌을 논의하는 그림.

歌川豊宣 : 新撰太閤記／猛威海外に震う신찬태합기／맹위를 해외에 떨치다:

그림에서 도요토미 히데요시와 무사들이 지도를 놓고 조선정벌을 논의하고 있다.

歌川芳虎 : 朝鮮征伐石火矢図 조선정벌석화시도 :

석화시는 대포의 일종이며 그림의 주제는 조선정벌이다.

月岡芳年 : 三韓退治図 삼한퇴치도

月岡芳年 : 真柴大領三韓退治 진시대령삼한퇴치

진시대령真柴大領 이라는 인물이 삼한 퇴치를 하는 장면

月岡芳年 : 豊臣三韓征伐之図 풍신삼한정벌지도

도요토미 히데요시의 삼한정벌을 그리고 있다.

豊原国周 : 三韓征伐 삼한정벌:

가등청정이 바위를 떨어뜨려 적의 성을 공격하는 그림으로, 삼한정벌이 주제이다.

勝川春亭 : 武勇三番続 其三·加藤清正

포로로 잡힌 조선의 왕자가 가등청정에게 절을 하며 접견하고 있는 그림

에도막부 260년
평화의 의미

지금까지 살펴본 바, 에도막부를 전복하고 출범한 명치정부 아래에서 히데요시의 망령이 부활하고 확대된 일련의 과정은 결코 우연히 일어난 일이 아니다.

명치정부는 그 출발에서부터 도요토미 히데요시와 그가 일으킨 임진왜란을 그 주도세력들이 지향하는 이념으로 삼았음을 분명히 드러내고 있다. 이러한 일은 260년전 세키가하라에서의 패배에 대한 단순한 복수 이상의 의미를 지니고 있다.

한편 명치정부와 히데요시 망령의 부활을 연관시켜 생각해 보면, 도쿠가와 막부가 시종일관 내려놓지 않았던 한가지 이념이 분명해진다. 바로 히데요시와 그가 일으켰던 임진왜란을 저주하고 멀리하였던 점이다. 에도막부는 분명히 조선을 정복할 수 있는 힘이 있었지만 그렇게 할 의사가 조금도 없었으며, 막부가 조선과의 우호를 끝까지 지켜나간 점은 조선통신사에서 단적으로 상징되고 있다.

도쿠가와 이에야스가 추진했던 조선 왕조와의 관계회복은 큰 틀에서 본다면 히데요시가 파괴해버린 동아시아의 전통적인 질서를 바로 세우려고 한 것으로, 동아시아의 전통적인 체제 안에서 일본 스스로가 일원이 되고자 했음은 높이 평가되어야 한다.

에도막부의 260년간의 평화는 세계사적으로 유례가 없는 값진 업적이었으며, 명치정부는 이러한 막부의 위업을 참람하게도 히데요시가 일으킨 조선정벌의 공으로 돌렸다. 히데요시가 해외에 떨친 무력의 과시로 인하여 에도막부의 장기간 평화가 이루어졌다는 식 이다. 이러한 점에서 에도막부의 평화정책은 심층적으로 다시 조명 되어야 하지 않을까?

보통 에도막부는 시대의 흐름을 거스르고 기득권을 유지하려고 발버둥친 무능한 정부였다는 평가가 많지만, 아래의 글은 이러한 평 가가 메이지유신의 주도세력 위주로 역사가 만들어져 왔음을 알리 고 있다.

한가지 덧붙이자면, 에도막부는 동서양을 막론하고 왕조가 무너

도쿠가와 이에야스德川 家康:

그가 세운 에도막부 는 동아시아에서 260 년간의 평화를 이루 었다.

그림출처:

http://ja.wikipedia. org/wiki/德川家康

질 때 드러내기 쉬운 무질서하거나 자기파괴적인 어떠한 모습도 드
러내지 않고 위엄있게 종말을 맞은 점이 눈길을 끌고 있는 점이다.

일반적으로 일본의 도쿠가와 막부는 무능한 정부였다는 평가가
많다. 그러나 각국의 앙샹 레짐(구체제)과 비교했을 때 막부는 높
은 평가를 받아도 좋다고 생각한다.[39]

하나는 막부가 특히 아편전쟁 이후 30년 가까운 시간 동안 시대
의 흐름에 맞춰 끊임없이 자기개혁을 추진했다는 점이고, 다른
하나는 반대세력에 대항할 막강한 힘을 여전히 보유하고 있었음
에도 결정적인 순간에 자신의 해체를 용인하여 내란 등 막대한
부담을 남기지 않았다는 점이다.   〈중략〉

그런데 앙샹레짐의 막부는 이같은 선제적 개혁을 통하여 여전히
강력한 힘을 유지하고 있었음에도 반막부세력에 제대로 저항하
지 않고 스스로를 해체하는 길을 선택하여, 메이지 유신으로 가
는 길에 큰 부담을 남기지 않았다.

1867년 겨울 반막부세력이 교토의 황궁을 포위하고 쿠데타를 감
행했을 때 막부는 군사력에서도 정치력에서도 그리고 외교적인
면에서도 다른 국가의 앙샹레짐과는 사뭇 다른 모습을 띠고 있
었다. 군사력에 있어서는 서양식 무기와 훈련으로 무장한 3만의
정예부대를 거느리고 있었다.   〈중략〉

외교적으로도 막부의 존재감은 건재했다. 요시노부는 쇼군에 취
임한 이후 오사카에서 서양각국의 주일 외교사절을 접견하고 일
본의 실권자임을 인정받았다. 영국은 물밑에서 사쓰마·조슈 번
에 협조했지만 프랑스는 요시노부를 전적으로 지지했다.

도쿠가와 막부의 마지막 쇼군은 히틀러가 맞이한 최후의 순간과 극명하게 대비된다. 자신이 벌인 2차세계대전이 파멸적인 순간이 다가왔을 때 히틀러는 수도 베를린 내의 마지막 방어선을 사수하도록 명령했다.

제3제국의 몰락으로 더 이상 독일국민이 존재할 이유가 없고 온 세상이 제국과 함께 파멸되어야 한다는 히틀러의 의지로 베를린은 독일군의 지하사령부가 함락되는 순간까지 파괴와 참살이 계속되었다. 히틀러와 그가 세운 제3제국의 마지막 순간은 독일의 영화 몰락 Der Untergang에서 가감없이 그려지고 있다.

이런 점에서 100만명의 도시인 에도성의 파괴와 인명의 살상을 피하여 반군에게 성문을 열어 준 마지막 쇼군 도쿠가와 요시노부德川慶喜의 휴머니즘은, 막부가 260년간 지속해온 평화에의 의지와 수미상응首尾相應의 형태로 현시되어 막부의 대미大尾를 장식하였다.

프랑스 공사 레옹 로슈Leon Roches는 막부가 사쓰마·조슈 번의 군대를 진압하는데 프랑스군으로 지원하겠다고 했으나 요시노부는 이를 거절했다. 이때 영국과 프랑스는 군사 개입할 틈을 노리고 있었고 내전이 길어질 경우 이들의 군사개입을 피할 수 없다는 인식을 한 때문이었다.

나는 이쓰코에게 에도막부의 마지막 순간을 맞아 요시노부가 에도 성문을 열어 전화戰禍를 피한 것에 대한 나의 생각을 말했다.

일반적인 정권이나 왕조의 몰락에서 흔히 보이는 자기파멸적인

에도막부의 마지막 쇼군 요시노부는 반군의 요구에 따라
일본의 대권을 천황에게 이양하였다. 이를 대정봉환大政奉還
이라고 한다.

모습과는 달리 막부는 멸망의 마지막 순간에도 선이 굵은 행동
으로 위신과 존엄을 지켜나간 점은 감동적입니다.

그러자 이쓰코는 실제로 성문을 열어준 사람은 쇼군이 아니고 전
권을 위임받은 육군총재인 가츠 가이슈勝海舟**40**가 아니냐고 반문했
다.

여기에 대해 나는 다음과 같이 말했다.

성문을 연 사람이 카츠 가이슈이건 아니건 쇼군이 자신의 뜻과 이상이 맞았기에 그를 등용했던 것이 아니었을까요?

이에야스에 대한 단상

에도막부의 지배구조인 막번체제는 2500년전 중국의 춘추오패와 거의 일치한다. 실제로 막부의 쇼군은 왕과 다름이 없었지만, 형식적으로는 쇼군이 제의 환공이나 초의 장왕과 같은 패자와 흡사하다.

도쿠가와 이에야스는 유교적인 소양이 풍부한 사람이었지만, 에도막부를 창건하면서 조선과 중국의 중앙집권국가 모델을 따르지 않고 굳이 고대의 춘추시대를 모델로 삼았는가는 연구해 볼 문제다.

사실 춘추오패의 패권의 지속 기간은 진晉문공 외에는 모두 군주 개인의 당대에 끝났다. 어쩌면 이에야스의 머릿속에는 미래의 불확실성으로 260년이나 지속되는 장구한 왕조의 건설이 없었을지도 모르며, 차라리 이러한 방식의 패도정치(무력이 위주가 되는 정치)를 택하는 편이 더 현실적이라고 생각했을 수도 있다.

한편 루스 베네딕트는 일본 천황의 존재에 대해 다음과 같이 말하고 있다.

도쿠가와 막부의 명맥이 끊어지는 마지막 순간까지도 미국의 페리Mattew C. Perry 제독은 일본 권력구조의 배후에 천황이 존재하고 있음을 알아차리지 못했다.

제3장

시간여행

▌'하기'의 지기地氣

무릇 땅의 기운은 사람을 통하여 화현化現시키는 법으로, 나는 오래전부터 조슈의 수도인 하기의 지세에 대하여 특히 궁금해 했다. 풍수나 지세는 동양철학의 중요한 요소를 이루는 것으로 그것의 어떤 특징적인 요소가 하기에 있는가는 언제나 관심의 대상이었다.

다음은 하기의 지세에 대해서 필자가 아는 분들로부터 받은 코멘트이며, 먼저 미국에 있는 지인인 '김탁'으로부터의 회신이다.

저도 풍수를 깊이 알지는 못하며 혼자 자습하는 정도입니다. 풍수라는 말뜻이 장풍득수라고 해서 바람을 갈무려 두고 물을 얻는다는 뜻이지요.

풍수에서 주요한 것은 땅에서 주는 '기'를 어떻게 보관하고 유지하느냐- 인데요. 바람은 기를 흩어주기 때문에 바람을 잘 갈무리한다는 뜻에서 장풍이구요.

물은 기의 흐름을 그치게 하기 때문에 물 역시 주요한 요소이고 풍수를 한마디로 정의하면 어떻게 물을 얻느냐 하는 것입니다. 강하구의 삼각주는 땅도 비옥할 뿐만 아니라 바다라는 큰 물이 땅 기운의 흐름을 막아주어 삼각주에 머무르게 하고, 좌우로 강물이 둘러싸고 있으니 온전한 기운을 보전하고 있습니다.

그 땅의 기운이 사람에게 미치니 그곳 출생들이 기운을 받고 해외로 뻗어나가는 것은 당연하다고 하겠습니다. 전국시대에는 해외침략의 거점이요, 평화시에는 무역기지가 되겠습니다.

이와 같은 지세는 미국 뉴욕의 맨하탄이 있습니다. 용이 입에 물고 있는 여의주와 같은 형국입니다. 인천공항이 들어선 영종도, 삼별초가 저항하고 고려왕궁이 있었고 첨성단이 있는 강화도가 기가 센 이유는 이와 같습니다. 부족한 설명이라 부끄럽습니다.

김탁 한뿌리사랑세계모임 회장

이렇게 본다면 임진왜란 이후 평화기에 건설된 '하기'는 왕성한 무역기지의 역할을 하였으며, 메이지유신에 이르러 침략의 역할을 하다가 일본의 패망으로 현재는 도시의 기능이 소멸한 케이스이다. 이 점은 도시가 계속 번성한 맨해튼이나 서울과는 다른 점이다. 그렇다면 '하기'에서 '악의 기세'도 쇠했다는 것인가?

또 내가 보내준 하기의 사진을 보고는 "뱀의 머리처럼 생긴 삼각주 땅인데 독종들이 사는 곳으로 보인다"는 분도 있다. 실제로 독사나 살모사 보다는 삼각주를 머리로 하는 코브라가 연상된다.

또 다른 지인 박혜범이 보낸 코멘트는 다음과 같다.

하기의 지세:

그림은 '하기'의 조감도로 위가 동해 바다이다. 전체가 삼각주 평지로 이루어진 '하기'의 유일한 산(해발 143m)이 바다 한가운데에 솟아있다. 산기슭에 번의 핵심시설이 집중되며, 근처에서부터 상급무사의 주거지가 시작된다.

위 조감도는 필자의 친우 유태민의 스케치임

풍수의 관점에서 보면 참으로 보기 드문 명당입니다. 지관마다 여러가지 해석이 있겠으나 정벌에 나선 군왕이 갑판 위 좌우에 장수들을 시립시키고 조공을 받는 격으로 한반도의 관점에서 보면 괴롭고 두려운 형국이라 하겠습니다.

생각만으로도 끔찍한 일이지만 아마도 21세기 일본의 대륙 침략이 시도되어 전쟁이 발발한다면, 그 핵심 주도세력이 되지 않을까 합니다. 곽선생이 연구한 역사와 예측이 풍수와 일치한다는 말입니다.

섬진강 정신문화원장 박혜범

유신 영웅담의
거품

중국의 후한 멸망 이후 펼쳐지는 무수히 많은 영웅호걸들의 쟁투와 죽음, 전쟁, 음모와 지략을 들려주는 삼국지는 14세기 원말·명초의 통속문학가 나관중의 소설이다.

흔히 삼국지는 동양의 원초적 사고와 처세의 기본이 담겨있는 인간 드라마를 펼치는 고전으로 알려져 있지만, 그것은 오랜 기간에 걸쳐 널리 보급되었다는 의미로서의 고전일 뿐이고, 역사서는 절대 아니다.

그것은 역사상의 인물에서 소설 등장인물들의 이름과 지명만을 따왔으며, 그들의 행적은 실제의 역사와 틀리는 경우가 많고 어떤 경우에는 완전히 다른 내용으로 나타나기도 한다.

삼국지와 마찬가지로, 현재의 조슈와 사쓰마의 메이지유신 주역들에 대한 이야기도 뛰어난 작가에 의하여 각색되어 전세계를 상대로 한 유수의 명작으로 올라있는 작품들이 많다.

'바람의 검심'은 메이지유신을 배경으로 하여 사무라이들이 펼치는 로망을 그려 엄청난 인기를 얻은 일본 만화이다. 미국판의 제목은 루로니 켄신 Rurouni Kenshin이며, 영화 및 TV드라마로도 제작되었고 일본 후지TV에서는 2년 9개월에 걸쳐 94편의 TV애니메이션을 방영한 바 있으며 국내에서도 꽤 많은 팬이 있다.

키도 타카요시는 메이지유신의 주역 3인의 한 명인데, '바람의 검

키도 다카요시木戸孝允

키도는 명치유신 3걸의 한명이다. 유신 사무라이들을 주제로 하여 만든 일본영화 '바람의 검심'은 유신의 주역이었던 키도 다카요시, 다카스기 신사쿠 등의 인물들이 대거 등장한다.

심'에 그의 개명전의 이름 '카스라 코고로'桂小五郎로 등장한다. 또 유신의 인물인 '다카스기 신사쿠'도 등장하여 역사물처럼 인식되기 쉽다.

'키도 타카요시'를 패러디한 것으로 '바람의 검심' 외에 '은혼'이라는 만화가 있다. '은빛 영혼'의 준말인데, 신시대를 만들기 위해 구시대를 부순다는 주제이며, 검을 들고 유신지사의 편을 들면서 신시대를 갈망하고 메이지 시대가 오기까지의 내용을 보여주고 있다. '비천어검류'라든가 '천연이심류' 등 요란한 이름의 검술과 사무라이들의 활극이 주제가 되고 있다.

이러한 만화는 등장인물의 이름만 같을 뿐 실제로 일어난 사건과는 무관한 내용의 이야기인데도, 이에 심취한 독자들은 이러한 패러

사카모토 료마坂本龍馬

디 물을 통하여 일본역사를 많이 알게 되었다고 자부하거나, 일본의 근세사를 배우게 되는 경우도 많이 있다.

'사카모토 료마'坂本龍馬는 메이지유신에서 가장 인기 있는 영웅으로 그려지고 있는데, 이는 료마가 '시바 료타로'의 소설 '료마가 간다'에서 한번 주인공으로 등장하면서 막부 말기의 풍운아로 메이지유신의 이야기에 빠지지 않는 인물이 되었다.

그러나 료마의 영웅적인 활동자체가 모두 부정되고 영국 무기상의 손아귀에 놀아난 단순한 청년일 뿐이라는 아래의 주장은 상당히 설득력 있는 이야기이다.[41]

유태계 영국인 글로버는 정변 이후 메이지 정부와 깊은 관계를 갖고 탄광, 철도산업 등 여러 이권에 개입하였다. 한편 미국이 지원하는 '존 만지로'John, 万次郎는 조슈와 사쓰마 사무라이들의 쿠데타 계획을 사전에 알고 글로버와 교섭하여 미국이 지원하는 도사와 히젠 세력을 메이지 신정부에 합류시키기로 합의하였다.

쿠데타에 있어서 사카모토 료마에 의한 '삿초동맹'은 메이지유신을 성공시키는데 결정적 요인이 되었다. 사카모토는 사쓰마의 사이고와 조슈의 키도 다카요시를 만나게 하여 '삿초동맹'을 성사시켰는데, 겨우 30대 밖에 안되는 젊은 사카모토가 무슨 수로 당시 거물인 사이고와 키도를 만나 대업을 성사시킬 수 있었겠는가?

이는 사카모토 뒤에 영국의 무기상인 글로버와 그 이면에 있는 영국세력의 자금과 후원이 있었기 때문이다.

지바 도장에서 터득했다는 북진일도류北辰一刀流 라는 검술의 대가라는 수식어는 료마의 영웅담에 반드시 따라다니는 트레이드 마크인데, 검술의 대가는 고사하고 벌레 하나도 베지 못했던 인물이라며 료마의 영웅담이 완전한 허구라는 혹평도 있다.

이것은 일본인들이 침략의 역사에 당위성을 주기위해 메이지유신의 인물들을 미화 내지 영웅화한 이유 때문이라는 것이다.

▌백년전으로

우리 국내에서는 이들 메이지유신의 인물에 대하여 지식이 전무한 경우가 많거나, 이와는 반대로 국내의 일부 매니아들, 특히 일본 만화나 애니메이션의 매니아들은 이들의 활동에 대하여 과잉하다 할 정도로 상세한 정보를 가지고 있는데, 이러한 지식도 사실왜곡에 근거하는 경우가 많다.

이들 매니아는 메이지유신 지사들의 활동을 근거없이 존숭하는 경향이 있지만, 내가 본 메이지유신 영웅들의 일대기의 상당수는 사카모토 료마의 경우와 같이 지나치게 과장하고 윤색하여 완벽한 위인으로 바꾸어놓은 것이다.

나는 하기가 배출한 유신 지사들의 활약상의 개별적인 영웅담이나 특수한 재능에는 상당히 부정적인 시각을 가져왔고 어디까지나 그들의 활동은 시대적인 상황의 산물이라고 생각해 왔다. 그것은 앞에서 이쓰코가 말한 바 있는 메이지유신에 대한 생각이 내 자신의 견해와 같기 때문이다.

메이지유신의 행적도 처음부터 명백한 진로가 설정되었던 것이 아니었고, 갈팡질팡으로 달려오면서 열매를 맺었을 뿐입니다. 이 과정에서 메이지유신의 영웅들은 대부분 비명횡사하였지요. 이들은 과연 무엇을 이루었던가요? 이들은 정작 자신들의 운명은 개척하지 못했던 것입니다.

그런데 메이지유신의 성공이 어떤 특출한 인물의 출현보다 어느 시기와 지세에서 나타난 필연적인 산물이라는 정도의 소회만을 가져 왔으나, 하기의 곳곳에 널린 메이지유신의 자취와 유물들을 막상 보고 느낀 것은 처음 생각했던 것보다 그러한 강도가 훨씬 더하였는데, 그것은 하기라는 도시가 의외로 그 면적이 작은데다가 그 강도가 고도로 집중되어 나온 결과일 것이다.

또 '하기'라는 도시가 다른 요인들보다도, 실제로는 거의 무력에 의하여, 또 거기에 가담했던 사람들의 막부를 쓰러뜨린 피의 댓가로서 메이지유신을 이루었다는 '피의 역사'의 고향이라는 사실에서 오는 느낌을 지울 수가 없었다. 하기가 이렇게 작은 도시이면서도 힘센 지도자, 일본의 입장에서 보면 영웅과 위인이 많이 배출된 지기^{地氣}는 분명히 각별한 느낌이 있다.

나에게서 지기^{地氣} 즉 '땅으로부터의 에너지'라는 영어 설명을 들은 이쓰코는 여기 '하기'를 거닐면서 몸과 마음 모두 '하기'의 지기를 듬뿍 받아가는 것도 좋지 않겠느냐는 다소 당돌한 말을 하였다. 나는 속으로 당황하면서도 불쾌하였다. 왜냐하면 메이지유신의 영웅이나 위인들은 우리로 보면 '악의 화신'들로 '하기'의 지기^{地氣} 라면 한국인으로서는 원수의 근원으로 생각할 수 있기 때문이다.

그러나 한편 생각해보면 이쓰코의 그 말은 크게 보면 틀린 것도 아니다. 어쩌면 한국에 있었던 지기가 임진왜란 후 일본으로 다 옮겨갔을 수도 있지 않은가?

또 모든 역사라는 것은 원수가 친구가 되기도 하고 친구가 원수로 돌아서기도 하는 것이기에…… 사실 일본도 옛날에는 우리와 같은 나라, 같은 종족이 아니었던가? 백제와 가야의 사람들이 바로 일본 사람이라는 주장 말이다.⁴²

그런 면에서 본다면 하기의 지기가 반드시 우리에게 부정적으로 받아들일 필요는 없고, 굳이 하기의 지기를 원수의 소유만으로 대할 이유는 없는 것이다. 그렇게 생각하면 이쓰코의 제의는 잘못이 하나도 없는 것이다.

이쓰코는 하기의 지기를 받아들이기 위해서, 우리의 마음까지 백년전으로 거슬러 올라가 이 도시의 거리에 확실히 몰입하여 보자는 말을 덧붙였다. 이렇게 한다면, 하기의 지기를 느끼는 외에 어쩌면 이 도시가 만들어낸 '피의 역사'를 제대로 이해할 수 있을지도 모른다는 '오사카 여인'의 권고대로, 마음을 한군데 집중하여 이 도시의 백년전의 과거로 떠나기로 했다.

내가 하기에 올 때 크고 노란 한지에다 붉은 글씨를 쓴 두 장의 부적을 가지고 왔는데, 이것은 서울을 떠날 때 친구들이 마련해 준 것으로 하기의 지기가 집중되는 지혈이 있는 하기 성 뒤의 산 정상에 묻으려고 한 것이었다. 또 하나는 사쓰마의 성터에 묻기 위한 것이었다.

구겨지지 않게 이쓰코의 핸드백에 넣고 다녔는데, 지금 이쓰코는 그 중 한 장을 꺼내어 두 손으로 받쳐 들고는 시간여행을 시작한다는 사인을 보내면서 미소를 지었다. 그녀의 미소에는 장난기가 있었으나 어떤 면에서는 신비하기도 했다.

나는 여인의 기분에 맞추어 될수록 편한 마음을 먹고, 내가 한국인이라는 사실을 잠시 잊고 일본인일 수도 있다는 기분을 가진 채 여인의 나지막하면서도 감미로운 목소리에 따랐고, 마지막에는 백년전의 공기를 실제로 들이마시려는 것처럼 진지하게 되어 눈을 감았다.

잠시 후 이쓰코는 나지막한 목소리로 "아브라카데브라..." 라고 하며 영어에서의 흔한 주문을 외웠다.

166

그러자 갑자기 귀가 멍멍해 질 정도로 사방이 조용해지며 멀리서 쌍두마차들의 긴 행렬이 점차로 다가오는 소리가 들렸다. 마차마다 명치천황 시대의 고관대작들이 진중한 복장을 하고 우리의 곁을 지나가는 환상으로 나타났다. 모두 커다란 훈장을 가슴에 패용하였으며, 마찬가지로 위엄있는 분위기의 복장을 갖춘 수행부관이나 호위군사의 마차를 대동하고 있었다.

그들은 고관이나 호위무사 할 것 없이 칼을 찼고, 어깨에는 견장을 달았으며 모두 수염을 기르고 있었다. 머리에는 군모 또는 높은 실크햇을 쓰거나, 나폴레옹 시대의 비콘bicorne 형태에 금술을 두른 모자를 쓴 사람도 있었다. 모두 쌍두마차 위에서 하나같이 근엄한 표정으로 내려 보았는데, 그 가운데는 조선의 총독을 지낸 사람의 얼굴도 있었다.

나와 이쓰코는 갑자기 나타난 이들의 출현에 위축되어 길가의 한 편에서 엉거주춤한 자세로 이들이 지나가는 것을 지켜보았다. 그러다가 문득 정신이 들었고 곧 이쓰코가 들고 있던 부적을 채어 마차의 행렬을 향해 들고 기도를 하였다. 숨을 죽인 채, 내가 가끔 오르는 북한산의 주봉인 백운대 아래로 '하기'의 지기地氣가 모두 옮겨가 앞으로 몇백년 동안 계속 진정되기를 기도하였고, 이 기도가 주문과 똑같은 효과를 나타내기를 바랬다.

놀랍게도 이 기도의 말미에, 조용했던 거리가 홀연 흙과 먼지가 날리는 광풍에 뒤덮히며 그 속에서 한 도인이 나타나 악의 원귀들을 불러들이는 것이 보였다. 몽롱한 중에도 그 도인은 신라말기의 도선국사가 환생한 것이라는 것을 알 수 있었다. 명치시대의 일본 고관들과 그들을 호위하는 무사들의 행렬이 도술로 인하여 흐릿해지면서 시야에서 사라졌다.

이내 소란하였던 광풍은 잠잠해지고 5월의 꽃잎들이 하늘로부터 가득히 날리면서 사라지는 마차들을 시야에서 가려주었고 어두웠던 하늘도 밝아졌다. 아직도 나의 귀에는 마차의 수레바퀴와 말발굽 소리의 여운이 가시지 않은 채, 나와 이쓰코만이 오후의 햇살이 쏟아지는 길에 남겨져 있었다.

이 때 나는 마치 벌거벗은 것 같은 기분이 들었다. 그러다가 문득 이쓰코가 과거로의 시간여행에서 벗어나 옆에서 동행, 아니 나의 동반자로 남아 있다는 사실을 확인하고는, 말로 설명할 수 없는 어떤 기분이 들었고 평소에 알고 있는 시를 그녀가 들릴 정도로 소리내어 읊었다.

그것은 미국의 여류시인 '에이미 로웰'Amy Lowell의 '패턴'Patterns이라는 영어 시인데, 이 인적이 드문 도시를 단 둘이서 거닐면서 내 가슴의 가운데를 차지해버린 여인의 옆에 선 나에게서 자연히 그 시가 흘러나온 것이다. 시의 제목인 패턴은 모형 또는 규범을 뜻하는 말이며 여기에서는 인간의 굴레라는 의미로 쓰이고 있다.

> I walk down the garden-paths,
> And all the daffodils
> Are blowing, and the bright blue squills

...
나는 정원의 오솔길을 걸어간다.
수선화들이 온통
피고, 밝고 푸른 나리꽃이 만개하였다.

나는 정형화된 정원의 오솔길을 걸어간다.
무늬가 박힌 비단 가운을 입고서.
머리에는 분을 바르고, 보석장식의 부채를 든
나 역시 드문
하나의 패턴(정형)이다. 내가 정원의 오솔길을
거닐고 있을 때에는.

내 드레스는 화려한 무늬로 장식되고,
옷자락은
분홍과 은색깔을 만든다
자갈 위와 길 가장자리의
상록초 위에.

현재 유행하는 은쟁반처럼,
리본 달린 하이힐을 신고서 경쾌하게 달린다.
나에겐 부드러움은 어디에도 없고,
오직 고래수염으로 짠 직물과 비단 뿐.
라임 나무의 그늘 밑에
주저 앉았다. 나의 열정은
그 뻣뻣한 비단에 저항하기 때문이다.

여기까지 읊는 것으로 나의 시 애송은 멈추었다. 평소에 가끔 읽기는 했지만, 이것은 매우 긴 시로서 전체를 외우려고 해본 적은 없었다. 그러자 그녀는 그 다음 귀절을 받아 외기 시작했다.

그리고 나는 정원으로 가서,
패턴으로 이루어진 오솔길을 이리저리 거닐었다,
내 뻣뻣하고 정확한 비단옷을 입고서.
푸르고 노란 꽃들이 햇빛을 받으며 자랑하듯 꼿꼿이 서있었다,
하나하나가 모두.
나도 똑바로 서서,
패턴에 맞추어 꼿꼿하게 서있었다,
그 뻣뻣한 가운을 입고서.

한달 후면, 그는 내 남편이 될 사람이었다.
한달 후면, 여기 라임나무 아래에서
우리는 패턴을 깨트리기로 되어있었다;

그는 나를 위해, 나는 그를 위해
그는 대령으로, 나는 귀부인으로서,
이 그늘진 자리에서.

　　〈중략〉

나는 가운을 입은 채
이리저리
거닐 것이다.
화려하게 차려입고,
고래수염을 심은 코르셋을 입고, 견뎌낼 것이다.

내 부드러운 몸은 보호받을 것이다
모든 버튼과 후크, 레이스의 포옹으로부터.
나를 풀어줄 그 남자가 죽었기에...

플랜더스에서 공작과 함께 싸우다가,

전쟁이라고 하는 또 다른 패턴 속에서.

도대체, 패턴(정형)은 무엇을 위해 있는가?

이 시는 너무 길어서 누구도 책을 보지 않고 다 외울 수는 없다. 그녀는 완전하게는 아니었지만, 시의 상당한 부분을 외워나갔고 이를 끝냈을 때, 나는 비로서 안도의 한숨을 내쉬었다.

시를 외우면서 그녀는 나의 팔에 팔짱을 끼었고 그런 채로 우리는 하기의 저녁거리를 산보했다. 백년전 유신의 주도세력들이 무서운 형상으로 우리나라를 포함하여 동아시아를 습격했을 때 그 악의 본거지는 여기 하기이다. 일본인들 가운데에도 이러한 일본의 팽창을 거부하거나 저항하는 사람들이 없지는 않았다.

우리는 팔짱을 낀 채 다정한 연인의 모습이 되어 이러한 이야기와 하기 원령들이 조선과 대륙을 침략한 것을 말하고 있었지만, 나한테 있어서 이 순간이 그녀와 함께 하는 여행이라는 사실만으로 아늑하고 포근한 집에 들어온 느낌이었다. 여인은 이러한 무서운 땅의 지세에 안도감 외에 말할 수 없는 감미로움도 주었다.

나는 이러한 순간과 우리의 이러한 감정이 오래가기를 바랬다. 그녀는 미처 알지 못하였던 '피의 역사'의 고향으로서의 '하기'를 깊이 체험하게 되었다며 나에게 감사하였다. 나는 당연히 내가 감사의 말을 하고 싶다고 말하였다.

저녁에 한 작은 음식점에서 맥주를 같이하고 우리는 호텔로 돌아와서 각자의 방으로 헤어졌다.

1 '그들이 본 임진왜란' 김시덕, 학고재, 2012.

2 http://en.wikipedia.org/wiki/Shimazu_Yoshihiro

3 '이순신의 절대고독' 정순태, 2014.

4 일본어 위키피디어(http://ja.wikipedia.org/)에서 島津義弘, 露梁海戰으로 검색. 기타 정순태의 전게서 참조.

5 규슈의 '고쿠라' 번주로서, 조슈 '모리' 가문의 방계이다.

6 '한국사전2' KBS한국사전 제작팀, 한겨레출판, 2008.

7 경관은 고대에 적의 시체를 쌓아 기념으로 삼는 것을 말한다.

8 사천시사(四川市史, http://sisa.sacheon.go.kr)는 도진의흥기(島津中興記)를 인용하고 있다.

9 '상투를 자른 사무라이' 이광훈, 따뜻한손, 2011.

10 http://blog.daum.net/ph7815/ 목원대학교 행정학과 교수, 권선필의 블로그

11 네이버 블로그 '도해일본 근현대사' http://breakupshell.blog.me

12 텐추구미의 변: 天誅組の變, 이쿠노의 변: 生野の變

13 '메이지 유신은 어떻게 가능했는가(박훈 저, 민음사, 2014)'에 의하면, 에도막부 말기의 일본에는 방대한 관료체제의 구축, 상소제도와 정책의 공론화 등의 유교적 현상이 나타났고 있다.

14 'Memoirs of the Second World War' by Winston S. Churchill, Mariner Books, Houghton Mifflin Company, 1986.

15 1차대전과 2차대전의 간격은 불과 21년 밖에 안되며, 유럽에서는 1차대전의 참전군인 상당수는 2차대전에도 참가하였다. 영어로는 1918부터 1939까지의 이 시기를 '양대전의 중간시기'(Interwar Period)라고 한다.

16 처칠은 1차대전과 2차대전 때 두 번에 걸쳐 해군장관(the British First Lord of the Admiralty)을 지냈는데, 이들 대부분은 모두 양 대전의 중간 20년 동안 해군참모총장(the First Sea Lord)을 지낸 인물이다.

17 '사무라이 정신은 거짓이다' 장성훈 저, 북마크, 2013.

18 '토지'의 작가 박경리는 오래전, 일본문화의 핵심요소의 하나로 '무의미'에 대해 이야기를 한 적이 있다.

19 과달카날, 오키나와, 필리핀 등 태평양 여러 섬의 전투에서 이러한 일이 발생하였다. '라이프 제2차세계대전, Time-Life Books, 1986'

오
사
카
의
여
인

20 초기 3회의 통신사는 쇄환사라고 하여 포로의 송환이 목적이었다. 하여튼 임란 이후의 통신사가 우리가 보통 알고 있는 통신사이다.

21 '기다림의 칼' 야마모토 시치헤이(山本七平) 저, 박선영 역, 21세기북스, 2010.

22 '근대일본의 풍신수길·임진왜란에 대한 인식' 김광옥 저, '역사와 경계' 제64집 (2007. 9) 부산경남사학회.

23 武将-家紋地図 www.harimaya.com

24 '왜 일본은 한국을 못살게 굴까' 김병섭, 지샘, 2011.

25 '豊國會趣意書' 若松雅太郎 編, 日本京都 1897/

26 이 책의 앞부분 '메이지유신의 2개번'의 왜군침공 지도에 黑田長政가 나온다.

27 이하 '근대일본의 풍신수길·임진왜란에 대한 인식' 김광옥 저, '역사와 경계' 제64집(2007. 9) 부산경남사학회

28 京都市 トップページ: http://www.city.kyoto.lg.jp/

29 김광옥 저, 전게서 '근대일본의 풍신수길·임진왜란에 대한 인식'

30 김광옥 저, 전게서 '근대일본의 풍신수길·임진왜란에 대한 인식'

31 김광옥 저, 전게서 '근대일본의 풍신수길·임진왜란에 대한 인식'

32 '한국의 상고사 찾기(57)-단군조선과 고대역사' 이을형 글, '내년 해방70년, 이래도 되나' 이데일리 2014-12-13.

33 '도시는 역사다' (세키 하지메와 오사카성 천수각 재건사업), 이영석·민유기 외 공저, 서해문집, 2011.

34 '도시는 역사다' (세키 하지메와 오사카성 천수각 재건사업), 이영석·민유기 외 공저, 서해문집, 2011.

35 2013-09-24 충북일보, 충북대사학과교수 신영우

36 '그들이 본 임진왜란' 김시덕, 학고재, 2012.

37 이하, 일본의 保守速報(http://hosyusokuhou.jp) 참조함.

38 일본의 保守速報 (http://hosyusokuhou.jp)

39 '메이지 유신은 어떻게 가능했는가' 박훈 저, 민음사, 2014.

40 막말 막부의 육군총재로 명치반군(자칭 관군)에 대한 교섭의 전권을 위임받았다. 마지막 순간에 에도성을 무혈로 열어주어 일본에서 보기 드문 평화적 정권교체를 달성했다.

41 '사무라이의 침략근성' 양영민, 좋은땅, 2013.

42 필자의 졸저 '왕인박사는 가짜다, 2014' 참조.

제3부

백제 왕녀의
환생

하기의 주택가:

출처: http://www.visit-jy.com

제1장

백제와
가야의 땅

그날 밤 내가 피의 도시 하기의 호텔에서 꿈에 있었던 신비한 이야기를 말하지 않을 수 없다. 이날은 하루 종일 걸었던 관계로 이쓰코와 헤어져 방에 오자마자 곧 침대에 쓰러져 잠에 쓰러졌다.

잠시 후 목이 말라 자리에서 일어났는데, 아직도 창으로 환하게 쏟아지는 저녁 햇살을 보고는 바깥바람을 쐴 겸 간단하게 옷을 걸친 채 밖으로 나왔다.

호텔 문을 열자마자 지금까지 있었던 주차장의 아스팔트 포장 대신 바로 모래벌판이 시작되어 선착장으로 이어진 낯선 풍경이었으며, 마침 저 멀리 두 척의 큰 배가 접안하는 것이 보였다. 많은 사람들이 포구에 모여 구경하는데 백제 왕족이 탄 배가 납치되어 여기에 왔다고 웅성거렸다.

배는 두 척 모두 어두운 갈색으로 칠해져 다부진 군선의 모습을 하였으며 배의 갑판 바로 아랫단의 측벽에는 활이나 쇠뇌를 쏠 수 있도록 수십 개의 작은 현창舷窓이 뚫려 있었고 갑판에는 군기가 날리고 창을 든 병사들이 정열하고 있었다.

원래 시모노세키가 목적지였으나 도중에 적국인 신라의 편에 돌아선 일부 불만세력들이 선상반란으로 배를 탈취하여 시모노세키를 향하지 않고 이곳 하기의 포구로 들어온 것이다. 하기와 시모노세키는 가까운 거리이지만 시모노세키와는 달리 가야계의 불온한 세력들이 자주 준동하였는데 하기의 일부 구역은 이들 세력이 이미 암약하고 있었던 것이다.

온몸에 갑주를 두른 무사들이 줄줄이 먼저 배에서 내린 다음 무사들의 감시와 호송을 받으며 한 무리의 화려한 의상을 걸친 일행이 내려왔다. 그들의 옷차림으로 보아 첫눈에도 비범한 가문의 출신이라는 것을 알 수 있었다. 그들 일행이 배에서 다 내릴 무렵 그 중의 한 여인이 잠시 느슨해진 군인들의 호송을 뚫고 도망쳤다.

이를 추격하는 군사들은 모두 창과 활, 전통 등으로 중무장을 하였는데 그들이 움직일 때마다 무거운 갑주는 둔탁한 소리를 내었다.

여인은 그들을 피하여 곧장 나한테로 달려오는데 가까이 보니 그녀는 분명히 나와 함께 여행 온 이쓰코였다. 그녀는 머리에 금으로 만든 화려한 장식을 하였고, 넓은 소매와 얇고 긴 몇겹으로 된 비단 치마를 날리면서도 걸음은 빨랐다. 나는 순식간에 일어난 일에 반사적으로 그녀의 손을 잡고 추격하는 군사들로부터 같이 달아났다.

강안의 길을 가로질러 목조 건물로 이루어진 상점이 들이 찬 골목으로 몇구비를 돌아서야 추격 군사들을 겨우 피하였고 복잡한 시가지의 미로에 숨어들어서도 빠른 걸음을 계속하였다. 항구에서 반대 방향에 있는 백제계 세력들이 지배하는 지역에 이르러 조용한 방으로 안내되었고 그제서야 한숨을 돌린 우리는 차를 마시며 그녀로부터 그간 있었던 이야기를 듣게 되었다.

저는 백제 의자왕의 다섯째 왕녀 하슬라 공주이며, 지금 본국 왕성인 사비성에서 오던 중 배가 납치되어 이곳에 오게 된 것입니다.

저는 원래 여기 일본에서 태어났답니다. 저의 남편은 백제가 해외에 설치한 22담로의 한사람으로 대대로 대륙 절강성 방면의 태수에 봉해졌는데 2년전, 돌궐과의 싸움에서 이름을 떨치기 시작한 당의 행군총관 소정방과의 싸움에서 전사했고 이때부터 저는 부왕이 계신 사비성에 머물러 왔습니다.

그녀는 잠시 숨을 돌린 후, 본토인 한반도 왕성의 위급한 이야기를 계속하였다. 지금은 대륙의 백제는 물론이고 한반도의 백제까지 나당연합군의 공격으로 위급한 지경에 처해 있다는 이야기였다.

현재 대륙방면에 있는 백제의 담로 대부분은 수년간 이어진 당의 공격으로 그 군세가 극도로 약해져 싸움에서 계속 밀리고 있읍니다. 올해 3월에 들어서, 새로 당군 13만명과 신라군 5만명의 나당연합군 총사령관으로 임명된 소정방은 직접 한반도로 출격하여 왕성을 공격하고 있읍니다.

이제 한반도 전역에서 백제 성읍들이 거의 함락되었고, 왕성인 사비성마저 아침 아니면 저녁에 떨어질 운명에 처하여 많은 왕족과 권문의 귀족 자제들은 백제의 마지막 남은 영토인 이곳 일본열도로 대대적인 피난길에 오르고 있습니다.

일본열도는 근초고왕의 개척 이래 300년 동안 가야와 공동으로 통치하여 왔는데, 한반도와 대륙에 있는 백제가 망하더라도 이곳은 바다를 격하여 적의 침입이 쉽지 않으므로 여기에서 백제의 사직과 제사를 이어가게 된다고 합니다.

이들은 신라와 당나라의 공격으로 곧 적의 수중으로 떨어질 운명에 있는 한반도의 사비성을 빠져나와 피난길에 올랐으나 최근나당연합군의 수군이 봉쇄를 강화하고 있는 금강 하류의 수로를 피해 육로를 택하여 변산반도 아래에 있는 곰소 항까지 숨어 들어갔고 거기에서 군선을 타고 남해안을 돌아 대마도와 이키섬을 지나 지금 이곳 하기에 들어온 중이었다.

도중에 서해안이나 남해안 어디에도 신라와 당이 점령한 상태여서 잠시도 배를 뭍에 대지 못한 채 근 보름 연속으로 항해하여 여기에 닿은 것이다.

원래 시모노세키에 정박할 예정이었으나 적국인 신라와 내통하고 있었던 일부 불만세력들은 배가 대마도를 지나 이키섬에 들어설 무렵 선상반란으로 배를 탈취하였고, 삼엄한 경계하에 있는 시모노세키의 군항을 피하여 이곳 하기의 포구로 방향을 바꾼 것이다.

이 시기는 백제와 나당연합군 사이의 건곤일척의 대전쟁 막바지로 300년간 백제·가야의 영토인 이곳 일본열도에서도 불안한 정세에 휩쓸려 대대로 쌓여온 내부의 분열과 반란의 조짐이 자주 있었다. 하기와 시모노세키는 가까운 거리이지만 시모노세키와는 달리 이곳 하기는 가야계의 일부 세력이 신라와 내통하였고 비록 일시적이지만 그 영향권에 들어가 있었다.

▌ 대륙 백제

여기에서 백제 왕녀의 이야기는 조금 더 부연하여 설명하지 않으면 이해하기가 어렵다. 이때의 백제는 그 강역이 한반도 외에 중국 대륙 및 일본열도에까지 이르렀는데, 백제의 멸망은 백제의 영토가 거의 최대로 확장되었던 이 시기에 갑자기 찾아온 것이다.

612년 고구려와 수나라와의 사이에 전쟁이 있었는데 을지문덕 장군이 수양제의 대군을 살수에서 물리친 세계사에서 가장 큰 전쟁으로 기록되고 있다.

그로부터 30년이 지난 644년, 당의 태종이 고구려와의 운명을 건 일전에서 연개소문에게 대패한 일이 있었다.

그로부터 불과 얼마 안된 660년에 이르러 당은 신라와 연합하여 대제국 백제를 멸망시키고, 곧 고구려도 멸망(668년)시켰다.

이는 역사서에 남은 기록일 뿐으로, 660년의 전쟁이 있기 3년전 당은 대륙에 있는 백제와의 전쟁에 이미 돌입하였다. 짐작하건데 그

시기는 당과 서돌궐 간의 전쟁이 끝난 657년 직후가 아닌가 추측된
다.

* * * * *

이보다 앞선 일로, 백제는 13대 근초고왕(재위:346~375) 대에 이르
러 해외 팽창의 길에 나섰다. 북으로는 고구려를 침공하여(369년) 고
국원왕을 전사시키고 일시적이지만 평양을 점령한 적이 있다. 또 바
다를 건너 중국 대륙에 진출하여 고구려 서쪽인 요서지역에 영토를
확보하여 요서와 진평의 2군을 두었다.

이러한 백제의 대륙진출은 삼국사기의 '최치원전'에 다음과 같이
나타난다.

> 고구려와 백제는 전성기에 강병이 백만으로 남으로 오·월을 침
> 입하였고, 북으로는 유주幽州·연·제·노나라를 흔들어 중국의 커
> 다란 우환巨蠢이 되었다.　　　　　　　-삼국사기 최치원전
>
> 高麗百濟 全盛之時 强兵百萬 南侵吳.越 北撓幽燕.齊.魯 爲中國
> 巨蠢　　　　　　　　　　　　　　　　-三國史記 崔致遠傳

만주와 한반도 북부에 있다고 배워 온 고구려, 경기와 충청·전라
도 지역에 있다고 배워 온 백제가 지금의 중국 북경 유역에서부터 양
자강 유역까지 중국 동해안 대부분의 지역을 백만 군사로 침입하여
중국의 큰 우환이 되었다는 말이니 혼란스럽지 않은가?

유주와 연은 현 중국의 하북성과 산서성 일부를 포함하는 지역
이며 제·노의 지역은 현 중국의 산동성과 하남성 일부를 포함하고

있는 지역이며 오·월은 장강을 중심으로 한 현재의 강소성과 절강성 지역을 말하는 것이니 어찌 충격적인 내용이 아니라 할 수 있겠는가?

지금도 그곳엔 백제의 흔적이 여러 곳에 남아 있다. 이때 백제의 항해술, 조선술, 해군력은 백제가 3세기 말에서 6세기 중엽에 걸쳐 대륙에 백제의 영토를 확보할 수 있었던 힘이 되었을 것으로 추정된다.

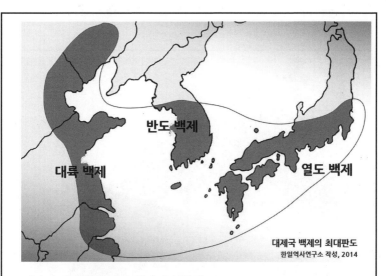

대제국 백제의 최대판도
한일역사연구소 작성, 2014

〈지도〉 근구수왕 때의 백제의 영향권:

단재 신채호 선생은 백제의 근초고왕과 근구수왕 때에는 바다를 건너 요서·산동·강소·절강 등지를 경략하고 왜에까지 이르렀다는 백제의 대륙진출설을 주장하였는데, 근구수왕에 이르러 백제가 전성기를 맞았다는 것이다.

백제의 최대판도는 인구가 고도로 집중한 동북아 지역을 포함한 해양 국가라는 성격에서 로마제국과 비슷한 면이 있다.

위는 고구려와 백제가 망한 뒤 불과 300년 정도 지난 뒤의 대학자 최치원이 남긴 말로 삼국사기의 '최치원전'에 기록되어 있다.

그러나 일본 식민사학자들과 그를 따르는 한국의 사학자들은 이를 근거없는 낭설이며 김부식이 삼국사기를 편찬할 때 실수한 것이라는 등으로 지금까지 방해해 왔다.

그러나 삼국사기는 김부식 혼자만의 저술이 아니며 11명이나 되는 당대 유능한 편사관들의 공동 저작임을 생각해 볼 때 실수라는 말은 있을 수 없으며, 요즘 학자들의 저급한 실력과 수준미달의 의식으

로마제국의 최대판도:

백제의 최대판도를 로마제국과 비교해 보는 일도 흥미로운 일이다. 이전 그리스의 지중해 제패를 이어, 로마는 지중해를 중심으로 한 해양국가의 형태를 이루었다.

지도출처: http://commons.wikimedia.org/wiki

로 시비할 대상은 아닌 것이다.

그밖에 중국 측의 여러 문헌에 산발적으로 나타나는 아래의 기록들이 300년에 걸쳐 분명히 일관성 있는 맥락을 이루고 있는데, 모두 백제가 기병 수십만을 동원한 대륙국가 북위를 물리친 기록으로서 백제가 대륙에 있었다는 것을 명백히 보여준다.

동성왕 10년, 북위가 침공했으나 백제가 이를 격퇴하였다.

東城王 十年(488) 魏遣兵內伐 爲我所敗　　　- 삼국사기 백제본기

永明六年(488) 魏兵擊百濟 爲百濟所敗　　　- 자치통감 帝紀 三

이 해(490)에, 북위는 기병 수십만을 내어 백제를 침입하였고 모대(동성왕)는 장군 법사명·찬수류·해례곤·목간나를 파견하여 침입군을 쳐서 크게 이겼다.　　　　　　　- 남제서 백제전

是年庚午年(490) 魏虜又發騎兵數十萬 攻百濟入其界 牟大遣將 沙法名 贊首流 解禮昆 木干那 率衆襲虜軍 大破之

- 南濟書 百濟傳

위의 내용은 요서지방에 진출한 백제군이고, 백제가 양자강 유역에 진출한 내용에 대해서는 중국의 역사기록인 북사와 주서에 다음과 같이 기록되어 있다.

自晉 宋 齊 梁 據江左右 亦遣使稱藩 兼受拜封　　- 北史 백제전

自晉 宋 齊 梁 據江左 後魏宅中原 並遣使稱藩 兼受拜封

- 周書 백제전

이 내용은 송·제·양·진^{宋齊梁陳} 으로 이어지는 중국 남북조 시대 (317~554)에 백제가 중국 장강 하구의 좌·우안 지역을 점거하여 스스로 칭번(신하로 자처함)하면서 남북의 양조에 모두 사신을 파견하였고 외교적으로 안정되었음을 말해주고 있다.

* * * * *

그리고 대륙의 백제가 소멸한 시기와 그 상황을 묘사한 기록이 역시 중국의 역사서에 나타나는 것을 보면 대륙백제설은 움직일 수 없는 사실이 된다.

중국의 기록인 통전에는 백제 멸망 후(660년)에 발생한 백제군의 소멸과정이 다음과 같이 묘사되어 있다.

> 장성 부근(요서 동부)의 잔류민들은 점점 수가 적어지고 기력도 다하여 돌궐이나 말갈족에 흩어져 투항했으며, 백제군 태수였던 '부여숭'^{夫餘崇}은 멸망해버린 고국으로 돌아갈 수 없어 이리저리 방황하다가 결국 소멸했다.   - 통전 백제전
>
> 城傍餘衆 後漸寡弱 散投突厥及靺鞨 其主夫餘崇 竟不敢還舊國 夫餘氏郡長遂滅   - 通典 百濟傳

여기에서 말한 말갈족은 고구려로 보이며, 부여^{夫餘} 씨는 백제의 왕성^{王姓} 이다. 대륙에 진출했던 백제가 나당의 연합군에게 멸망한 후, 한반도의 본국마저 사라져 돌아갈 곳을 잃고 방황하는 비극적인 말로가 실존명칭과 함께 기재된 것으로 보아, 313년 직후에 성립된 백제군은 백제본국이 멸망한 660년까지 무려 300년 이상을 존속했

음을 알 수 있다.[1]

열도 백제
- 일본

앞에서 말한 대륙백제와는 별도로, 백제의 13대 근초고왕에 의한 해외경략은 동쪽으로 일본열도까지 이르렀다. 대왕은 일본으로 건너가 먼저 열도에 진출해 있던 가야의 세력을 동쪽으로 밀어내고 열도를 백제의 영토로 만들었다.

이보다 앞선 이야기로, 왜국이 처음으로 한·중의 역사서에 등장한 것은 100년경인데 이 무렵 왜지에는 100여개의 부족국가가 있다고 했다. 173년부터 야마타이^{邪馬台} 국의 히미코(비미호) 여왕이 신라와 중국의 기록에 자주 나타나는데, 히미코는 가야 수로왕의 2째딸인 묘견공주[2] 라고 한다.

그러다가 266년부터 약 130년 동안 왜의 존재는 한·중의 역사기록에서 씻은 듯이 사라진다. 1982년 윤영식의 연구로 복원된 일본 고대사에 의하면, 일본열도에서는 다시 다음과 같이 가야와 백제의 무력충돌이 나타나고 있다.

> **365년경:** 가야의 왕 아리사등^{阿利斯等} 이 바다를 건너가 왜지를 개척하였는데, 바로 일본서기에 일본의 시조로 그려진 스사노노미코토^{素戔嗚尊} 이다. 아래는 그 후 왜지가 본격적인 백제·가야의 영토가 된 과정이다.[3]

366~391(26년간의 백제영토): 곧이어 백제 근초고왕이 왜지에 진
출하여 가야계를 동으로 몰아내고 백제 영토로 만들
었다.

392~478(87년간의 가야독립): 중국기록에는 유독 이 기간에만
'찬왕, 진왕, 제왕, 세자 흥, 무왕'의 왜5왕이 등장하
여 중국으로부터 관직을 책봉 받았다는 기록이 있으
며, 왜5왕은 일본 고대사 최대의 미스테리였다. 그것
은 바로 백제로부터 독립하여 가야계 왕조가 수립되
어 왜5왕이 중국과 외교관계를 맺었기 때문이다.

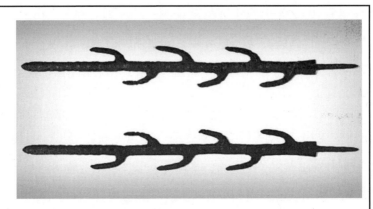

석상신궁石上神宮의 칠지도:

일본의 고대 왕족 물부가(物部, 모노노베)의 시조인 근초고왕은 가야
가 점령하였던 왜지를 경략하여 백제의 영토로 만들었다. 석상신
궁에는 유명한 칠지도가 전해온다. 칠지도에 새겨진 왜왕은 백제
왕세자인 '근구수'로 밝혀지고 있다.
출처: '백제에 의한 왜국통치 삼백년사' 윤영식, 2011.

479～660(182년간 다시 백제의 영토): 왜지는 다시 백제 영토로 되
어 백제 멸망시(660년)까지 계속되었다. 이 기간 동안
중국의 역사에서 왜국에 대한 기록이 다시 자취를 감
춘다.

▌ 대제국 백제의
멸망

근초고왕 이래로 해양 대제국을 건설했던 백제는 거의 그 전성기
에 제국의 명운이 끝나버렸다. 먼저 대륙백제가 나당 연합군의 공격
을 받아 군세가 약해지고 그 다음 한반도 본토에 있던 왕성과 그 주
위의 성읍들이 나당의 집중공격을 받아 떨어져서 의자왕과 왕족·대
신들이 당으로 끌려갔다. 그리고 거의 같은 무렵 대륙백제도 완전히
소멸되었다.

2년 후(662년) 일본열도에 아직도 잔존해 있던 백제는 군세를 다
시 모아 한반도로 진격하여 당과 신라로부터 본토를 수복하려 했다.
그러나 백강의 전투에서 대패하여 본토 수복의 꿈은 사라져 버렸고,
이제 해양 대제국 백제의 나머지 운명은 영원히 일본열도 속으로 갇
히게 되었다.

백제의 후예들이 열도의 바깥으로 나오려고 한 적이 역사적으로
두 번 있었는데, 그 두 번 모두 한반도에는 커다란 재앙으로 나타났
다. 임진왜란과 메이지유신 후의 한일합병이 바로 그 두 번의 재앙
이다.

반도백제의 멸망

서기 660년, 사비성이 함락된 직후 의자왕과 태자는 웅진성으로 들어가서 농성했다. 그러나 웅진성으로 들어간 지 닷새 만에, 웅진 성주가 의자왕을 배신하여 당에 항복해 버렸다.[4]

포로가 된 의자왕은 당의 소정방과 신라 무열왕에게 술잔을 올리는 굴욕을 겪은 뒤, 태자와 왕자, 대신과 장군, 그리고 백성 12,000여 명과 함께 당나라로 압송되어 그곳에서 삶을 마감했다. 의자왕은 망국의 왕이 되었고 700년 역사의 백제는 이렇게 무너졌다.

의자왕의 일행은 포로로 잡혀가서 낙양으로 가서 살다가 거기에서 운명했다. 또 의자왕의 아들인 부여융의 무덤에 들어있던 묘지명이 1920년 중국 낙양의 북망北邙에서 출토되었는데, 여기에는 다음의 명문이 새겨져 있다.

660년: 백제가 멸망하자 의자왕 등과 함께 당나라 서울로 압송되었고 의자왕이 죽은 뒤, 아들 부여융에게 사농경司農卿을 제수하였다.

677년 2월: 부여융을 '광록대부 웅진도독 대방군왕帶方郡王'으로 임명하여, 백제 옛 땅에 돌아가 유민을 안무하도록 하였으나 신라가 이미 차지하고 있어서 돌아가지 못하였다.

682년: 68세로 사망하자 조정에서 보국대장군輔國大將軍으로 추증하고 시호를 내리고, 낙양의 북망北邙에 장례지냈다.

열도로의 탈출

한편 당의 낙양으로 끌려간 의자왕의 일행과는 별도로, 사비성이 나당의 연합군에게 떨어지기 전에 백제의 지배층은 대대적으로 피신하여 일본으로 건너 왔다. 그 규모는 사비성이 떨어질 때 낙양에 끌려간 숫자를 훨씬 능가한다.

지금 마주하고 있는 백제 왕녀의 사비성 탈출도 여기에 해당된다. 공주와 함께 여기까지 도주한 나는 침상에서도 자연스럽게 여인의 손을 잡고 근 보름간 왕도인 사비성에서 출발한 험난한 여정에 대해 들었는데, 그녀는 근구수왕의 차남으로 왕위에 오른 침류왕에 이어지고 의자왕까지 이르는 혈통이라는 것이다. 그러면서 왕녀는 이렇게 이야기하였다.

> 우리의 배는 여기 하기의 강에 좌초되었고 천년의 세월이 흐르는 동안 강바닥의 퇴적층 속에 파묻혀 있습니다. 저는 선생이 오실 줄을 알고 오랜 세월 여기에서 기다리고 있었습니다.
>
> 일본이 한반도에서 쫓겨나게 된 신라와의 원한이 1300년이 지난 지금까지 지속되어 고려와 조선 그리고 현재의 한국으로 이어져 왔으며, 또 중국대륙과도 원수의 연으로 맺어져 왔습니다. 그러나 오늘 낮에 도선국사의 영험을 입어 이제야 선생을 만나게 되었습니다.
>
> 선생은 한반도와 대륙의 백제가 멸망한 후 이곳에 남은 백제가 일본으로 변경된 과정을 짐작하는 몇 안되는 분이지만, 이제는 정확히 일본의 실체가 백제라는 것에 확신을 가지셔야 합니다.

부디 천년전에 일어났던 일이 세상에 드러나 옛날 백제였던 일
본과 한반도에 남은 백제 후손들 사이의 악연이 여기에서 멈추
었으면 합니다.

나는 침상에서 이쓰코, 아니 백제 왕녀의 손을 잡은 채로 정답게
이야기를 나누었다. 밤이 깊어지자 멀리서 들려오는 말발굽 소리와
창칼이 부딪치는 소리로 소란스러워졌고 이내 가까운 곳에서 큰 불
이 일어나 창을 통하여 왕녀의 얼굴을 환히 비추었다. 왕녀는 분명
히 이쓰코의 예쁜 모습이었으나 이쓰코의 특징적인 미소가 없었다.
백제의 왕녀는 불이 점차 가까워지는데도 피하려 하지 않고 말을 계
속하였다.

백제가 멸망하자 이상한 힘에 의하여 그 역사가 묻혀버리고 뿌
리마저 잘려나갔습니다. 그것은 신라와 당나라 그리고 새로이
생겨난 일본과의 합의에 의하여 서로가 완전히 다른 종족으로
살아가기로 합의한 때문이지요.

이러한 이상한 합의에 의한 일본과 한국의 역사적 사실이 왜곡
되어 후세의 악연이 되풀이되는 것도, 오늘 도선국사의 환생으
로 종식이 되나 봅니다. 또 저는 이쓰코로 환생하여 선생을 만났
던 것입니다.

왕녀는 백제멸망 후의 일까지 모두 말하였다. 꿈결에 들은 백제
왕녀가 말한 내용이 정확히 연결되지는 않았지만, 그 대강은 평소 내
가 어렴풋이 짐작해왔던 내용이었으며, 또 내 짐작 이상으로 전혀 몰
랐던 일까지 들을 수 있었다.

* * * * *

660년 한반도와 대륙에 있던 백제가 망한지 2년후 일본열도에 남아있던 마지막 병력을 모두 투입하여 대륙과 한반도의 백제를 부흥시키려 하였지만 모두 실패하였음은 기록으로 남아 있다.

661년 백제 무왕의 일족인 복신福信이 상잠장군이 되어 영군장군 도침道琛과 함께 백제 부흥군을 일으켰다. 주류성이 백제 부흥군의 중심 지휘부가 되었고, 이때 열도에 가있던 왕자 부여풍扶餘豊을 새 백제왕으로 옹립하였고, 당의 유인원劉仁願의 부대를 공격하여 곧 성공하는 듯했다.

백제가 일본열도에서 본토수복군으로 파병한 인원은 세 차례에 걸쳐 총 4만여 명의 대규모였다. 이들이 백강에 도착해 정박하고 있었던 때부터 삼국사기의 기록에 보인다.

한편 663년, 당의 장수 유인궤와 앞서 당에 항복한 백제의 태자 부여융扶餘隆은 당의 수군을 이끌고 주류성으로 향하던 중 백강에서 백제부흥군을 만나 벌어진 네 차례의 수전에서 모두 승리하였다. 여기에서 백제부흥군의 함선 400척이 불탔는데, 이들이 침몰하면서 내뿜는 연기와 불기둥은 온통 하늘을 덮고 피는 바닷물을 붉게 물들였다고 전한다.

백제부흥군이 처음 출발할 때는 복신과 도침을 중심으로 훌륭한 진용을 갖추었으나 이들 간에 내홍이 일어나 복신이 도침을 죽이면서 부흥운동 전체가 무너진 결과였다.

새 백제왕 부여풍은 고구려로 도주했고, 지수신遲受信이 임존성에 의거해 계속 저항하였으나 얼마 안가서 평정되었다. 백제의 저항은 사실상 백강구 전투에서 완전히 결정나버린 것이다.

663년 9월 주류성이 당의 군사에게 함락되었는데, 일본서기에는 백제인들의 탄식을 이렇게 전하고 있다. 서기에 적힌 나라사람國人이란 분명히 백제인을 말하고 있다.

이때 나라사람國人 들이 서로 말했다. "주류성이 항복했으니 이 일을 어찌하여야 한다는 말인가. 백제란 이름이 오늘로 끊어졌으니, 조상의 분묘가 있는 곳을 어찌 내왕할 수 있단 말인가."
- 일본서기 천지천황기 2년조
九月辛亥朔丁巳 百濟州柔城始降於唐 是時國人相謂之曰 州柔降矣 事无奈何 百濟之名絶于今日 丘墓之所豈能復往　－日本書紀

* * * * *

왕녀는 백제가 멸망한 전후의 이야기 외에 일본열도에서 지배층의 분열이 일어난 상황을 말해 주었고, 그것에 이어 백제가 멸망하고서 한참 후에 일어난 일까지 덧붙였다.

백제와 가야가 일본열도에 들어온 후 300년이 지나는 동안, 근초고왕을 시조로 하는 물부(物部, 모노노베)씨는 무내계와 침류계로 나뉘었고, 가야국왕 아리사등을 시조로 하는 대반(大伴, 오오토모) 씨는 다시 응신계와 진왕계로 나뉘어졌습니다.

한반도와 대륙의 백제가 망한 후, 불행하게도 일본열도에서는 4

대 가문 사이에는 내전이 일어나 30년 넘게 계속되었다가, 새로운 세력으로 등장한 무내계 출신의 문무천황이 오랜 내전을 종식시키고 열도를 통일하여 697년에 일본이라는 신생국을 세운 것입니다.

왕녀가 말한 신생국 일본이 수립된 과정은 다음과 같다. 이것은 지금까지 내가 들어보지 못했던 이야기로 일본의 역사가 어떻게 왜곡이 되고 변질이 되었는지를 말하여 주었다.

제2장

신생국 일본의
탄생

　백제가 나·당 연합군에게 완전히 멸망한 후 30년간 일본열도에서 일어났던 내분을 수습한 문무천황은 697년에 일본국을 수립하고 이를 만방에 선포하였다. 무내계 즉 백제 근초고왕의 직계손인 문무천황은 새로 탄생한 일본의 초대 왕이 되는 것이다.

　일본의 역사에서 문무천황은 제41대 천황으로 기록되어 있지만, 사실은 그 전 40인의 천황은 허구의 인물이다. 문무천황 이전의 시기는 일본열도가 백제와 가야의 영토로서, 일본이라는 나라는 없었으며 일본은 이때(697년) 탄생한 것이다.

　새로운 국가인 일본이 세워질 무렵, 그러니까 백제가 망한지 30년이 더 지난 후 당나라와 신라의 외교사절이 일본에 건너와 동아시아의 지도를 완전히 다시 만들 정도로 격전을 치러온 전쟁의 마무리를 위한 강화회담이 시작되었다. 강화회담이 이렇게까지 늦어진 것은 이때까지 일본은 여러 계파 간에 벌어진 치열한 내전으로 회담의 뚜렷한 주역도, 또 그럴 여유도 없었기 때문이다.

신라와 당나라 그리고 일본 간에는 모종의 밀약이 이루어졌는데, 이때 신라와 당의 군함과 많은 군사가 일본의 규슈에 상륙하여 무력을 과시하는 속에 회담이 이루어졌다고 왕녀는 덧붙여 말하였다.

수백년간 계속되었던 백제와 당·신라간의 쟁투가 끝난 이 시점

〈지도〉 대제국 백제의 멸망과 해체:

660년 대백제가 나당연합군에게 멸망하여, 대륙의 백제땅은 당나라에, 한반도의 백제땅은 신라에 귀속되었다.

단 왜지에 있었던 백제는 일본이라는 새로운 이름의 국가로 탄생하였다.

에서 앞으로 1000년 동안, 다시 이들 사이에 불화가 있어서는 안되며 신생국인 일본도 대륙과 한반도에 더 이상 미련을 두지 않겠다는 약속이 있었다.

이러한 취지에서 과거의 한반도와 대륙에서 있었던 백제·가야의 역사와 흔적을 드러내서는 안된다는 구체적인 각서가 이루어졌다.

이제 과거의 백제 땅은 신라와 당나라에 귀속되었으므로 더 이상 없어진 백제를 거론하지 않겠다는 굳은 맹세가 있었고, 이 맹세에 이어 새로운 강국이자 승리자인 신라와 당나라의 사절들도 더 이상 백제를 추격하여 일본열도를 침입하지 않겠다고 약속하였다.

당과 신라 그리고 일본 세 나라간의 맹약은 백마를 죽여 그 피로 입술을 적시는 가운데 엄숙한 의식으로 마무리되었다.

* * * * *

이보다 앞선 663년 백제가 망한 직후부터, 비록 일본열도에 대한 나당 수군의 상륙은 없었다고는 해도 이들의 활동은 자주 감지되었는데, 실제로 이들 수군이 상륙하였다면 백제의 남은 병력으로는 감당하기가 힘들었다는 것은 누구나 짐작할 수 있는 내용이다.

이 무렵 나당 연합군의 침입으로부터 열도를 방어하려고 도처에 산성을 쌓았지만, 적을 방어할 병력은 적었고 적이 상륙하여 거점을 만들 수 있는 해안선은 길었다. 거기에다 300년의 세월이 흐르면서 일본열도에서의 백제와 가야의 귀족들은 많은 분파로 갈리게 되었고 그들 사이의 내분은 치열했다.

다시 없는 좋은 기회, 즉 백제가 대륙과 한반도에서 멸망할 때 즉시 나당의 연합국이 일본열도에까지 쳐들어오지 않은 것은 순전히 당과 신라의 판단착오였을 수도 있다. 아니면 당과 신라의 입장에서는 갑자기 과도하게 확장된 영토의 안정에 시간이 필요했을지도 모른다.

이러한 정세 하에, 나당 양국이 보낸 대규모 사절의 축하 속에서 새로운 국가 일본이 탄생한 것이다. 한편, 일본이라는 신생국의 탄생 바로 다음해(698년)에는 고구려의 유민이 세운 발해가 건국되었다. 이때 동아시아에는 연달아 두 개의 국가가 수립된 것이다.

* * * * *

새로 탄생한 일본이 과거 한반도와의 연고를 완전히 단절하는 편이 백제와 가야 유민의 입장에서도 하나의 이점이 있었는데, 그것은 일본열도 내에 상당수에 달하는 원주민들과의 융화를 이루기 위해서는 이들 백제·가야의 지배세력들이 아득한 옛날부터 일본의 원주민이었다고 자처할 수 있는 점이다.

백제와 가야의 세력들이 일본에 처음 진입했을 때는 이들 한반도에서 온 사람들을 하늘에서 내려왔다는 뜻으로 천손으로 불렀고 일본서기에 그렇게 기록되어 있다. 이들의 조상 즉 백제·가야의 건국자들은 천신으로 불렀다.

한편, 일본에 살았던 원주민들은 국손으로 부르고 이들의 조상을 국신으로 불렀다. 국손이나 국신은 원래의 그 땅에서 살았다는 뜻이다.

일본의 건국자 스사노素盞嗚尊**의 천총운검**天叢雲劍:

소전오존(스사노)을 기원전 660년의 일본 건국신으로 그린 역사가 전세계에 보급되고 있다. 그러나 소전오존은 태고 적의 인물이 아니며, 가야국왕 '아리사등'이며 365년 무렵 일본에 상륙한 인물이다.

처음에는 이들 천손과 국손 사이에는 신분상에서 엄밀한 차별과 구분이 있었으나, 300년이 훨씬 더 지난 지금에 와서는 모든 구분과 그 경계는 애매해졌다.

이렇게 하여 신생 일본국의 탄생 직후부터 역사를 다시 만들면서, 가야왕 아리사등이 일본에 상륙한 시점인 365년부터의 역사만을 기록하였는데, 300년의 기간을 1350년으로 늘리고 이들이 아득한 옛날부터 열도에 살아왔던 원주민으로 꾸몄다.

아리사등은 일본의 역사에서 건국신으로 기록된 '스사노노미코토'이다.[5]

* * * * *

일본의 가장 오랜 역사서로는 고사기와 일본서기가 있다. 흔히 고사기는 야사이며 일본서기는 정사로 분류하는 경우도 있다. 그러나 이러한 차이는 두 기록의 겉으로의 차이일 뿐이며, 두 책은 비슷한 시기에 쓰였고 비슷한 내용을 다루고 있다.

그런데 분명히 동일한 사건을 기술하는 것 같으면서도 다른 이야기를 말하는 것 같은 참으로 이상한 사서들이다. 일본서기는 모두 암호문처럼 난해하며 그것은 진정한 역사서라기보다는, 거기에 나오는 이야기의 대부분은 마치 악동惡童 들이 고약한 장난을 치는 장면을 읽는 것 같은 느낌을 준다.

고사기는 712년에 완성하였고 '오노 야스마로'太朝臣安麻呂의 저술이라고 서문에서 밝히고 있다. 한편 고사기에 비하여 훨씬 방대한 양의 일본서기(720년경 완성)는 저자도 서문도 없으며 발문도 없는 역사서라는 사실이 참으로 미스테리이다.

여기서 미스테리라고 말하는 것은 수백년에 걸친 오랜 기간동안 여기에 대한 논쟁이 끊이지 않았고 그 실체가 무엇인지도 밝혀지지 않았다는 것이다. 어쩌면 이러한 논쟁이 더 오래전부터 있어왔던 것인지도 모른다.

백제의 왕녀는 여기에 대하여 다음의 이야기를 하였다. 고사기와 일본서기의 두 책 모두 실제로는 동일한 사람들이 책의 편찬에 참가하였고, 겉으로는 다른 내용으로 보이지만 실제의 내용은 동일한 사상과 바탕인 것으로, '야스마로'가 이들 두 역사서의 편찬을 직접 지휘했다는 것이다.

선생은 고사기와 일본서기가 서로 다른 사람이 지었다고 생각하는 것이지요? 그러면서도 한편으로는 두 책이 같은 사람이 지은 것이 아닌가 의심하고 있는 것입니다.

분명히 두 책은 동일한 사람 즉 야스마로(안마려)가 지도와 감수를 한 것입니다. 마치 삼국사기를 편찬할 때 김부식이 11명의 편수관들을 지도한 것과 같은 것이지요.

겉으로 달리 보이는 것은 일부러 그렇게 한 것입니다. 백제와 가야의 후손들이 자기만이 알아보려고 암호로 채운 것이지요. 더 이상 미혹에 빠져서는 안됩니다.

흔히 일본의 최고의 역사서인 고사기와 일본서기는 문체가 틀리고, 전체의 체계도 많이 달라서 각각 다른 사람이 만들었다는 주장이 계속 있어왔다. 또 저자의 이름이 명기된 고사기와는 달리, 일본서기는 너무 많은 왜곡으로 채워져서 저자가 차마 자신의 이름을 밝히지 못했다는 주장도 있었다.

이러한 역사의 조작은 매우 고도로 은폐가 이루어지고 암호화되어 있어 왕족 또는 지배층 외의 제삼자는 절대 알지 못하게 되어있다. 이러한 이유로 일본의 역사는 현재까지도 그것을 제대로 해독하지 못하는 미스테리의 역사서로 남았던 것이다. 사람에 따라 해석이 분분하며 공통점이 하나도 없는 해석도 많다.

고사기와 일본서기 사이에는 아무런 공통점이 없어 보이지만 그것은 일부러 전혀 다른 책으로 보이도록 만들어졌다고 왕녀가 명쾌하게 설명해 주었으므로, 지난 수십년 간 품어오던 일본 고대사에 대한 의문의 하나가 말끔히 풀렸다. 그러면서 왕녀는 중요한 말을 잊지 않았다.

선생은 김부식과 신채호 이후에 나타난 대학자인 윤영식의 위업을 세상에 알리는 큰일을 하고 있습니다. 윤 선생은 1000년 역사의 감추어진 모든 진실을 다 파헤쳤으므로 신채호 선생이 못 다 이룬 일을 완성한 것이지요.

당연히 앞으로는 삼국초기와 일본고대 역사에 있어서는 신채호와 윤영식 외의 인물은 나올 수 없게 되어 있습니다. 윤선생은 빛을 보지 못하고 10여년 전에 작고했으니 사실 그 내용의 핵심을 아는 분은, 선생을 포함하여 불과 몇 분 밖에 안됩니다. 반드시 윤선생의 업적을 세상에 드러내야 합니다.

아! 1000년간 은폐되었던 한일고대사의 비밀 코드에 대해 직접 왕녀로부터의 설명으로 확신감을 갖게 된 나는 기뻐서 그녀의 손을 꽉 잡았다. 왕녀는 역사의 이면에 감춰진 일을 명쾌하게 단정을 내렸고 확신을 심어주었다.

▌새로운 역사의 편찬

새로운 일본이라는 국가 수립에 따라 역사편찬도 이루어졌다. 720년경 일본서기가 만들어졌는데, 300년간 일본열도에서 있었던 백제와 가야의 역사를 1350년간으로 늘여 일본의 역사로 꾸미고, 40

인의 가상인물을 천황으로 만들어 적당히 집어넣었다.

다시 말하자면, 41대 문무천황이 실제의 인물로 일본의 건국시조인 셈으로, 그 이전의 일본 역사는 백제와 가야의 역사인 것이다. 이를 요약한다면, 300년간의 열도에서 있었던 백제·가야의 역사가 완전히 일본의 역사로 둔갑한 것이다.

백제와 가야의 역사	→	일본의 역사
300년간(366~660년)	→	1,350년간(BC660~696)
10인의 백제·가야왕	→	40인의 가공인물(일본 천황)

일본의 역사기록이 한반도와의 관계를 단절하는데 그쳤다면 그후 한일간의 역사가 피로 점철하지는 않았을 것이다. 그런데 일본의 역사를 만들면서 단절은 고사하고, 일본서기라는 책의 제목과는 달리 일본 말고도 고구려·백제·신라 삼국의 이야기를 반 이상 집어 넣은데다가, 끊임없이 한반도를 저주하고 증오심을 부추기는 내용으로 채워넣었다.

특히 신공황후의 전설이 그것이다. 일본서기와 고사기에는 신공황후에 대해 신라를 정벌하라는 신의 계시를 받고는 임신한 몸을 돌로 눌러 출산을 막고 배를 타고 신라로 건너갔다.

바다물이 신라를 삼키자 신라왕이 나와서 항복하였고 이어 고구려, 백제의 왕도 그 소식에 기절하여 삼한이 항복하여 그 땅에 임나일본부를 세우고 300년간 삼한三韓을 종으로 삼아 통치했다는 황당한 기록을 넣었다.

신공황후의 삼한정벌:

신공황후가 삼한(신라 백제 고구려)를 정벌하여 300년간 종으로 삼았다는 일본서기의 기사는 황당한 내용이지만, 현재의 일본인들 외에 전세계의 사람들도 대부분 이를 그대로 받아들이고 있다.

신공의 삼한정벌은, 한국의 역사가 일본의 식민지로부터 시작된다는 것을 말한다. 또 이 신화를 그대로 따른다면 한국의 역사는 일본의 역사보다 훨씬 짧아지는 것으로 된다.

신공 전설의 끈질긴 생명력

일본서기가 저술된 다음해 이에 대한 궁정강의가 있었고, 헤이안 시대(AD794~1191)에는 6회의 강독이 있었다. 물론 이것은 일본서기에 내재된 역사적 맥락을 체계적으로 파악하려는 것이 아니고, 말뜻과 훈독으로 시작된 '유희적인 의례'에 불과했다.

그런데 유희적인 것이었음에도 불구하고 석일본기(1274년)로 집대성되면서, 일본서기에 가구된 만세일계의 황통이 마치 실재했던 사실처럼 전제하게 됨으로서 지엽적인 기사의 훈고^{訓詁} 만이 실증으로 여겨지게 되었다.[6]

이렇게 하여, 일본서기는 천년이상 일본인들의 정신적인 지주로 전해졌으며 토요토미 히데요시가 임진왜란을 일으키면서 "조선은 신공황후의 삼한정벌 이래 일본의 속국이었기 때문에 고토^{故土}를 회복한다" 라는 전쟁의 명분을 내걸었다. 이 침략에서 조선은 폐허가 되었고 백성의 반 이상이 죽었다.

에도시대의 중기에 들어서는 신공의 삼한정벌과 이를 대의명분으로 삼은 임진왜란에 대해 긍정하는 국학^{國學}의 기운이 널리 퍼졌다. 국학계의 거두 모토오리 노리나가^{本居宣長}는 일본서기의 기록을 맹목적으로 숭상하고 이에 근거한 국수주의 운동을 발전시켰다.

이 경향은 계속되어 정한론으로 발전했으며, 한일합방으로 조선이 멸망했을 때 일선동조론이 생거나 외지에 대한 동화정책(황민화교육 등)이 진행할 때도 사상적 바탕을 이루었다.

일본의 핵심 문화코드:

신공황후는 현대에도 일본문화의 핵심 키워드이다. 사진은 인터넷에 올려진 3종의 신공황후 인형으로 온라인으로 전세계에 팔린다. 신공의 전설에는 그녀의 신하 무내숙이(아래 그림의 왼편)가 세트로 등장한다.

인터넷 인형 광고사진을 스케치(유태민 그림)로 대체함

일제 강점기에는 황국사관에 의한 제약으로 일본서기의 기록을 의심하는 것조차 터부시되어 신공황후의 존재는 역사적 사실로 강요되었다.

지금도 신공황후 전설은 진행형이라고 말할 수 있는데, 그것은 일본의 역사서 첫머리에 신공황후의 전설이 엄연히 차지하고 있는 사실이 공식적으로 한번도 폐기된 적이 없었던 데 있다. 또 신공의 전설은 이미 오랫동안 전세계에 소개되어 왔고 지금도 책으로 또 인터넷으로, 마치 역사적 사실인양 보급되고 있는 중이다.

일본의 에도시대 때 국수주의 운동이 퍼져나갈 때에도, 고증학자 토테이칸藤貞幹은 그의 저서 충구발(衝口發, 1781)에서 일본서기에 대한 모토오리의 맹목적인 신앙을 모두 부정하였다. 토테이칸은 일본의 역사와 언어는 한반도에서 기원하고 있다고 주장했으며, 이에 대해 모토오리는 "미친 자의 목에 칼을 씌우자鉗狂人" 라고 격렬히 비난하였다. 이 겡쿄징鉗狂人이라는 말은 그대로 '모토오리'의 책 제목으로 쓰여졌다.

* * * * *

메이지유신의 성공으로 그 주도 세력들이 정권을 잡자마자 260년전 세키가하라에서 당한 복수심에서, 옛날 자기들의 주군이었던 토요토미 히데요시의 위상을 대대적으로 복원하였다. 앞에서도 말

'토테이칸'藤貞幹**의 저서 충구발**
(衝口發, 쇼코하츠, 1781)

'토테이칸'은 모토오리의 주장을 정면으로 반박하여, 일본의 역사와 언어의 기원은 한반도에 있다고 주장하였다.

한일합병의 기념으로 일제가 발행한 그림엽서

조선통감 '이토'가 저격당하는 장면과 말을 탄 명치^{明治} 천황이 그려져 있으며, 아래의 설명문이 적혀있다.

일한병합: 신공황후의 정토^{征討}와 풍신수길의 정벌 이래, 사이고 다카모리^{西鄕隆盛}의 정한론 등 2000년 동안의 문제였던 한국은 명치천황의 치세에 이르러 우리 일본국에 병합되어 '일본제국조선'이라고 부르게 되었다. 제국만세!

요컨대, 한일합병은 원래 자신들의 땅을 잃었다가 되찾은 정당한 행위라는 주장이다.

했듯이, 토요쿠니^{豊國} 신사는 임진왜란의 주범인 히데요시를 주신^{主神}으로 모시고 있는데 이것은 메이지유신이 성공한 시기에 맞추어 전국에 일시적으로 세워진 것이다.

신공황후의 삼한정벌 전설은 히데요시에 의해 계승되어 임진왜란을 일으켰고, 이는 다시 명치 정부에 계승되어 조선을 침탈한 것으로, 일본의 침략근성은 천년이상 그 맥이 연면히 이어져 내려왔다.

새 시대의 도래

불길이 점차 가까이 다가오는 것이 분명해졌는데도, 왕녀는 피할 생각을 하지 않고 말을 이어나갔는데, 지금까지 내가 상상조차 못했던 이야기가 나왔다.

삼국유사는 삼국사기가 만들어진 후 130년 후 저작된 것입니다. 그런데 삼국사기와 삼국유사가 전혀 다른 내용을 적은 것이라고 알고 있는데, 사실은 같은 맥락으로 동일한 내용을 적은 것입니다.

또 일본서기와 고사기가 겉으로 보기에는 삼국사기와는 전혀 다른 내용을 말하고 있는 것으로 보이지만, 삼국사기와 삼국유사도 일본서기와 고사기의 내용과 다르지 않습니다. 김부식과 일연이 역사서를 저술할 때 일본서기의 내용을 꿰뚫고 있었으며, 그 내용이 의미하는 것을 모두 파악하고 있었던 것입니다.

김부식과 일연의 경우 다만 그 내용을 직필하지 못하는 사정이 있었으며, 이런 점은 일본서기도 마찬가지의 입장이었습니다. 이제는 이들 4개 사서의 통합이 이루어지는 시대가 올 때가 된 것입니다.

왕녀는 4개 역사서의 본질은 이야기하였으나 그 본질을 직필하지 못하는 절실한 사정에 대해서는 설명이 없었다. 다만 4개 사서의 통합과도 관련된 듯, 낮에 도선국사가 나타난 데 대하여 말을 이어나갔다.

오늘 낮에 도선국사가 환생한 것은 선천先天 시간 동안 일본에 머물렀던 우주의 중심이 앞으로 수천년간 한국으로 옮겨오게 된다는 예고이며, 국사의 출현은 선생이 준비한 부적과는 큰 관계가 없는 것으로 이제 그 시기가 도래한 것일 뿐입니다.

우주천지의 여름에 해당하는 기간에는, 우주의 질서가 동에서 서로 옮겨가면서, 그 기운이 서양에서 바다를 건너 일본으로 점차로 옮겨 왔습니다.

우주천지의 후천 가을은 생명이 열매를 맺기 위해 근본으로 돌아가는 때입니다. 이때는 인류문명의 중심무대와 역사창조의 주도권이 본래의 중심 근본으로 회귀回歸 하는 천시天時입니다. 이제 이 우주의 중심이 동아시아 특히 한국에 머물게 되어 있습니다.

바야흐로 동방 한민족의 시대를 맞아 신시개천神市開天 이래 6천년의 한恨을 푸는 대해원大解寃의 개벽시간이 눈앞에 닥친 것이며, 마침 선생이 그러한 시간에 나타났을 뿐입니다. 한민족이 미래의 대개벽 문명시대에 인류의 종주宗主 가 되는 시기가 도래한 것입니다.

이렇게 말하면서 왕녀는 이야기 도중 처음으로 미소를 지었다. 그때까지만 해도 전혀 다른 복장, 전혀 다른 말투(그것이 영어였던가 아니면 과거 백제어였던가?) 를 사용하고 있는 왕녀에게 서먹함이 있었으나, 왕녀가 이쓰코 특유의 친근한 미소를 짓자 나도 모르게 그녀를 끌어안고 키스를 했다. 그녀도 그것을 거부하지는 않았다.

그 순간 밖은 화마火魔가 이글거렸고 사무라이들의 고함과 비명 소리가 간헐적으로 들렸지만 우리 사이에는 천년과도 같은 정적이 흘렀다. 우리가 얼굴을 떼기까지 시간은 지극히 느리게 흐르는 느낌이었고, 한 뼘도 되지 않는 거리에서 다시 바라본 그녀의 눈빛 또한 천진하지만 깊은 우수가 서린듯한 이쓰코의 그것이었다.

사실 여행 중 나는 이쓰코에 대한 연모의 정이 갈수록 깊어졌고 그녀가 마치 나의 오래된 연인이라는 생각이 든 적이 여러번 있었다. 이 때 왕녀를 향한 나의 거침없는 포옹과 키스는 나의 마음 깊이 잠재되어 있다가 극히 자연스럽게 나타난 것이었으며, 왕녀가 여기에 순순히 응한 것도 혹 이쓰코가 나에게 품고 있을지 모르는 연모의 감정이 다른 형태로 발현한 것이 아니었을까?

나와 왕녀는 침상에서 다정스럽게 또 뜨겁게 포옹과 키스를 반복했는데 이제 불길은 점점 커져, 나는 그녀의 팔을 잡아끌면서 여기를 피하자고 재촉했다. 그럼에도 왕녀는 불길 속에서 탈출을 시도하지 않고 의연히 그 속에 머물러 있었다. 나는 커져가는 불길 속을 허우적거리다가 눈을 떴다. 그때가 새벽 한시였다.

* * * * *

다음날 호텔에서 아침 식사를 하면서, 이쓰코에게 간밤의 꿈에 일어났던 내용을 이야기했더니 그녀는 내말을 듣고는 상당히 놀라는 표정을 지었다. 대대로 전해오는 족보에 그녀의 성 다케후武生 씨가 백제 근구수왕이 일본에 보낸 왕인의 후손으로 적혀있다는 것 외에, 별도로 집안에 전해오는 이야기가 있다는 것이다.

그것은 사비성이 함락되기 전에 피난한 대부분의 왕족들은 일본에 무사히 도착하였지만 유독 의자왕의 다섯째 왕녀가 탄 배는 불행하게도 그러지 못하였다는 것이다. 그 배는 도중에 납치되어 이곳 하기의 강어귀에 좌초했으며 마침 배에 불이 일어나서 배와 배에 탄 사람들을 모두 삼켰다는 이야기가 전해 내려온다고 했다.

그 배에는 다른 왕족도 타고 있었지만, 5째 공주는 정실 왕비의 유일한 딸로 대륙백제의 담로 중 제일의 명문거족인 해씨가문에 출가하였던 관계로 여타 왕족과는 다른 특별한 위치에 있었으며 따라서 그 이야기가 유난히 부각되었을 것이라는 것이다.

나는 이쓰코의 이야기와 간밤의 꿈에 나타난 왕녀의 얘기가 많은 부분에서 통하는 것을 보고는 놀라지 않을 수 없었다. 또 여러 면에서 보아 의자왕의 다섯째 공주가 이쓰코로 환생하여 지금 나와 함께 여행하고 있는 것이 틀림없다는 확신이 들었다.

그러고 보면 이 호텔이 마침 왕녀의 배가 가라앉았다는 포구일 수도 있다는 생각에 미쳤다. 천년 이상의 퇴적으로 인하여 하기가 자리한 삼각주는 매우 넓어졌을 것이고, 우리가 머물고 있는 이 호텔이 옛날 왕녀의 배가 물에 잠겼던 그 자리에 세워졌을 수도 있다.

하기의 심상치 않은 지세와 더불어 일본역사에서 사라지거나 감춰져버린 백제와 가야는 분명히 우리에게 역사의 진실을 암시하여 주었다. 또 왕녀가 현세에 환생한 꿈은 미구에 한일간의 역사가 세상에 명백히 드러날 것을 예시하는 것으로 받아들여도 좋을 것 같았으며, 이 점은 이쓰코도 같은 생각이었다.

* * * * *

　이쓰코와 대화를 나누고서도, 간밤의 꿈에 있었던 나와 왕녀 간의 침실에서의 연정에 대한 이야기는 결코 꺼내지 않았다. 사실 지금에야 말하는 것이지만 내가 이 여행에서, 역사 여행이라는 주제와는 별도로, 우연히 만나게 된 '오사카의 여인'을 두고 마음속에 계속 품어오던 생각 즉 이 여인에 대한 나의 일방적인 연모의 결말은 어떻게 될 것인가의 전망을 놓고 갖가지 억측이 내 머리를 채웠다고 고백하지 않을 수 없다.

　아주 특별한 예외도 있겠지만 사실 사랑이란 정신적인 관계로만 머물러 있을 수는 없는 법으로, 끝내 완성하지 못하는 사랑 즉 육체적 관계로 발전하지 못하는 사랑을 영어로 '유산된 사랑'^{aborted love affair}이라고 표현하는 것을 보았다.

　사흘간의 여행 동안 이쓰코에 대한 나의 일방적이고 남모르는 연정이 백제 왕녀와의 포옹과 키스를 통하여, 꿈속에서나마 사랑의 완성을 이루게 된 것이라고 결론을 내렸다. 인생의 종말은 결코 알 수 없다고 이쓰코가 말한 것처럼, 백제 왕녀의 출현과 예고는 우리와 한일 역사의 또 다른 운명의 서막을 이야기하는 것인가?

제3부 \ 백제 왕녀의 환생

1 '비류백제와 일본의 국가기원' 김성호, 지문사, 1986.

2 '춤추는 신녀' 이종기 저, 동아일보사, 1997.

3 윤영식 '백제에 의한 왜국통치 삼백년사' 도서출판 청암, 1987.

4 '백제의 마지막왕 의자왕' 윤희진, 네이버캐스트-인물한국사.

5 '아리사등'은 일본어는 '아라시도'이며, 일본의 건국신인 소잔오존(素盞嗚尊)으로
  일본어로는 '스사노노미코토'이다.

6 '연구·수용의 연구', 이에나가 사부로(家永三郎) 지음, 재인용.

오
사
카
의
여
인

제4부

한일 '피의역사' 기행

하기萩
시모노세키下關
가고시마鹿兒島

키도 타카요시의 저택:

하기에 있는 메이지유신 3걸의 하나인 키도 타카요시 저택의 내부정원.

사진: 저자촬영

제1장

하기萩
― 조슈의 번성藩城

▌싸리꽃과 칼

조슈의 번성藩城은 하기다. 하기萩는 일본어로 싸리꽃이며, 이것
이 그대로 도시이름으로 쓰이고 있다.

이어령은 그의 저서 '축소지향의 일본인'에서 축소라는 코드로
일본의 문화를 설명하고 있는데, 화투장의 솔잎·매화·사쿠라(벚꽃)·
흑싸리와 홍싸리 등 꽃잎이 작으면서도 촘촘한 종류를 일본인들이
선호하는 꽃이라고 열거하고 있다. 화투는 그 사용법과는 별도로,
그 모양에서 일본 문화의 집약으로 볼 수 있다.

말하자면 일본인들이 선호하는 꽃은 전세계인들이 공통적으로
좋아하는 큼지막하고 화려한 장미나 모란꽃이 아니라, 이러한 짜잘
하고 애조를 띠면서도 자세히 보면 정감이 가는 꽃이라는 것인데, 이
것은 일본 문화에 관통하는 일관된 코드를 지적한 탁월한 시각이다.

이러한 정답고 정감이 가며 잔잔한 애조를 띤 싸리꽃으로 상징되는 문화코드를 간직한 하기라는 도시가 우리 조선에는 지울 수 없는 상흔을 남긴 것 역시 아이러니하다.

조선에 이어 만주와 중국으로 뿌려진 피의 향연은 모두 조슈에서 출발하는 것이다. 그것은 마치 영국인들이 북미대륙에 진출했던 과정과 흡사하다. 무법천지를 가르듯 광대한 영역을 개척하는 듯 보였지만, 실상은 원주민들인 인디언의 피로 물들여진 역사에 다름 아니다.

* * * * *

흔히 대항해시대는 서양이 동양을 앞서가기 시작한 위대한 시대로 그려진다. 하지만 한정된 지구 자원에서의 진출이나 개척이란 말은 제로섬 게임일 뿐이다. 대항해시대 이후 북미와 남미, 그리고 호주의 3개 대륙에서는 급격한 인종변화가 있었다.

중앙 아메리카와 남미에서의 인디오들은 갖은 고통과 학대 속에서 전멸하였고 곧 스페인인들이 그 자리를 채웠다. 스페인인들의 우아하고 낭만적인 외모와 정열적이고 탐미적인 문화와 품성 속에는 보기 드물 정도로 잔인한 피가 흐르고 있는 것이다.

또 북미와 호주에서는 인디언과 원주민 마오리족이 전멸하고 영국인들의 낙원으로 변하였다.

그러나 피의 역사라든가 3개의 대륙에서 일어난 무서운 인종변

'하기'시 중앙공원의 '야마가타 아리토모'^{山縣有朋}**의 동상**

막부타도 운동의 중심인물이며 메이지유신 후 일본의 군국주의의 기초를 닦은 '야마카타 아리토모'는 일본에서 엄청 높은 비중을 차지한다.

패전 후 연합국의 점령군사령부^{GHQ}는 군국주의의 상징인 동상의 철거를 명하였으나, 일본의 유명 조각가가 만든 예술품이라는 핑계로 시민들의 청원을 모아 철거를 면하였다. 로뎅이나 부르델의 작품 정도의 가치가 있는 것인지?

화 등은 인간의 관점에서 본 변화이며 공포일 뿐, 천지우주의 관점에서 본다면, 선과 악 그리고 증오와 희로애락을 초월하여 조슈의 상징 싸리꽃에 함축된 무념·무상·무아와 우주 본래의 무심의 세계에 속하는 것일 뿐이다.

조슈의 번성- 하기

나는 '오사카의 여인'과 함께 한 여행에 대하여 당시에 자세한 일기를 남겼고, 그 일기와 아직도 생생히 남아 있는 기억을 더듬어 다음과 같이 기행문을 정리하였다.

사실 하기는 도시 전체가 '메이지유신의 거리'라고 하여도 크게 잘못된 말은 아니다. 시내의 몇 집을 건널 때마다 또는 한 골목을 건너 다음 골목에 이르면 반드시 메이지유신의 흔적들을 만나게 된다. 앞으로 말하겠지만 그것은 우리에게는 지워지지 않는 집요하고도 대단히 불쾌한 흔적들이다.

막부말기의 '번'의 공교육 기관인 명륜당을 건너서면 중앙공원이 들어온다. 나의 눈을 맨 먼저 잡는 것은 중앙공원에 서있는 야마가타의 동상과 바로 옆에 있는 하기시민헌장을 새긴 비석이었다.

> 우리들은 '메이지유신 태동의 땅' 하기의 시민이다. 이 자랑스러운 역사와 자연이 만들어내는 고향을 사랑하고...　　　〈중략〉
> 선인先人의 뜻과 용기를 배워 역사와 문화를 소중히 하는 마을을 만들자.

이쓰코가 비문의 헌장을 읽는 동안, 나는 그 비문의 마지막에 있는 건립연대를 보았다. 그것은 명치천황의 시대도 아니고, 일제시대도 아니며 불과 8년전인 평성18년(2006년)에 건립된 것이었다. 이 비석에서도 일본이라는 나라는 명치천황의 시대에 머물러 있는 것을 알게 된다.

오사카의 여인

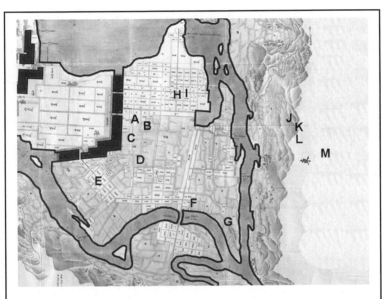

'하기' 지도상의 유신관련 흔적:

A: 다나카 기이치 출생지

B: 키도 다카요시 구택

C: 다카스기 신사쿠 출생지

D: 명륜관: 하기의 번교^{藩校}

E: 쿠사카 겐즈이 출생지

F: 야마가타 아리토모 구택

G: 카츠라 타로 구택

H: 노야마 감옥

I : 이와쿠라 감옥

J: 쇼인신사

K: 쇼카손주쿠

L: 이토 히로부미 출생지와 별저

M: 요시다 쇼인의 출생지와 묘

하기는 동서 3km, 남북 2.5km 밖에 안되는 도시로, 지도에 표시를 다할 수 없을 정도로 유신관련 인물들의 유적이 많다. 관광 안내서에는 원정사 외에 아래와 같은 인물들도 소개된다.

원정사: 이토, 야마가타, 카츠라, 타나카 기이치 등이 공부한 절

마에바라 잇세이^{前原一誠}: 도막운동가. '하기의 난' 실패 후 사형.

요시다 토시마로^{吉田稔麿}: 도막운동가. 막부의 테러로 숨졌다.

시나가와 야지로^{品川弥二郎}: 명치 연간의 내무대신, 자작.

이노우에 마사루^{井上勝}: 시모노세키 조약 체결시의 외무서기관

한편 같은 중앙공원의 한 쪽에는 한국의 멸망에 주도적인 역할을 했던 야마가타 아리토모^{山縣有朋}의 청동 기마상이 실물크기로 세워져 있다. 이 군국주의의 거물은 말위에 올라, 한번 더 조선과 만주·중국을 그의 말발굽 아래에 둘 듯한 기세로 하기의 중앙공원을 당당하게 활보하고 있다.

이러한 조각품이 명치천황이나 소화^{昭和} 천황도 아닌 21세기에 이른 오늘날까지 존치하는 것은 한국인이나 중국인으로서는 참기 어려운 모욕이다.

이러한 일은 이토 히로부미의 생가에서도 확인된다. 이쓰코가 잠시 자리를 비운 사이, 생가를 지키는 안내인이 설명을 해주려하여 내가 사양했음에도 불구하고 이토 히로부미에 대하여 "사이쇼-노…" 라고 하고 자리에서 일어나 따라 나오다시피 하며 가르쳐주려고 한 기억이 있다. 아마도 "최초의 일본 총리" 라는 위대한 업적을 꼭 알리는 것이 안내인의 숭고한 사명이라고 생각했을 것이다.

불편한 흔적들

하기의 시내를 거닐다보면 메이지유신의 고향이라는 말보다는 우리 한국인들로서는 '피의역사'의 근원이라고 하는 편이 더 어울리고 실감이 날 것이다.

앞으로 진행하겠지만, 이 '피의역사'의 근원은 같은 조슈의 시모노세키와 사쓰마 등 모든 메이지유신의 발생지에는 공통적으로 해당되는 말이다. 이 하기라는 작은 도시에서 일어난 '피의역사'는 전 일본을 덮었고, 다음은 조선을, 나아가 만주와 중국대륙에까지 그 재앙의 먹구름을 덮어나갔다.

그러나 이것은 한국인인 나의 생각일 뿐, 이들의 흔적은 미사여구와 칭송일색의 안내문으로 덮거나 NHK 방송국의 특집으로 방송되거나, 혹은 '조슈가 배출한 파이브(5)' 등의 영광스런 타이틀을 자랑하고 있다.

이토의 별저 입구에는 '사진으로 보는 이토 히로부미 공(公)의 생애' 라는 제목의 입구 안내판이 있는데, 한국인 방문객은 입구에서부터 유쾌한 기분이 아니다.

이곳 유신 인물들의 유적 탐방은, 마치 들어가서는 안되는 곳을 들어간다든가 보아서는 안되는 것을 엿보는 듯하여 무슨 죄를 짓는 듯 묘한 기분이 든다. 학술 조사 차원에서 방문한 것이지만 선현들의 원수의 유적에 오면서 가벼운 마음을 품고 온 점이, 더군다나 항상 밝은 표정의 이쓰코까지 대동하고 온 점이 부지간에 떠올라 갑자기 어깨를 짓눌리는듯한 느낌이 들었다.

여기 이토의 옛 집은 그가 미천했을 때 살았던 곳이다. 단층 초가집으로 전형적인 하급 무사의 집이다. 실제로는 병졸에 불과할 뿐인 하급 무사는 전쟁이 없는 평시에는 잡역에 동원되었다.

여기의 집 대부분이 그렇듯이 지나칠 정도로 깔끔하게 청소하여 티끌 하나 없는 이토의 집 이 구석 저 구석을 돌아보며 여러 생각이 꼬리를 물었다. 이 초라한 집에서 조석으로 끼니를 걱정하여야 했던

이토 히로부미의 별저 입구의 안내판:

'조슈 파이브(5)'라는 제목의 안내판으로, '이토'와 '키도 다카요시' 등 5명의 사무라이의 영웅담을 전시하려고 내건 안내판이다. 별저는 1907년 도쿄에 지었던 집으로 여기에 옮겨온 것이다.

주인공이 조선을 내리누른 인물로 된 것은 하기의 지기^{地氣} 때문인가, 아니면 시대의 산물인가?

* * * * *

우리는 종일 동서로 또 남북으로 걸어다녔고, 걸음은 하기의 북문 선착장으로 향하였다. 선착장에 매인 유람보트가 비싸지는 않은 것을 확인한 후, 늘상 새로운 것을 좋아하는 이쓰코는 나의 손을 끌어 보트에 올랐다. 강바람을 맞으며 하기의 시가지를 강에서 바라보게 되었다. 강은 상당히 넓었고 바다로도 통해 있었다.

뱃사공은 짧은 영어였지만 국제해양협회의 일로 한국에도 몇 번

**한국통감 시절의 '이토 히
로부미'**

통감 이토가 영친왕 '이
은'과 같이 찍은 사진.
그야말로 어른이 어린애
(한국)를 데리고 있는 모
습으로 일본이 자랑하고
싶었던 사진일 것이다.

가본 적 있다고 하였는데, 나는 배의 사공에게 고향이 어디이며 또
메이지유신을 어떻게 생각하느냐고 물어 보았다.

　사공은 아주 편안하고 선량한 인상의 중년남자였는데, 자신의 고
향은 하기이고 메이지유신은 역사적으로 아주 훌륭한 일이라는 예
상대로의 대답이 돌아왔으므로 이쓰코와 나는 함께 웃었다.

역사의 확대재생산

　내가 하기에 갔을 때는 2014년 5월로, 여기저기의 유적에 일본

NHK 방송의 대하드라마 '꽃이 타다'花燃ゆ의 무대로 결정되었다는 표지가 세워져 있었다.

쇼인신사, 쇼카손주쿠 발상지,[1] 메이지유신 전에 횡사한 요시다 토시마로吉田稔麿 생가, 이토 히로부미의 고택, 원정사円政寺, 키도 타카요시 고택의 입구 등에 화려한 깃발을 세워 2015년 방영되는 드라마의 무대로 선정되었음을 알리고 있었다.

11월 이 글을 쓰고 있는 중에, 내년 초 방영예정이라며 NHK 방송 드라마의 촬영장 모습이 기사화되었다. 세토 코지라는 미남배우가 요시다 토시마로吉田稔麿의 역으로 선정되어 맡은 배역을 충실히 하겠다는 포부를 말하였다.

'하기' 키도 다카요시木戸孝允 의 고택:

'하기'의 키도 타카요시의 고택 입구에 일본 NHK 대하 드라마 '꽃이 타다'花燃ゆ의 무대로 결정되었다는 표지가 세워져 있다.

이렇듯 과거에도, 현재에도 또 앞으로도 유신은 재생산되고 재창출될 것이다. 그리고 모든 일의 속성상 그것은 확대 재생산되는 방향으로 나아갈 것이 분명하다. 문학소설이거나 TV드라마이거나 모든 작품은 출시되면서 시장에서의 성공을 향하여 줄달음 칠 것이고, 그것은 곧 확대재생산을 의미하기에...

증오의 미학
— 요시다 쇼인

하기에서의 세째날, 서둘러 아침식사를 끝내자마자 요시다 쇼인 吉田松陰을 신으로 모신 쇼인신사로 걸어갔다. 신사는 강을 넘어 하기 성에서 조금은 외진 곳에 있는데, 옛날에는 더 외진 곳이었을 것이다. 도중에 마주친 대부분의 주민들은 나이가 매우 많은 노인들로 산보를 하고 있었다. 일본은 노인들이 참으로 건강한 나라구나- 라는 것을 느꼈다.

쇼인 신사는 한적한 분위기에 비하면 신사의 제관들의 숫자는 지나치게 많아 보였다. 아마 특별한 위치에 있는 신사이기 때문일 것이다.

조선에 막대한 손해를 끼치도록 가르친 요시다 쇼인이 정말로 살아서 신사의 어딘가에서 나를 쳐다보고 있다는 상상이 들어 공연히 움찔해졌다. 신사는 방문객이 드물어 나의 사소한 행동조차 신성한 복장을 한 여러명의 제관들이 지켜보는 것 같고, 내가 기웃거릴 때마다 곧 나를 제지할 것 같은 기분이 들었으며, 결코 이들 신사를 편안한 마음으로 볼 기분은 아니었다.

그렇지만 현재도 요시다 쇼인을 근대일본을 일으킨 사상가로서 존경하는 한국인들이 꽤 많이 있다. 이들 주장의 핵심은 메이지유신은 당시로서는 부득이한 일본의 선택으로 생각하는 것이다. 이들은 한일간의 과거사를 초월하여 자기들의 지식이 넓은 것을 자랑하지만, 실제 쇼인과 그 제자들의 주장이 무엇인지는 자세히 생각해보지 않았을 것이다.

메이지유신의 태동지 비석
요시다 쇼인의 신사 근처에 있는 '메이지유신태동지지' 라는 비석이다. 조선과 중국 나아가 동아시아에 피의 역사를 남긴 메이지유신을 현양하여 세운 것이다.
비석은 종전 후 총리를 지낸 사토 에이사쿠佐藤榮作가 썼다. 사토의 친형 역시 총리를 지낸 키시 노부스케岸信介로 조슈 출신이며 현 총리 아베 신조의 외조부이다.

쇼인신사로 걸어가면서 이쓰코는 다음과 같은 자신의 생각을 말하였다.

요시다 쇼인吉田松陰은 현대일본의 철학을 완성한 사람입니다. 현재 일본의 정신적인 지주라고 할 수 있읍니다. 결과적으로 메이지 시대의 청사진을 만든 선각자 요시다 쇼인은 도쿄에 있는 야스쿠니 신사에 신위 제1호로 모셔져 있을 만큼 일본인들이 숭앙하는 인물이지요.

한국인을 포함한 외국인들의 대다수는 역대의 일본 총리들이 야스쿠니에 가서 참배할 때, 실상 누구에게 절을 하고 있는 것인지 잘 알지는 못하는 것 같습니다.

사실 대부분의 한국인들은 유관순, 안중근, 김구 등의 위인들은 잘 알고, 이토 히로부미나, 토요토미 히데요시도 매우 잘 안다. 그러나 한 발짝 더 나간다면 도쿠가와 막부나 메이지유신 등에 대해서는 무관심하다.

예외적으로 역사학자가 아니면서도 이런 모두를 척척도사처럼 꿰뚫는 것처럼 보이는 사람들도 상당히 많은데, 이들의 지식은 대부분 일본을 근거없이 친근하게 다룬 자료를 바탕으로 하고 있다는 점에서 나는 상당히 부정적이다.

이제 일본이나 중국에 대해서는 엄격하게 잣대를 댈 수 있는 시기에 왔다고 생각한다. 해방 이후의 한국은 모든 것이 부족했던 여건이었기에 부득이한 면이 있었다. 그러나 지금은 그 여건이 조성되었지만, 문제는 그간 없었던 관심이 갑자기 생지 못하는 것이다.

조선침략의 산실- 쇼카손주쿠

요시다 쇼인(1830~1859)은 1853년 페리의 흑선 내항[2] 때 밀항하려다 실패하여 자진 자수하여 에도의 감옥에 반년 정도 갇혔다가 송환되어 조슈의 감옥에 갇히게 되었다.

감옥에서 죄수들과 간수들에게 맹자의 강의와 자신의 일본여행과 유람기를 들려주어 큰 인기를 끌게 되었으며, 1856년 감옥에서 풀려나서 1857년 하기에 쇼카손주쿠(松下村塾 송하촌숙, 개인서당)를 열고 제자들을 길러내었다.

쇼카손주쿠松下村塾 **내부:**

'쇼카 손주쿠'의 내부 방에는 유신지사들의 사진이 걸려있다.

선생인 '쇼인'을 포함하여

　다카스기 신사쿠,

　키도 타카요시,

　이토 히로부미,

　야마카타 아리토모,

　타나가 키이치

등 모두 13명으로, 동아시아의 역사를 바꾼 인물들이다.

쇼인은 기존의 교육자들과 달리 교육의 대상에 신분이나 남녀의 구별을 두지 않았다고 하며, 대표적인 문하생은 다음과 같다.

다카스기 신사쿠^{高杉晉作}: 조슈의 군사지도자로 막말 내전에서 막부군을 격파함. 유신 1년전에 병사(1867)

구사카 겐즈이^{久坂玄瑞}: 蛤御門の変에서 사망(1864)

이노우에 가오루^{井上馨}: 조선공사, 민황후 시해사건의 배후

키도 다카요시^{木戸孝允}: 유신3걸 중 한 명

타나카 키이치^{田中義一}: 총리대신, 육군대장

야마가타 아리토모^{山縣有朋}: 총리대신, 육군원수

이토 히로부미^{伊藤博文}: 총리대신, 초대 조선통감

소네 아라스케^{曾禰荒助}: 2대 조선통감, 재무대신

마에바라 잇세이^{前原一誠}: '하기萩의 난'으로 사형

야마다 아키요시^{山田顯義}: 사법대신, 일본대학 창립

이리에 쿠이치^{入江九一}: 蛤御門の変에서 사망(1864)

노무라 야스시^{野村靖}: 육군중장, 내무대신

이이다 토시노리^{飯田俊徳}: 철도부설에 종사한 관료

시나가와 야지로^{品川弥二郎}: 내무대신, 자작

요시다 토시마로^{吉田稔麿}: 池田屋 사건에서 사망(1864)

그런데 쇼인의 문하들을 보면 모두가 피로서 메이지유신의 길을 닦은 인물들이며, 여기에서 횡사하지 않고 살아남았던 인물들은 조선을 침략한 주모자의 대부분을 차지한다. 곧 이 책의 바로 뒤에서 이들 인물을 다시 대하게 될 것이다.

쇼인은 1858년 존왕양이(尊王攘夷: 천황을 세우고 외국을 배척)를 주창하다 막부 고관의 암살음모에 연루되어(안세이 대옥) 감옥에 갇혔다가

쇼카손주쿠^{松下村塾}:

쇼카 손주쿠(송하촌숙)는 요시다 쇼인의 사설 학원으로 유폐 중에 수인^{囚人}의 신분으로 사숙을 연 것이다. 조슈 번이 배출한 유신의 인물들은 거의가 여기 오두막에서 나왔다.

이듬해 사형판결을 받고 참수되었다. 그는 죽음에 임해서도 '야마토 타마시'(大和魂, 일본혼)를 외쳤다고 한다.

그런데 이 책의 앞부분 '백제왕녀의 환생'에서 말한 일본 고대사를 보면 알겠지만, 쇼인이 말하는 '야마토 타마시'^{大和魂}란 존재할 수가 없는 것이다.

고대의 일본열도에는 야마토 왕국이란 것이 존재하지 않았고, 설사 있었다고 해도 그것은 쇼인이 알던 대단한 국가가 아니고, 2세기 무렵 규슈에 있었던 극히 미미한 규모로 백여개 국의 하나였을 수도 있다. 훨씬 이후 일본열도에 등장한 가야 제국이나 대제국 백제를 쇼인이 야마토라고 여겼을리가 없고 그러한 사실을 알았을 가능성도 분명히 없다.

쇼인 사상의 근거가 되는 야마토 왕국은 에도시기 중엽에 국수주의자인 모토오리 노리나가本居宣長가 대단한 국가인 것처럼 창작해낸 것일 뿐이다.

사후 쇼인의 영향은 메이지 유신의 지사뿐만 아니라 오늘날까지 일본 극우주의자들에게 그 사상적 근원을 제공하고 있다. 그가 조슈로 이송된 뒤 감옥 안에서 제자들을 훈육하면서 그가 남긴 다음의 말 두 마디가 그의 핵심적인 사상으로 그가 남긴 '유수록'에 언급되어 있다.

> - 러시아나 미국 등의 강국과는 신의를 돈독히 하여 우호관계를 맺어 국력을 기른 연후에, 쉽게 손에 넣을 수 있는 조선과 만주 그리고 중국을 점령하여, 강국과의 교역에서 잃은 것을 약자에서 착취하여 메우는 것이 상책이다.
>
> - 류큐(流球, 오키나와)와 조선을 정벌하여 북으로는 만주를 점령하고, 남으로는 타이완과 필리핀 루손 일대의 섬들을 노획하여 신공황후가 다하지 못했던 바를 이룩하고, 토요토미 히데요시豊臣秀吉의 유지를 이어야 한다.

일견 유치하기 짝이 없는 이러한 주장들이 일본의 근세를 계속 지배해왔다. 조선은 약한 나라이니 기회를 보아 다시 약탈하자는 선동에 불과한 쇼인의 사상을 대단한 것으로 치부하여 쇼인을 야스쿠니 신사의 제1호의 신으로 모신 것은, 아직도 조선과 아시아에 대한 침략의 정서를 살려 나가겠다는 일본인들의 의사 표시임이 분명하다.

한편 쇼인에 대한 이러한 생각과는 달리, 쇼인을 영웅시하는 견해가 한국을 지배하고 있는 것을 볼 수 있다.

시대의 상처를 함께 아파하며 시대의 모순에 맞서 자신의 모든 것을 바치는 인물을 만난다는 것은 무척 즐거운 일이다. 요시다 쇼인吉田松陰은 시대의 고민을 온몸으로 껴안고 불꽃 같이 살다가 1859년 안세이 다이코쿠년 30년의 짧은 생애를 마감했다.[3]

메이지유신의 토양 — 에도막부

오사카의 여인

장구한 계책이 없었던 메이지유신

지금은, 메이지유신은 19세기말에 근대국가와 서구화를 달성한 것이라고 간단히 설명된다. 흔히 유신지사들의 활동을 과잉하게 찬양하기도 하지만, 그들이 실제로 장구한 계획을 가지고 있었던 것이 아니었다. 설사 그러한 계획이 있었다 하더라도 이들이 어떤 뚜렷한 역할을 할 수 있는 환경이 아니었다.

메이지유신은 너무나 많은 요인이 널려 있어서, 마지막의 결론이 어떻게 이루어질지는 아무도 몰랐다. 또 그들의 이상과 이념이 있었다고 하더라도 너무나 많은 요소들에 의하여 아무런 역할이나 좌표가 되지를 못하였다.

수없이 많은 번, 그리고 중앙의 막부, 또 상급무사와 하급무사들의 갈등, 일본 내에서도 지리적으로 너무나 다른 환경, 중앙집권화하지 못한 사회, 여기에다 서양 여러 나라들의 개입^{intervention}과 농간, 서구문명의 도입과 그것에 대한 강박감 등 어느 하나 정리된 것 없이 어지러운 환경이었다.

자연히 전국이 벌집을 건드린 것처럼 소란한 형국이었으며 이러한 불안정하고 전망이 뚜렷하지 않았던 상태가 지속된 것이 메이지유신이다. 다만 이 모든 것이 정리되고 난 다음, 그 결과에 메이지유신이라는 깔끔한 명칭을 붙였을 뿐이다.

메이지유신을 전후하여 있었던 유신지사들의 해외유학(여기에는 이와쿠라의 사절단의 해외 유람을 포함하여)은 메이지유신을 말할 때면 맨 먼저 나오는 중요한 이야기가 되고 있다. 이들 지사들은 거의 대부분 내전과 암살, 처형 등으로 소멸되었지만 그들이 눈으로 본 경험은 어쨌건 큰 자산이 되었다고 알려진다.

그런데 일본의 유신지사들이 해외로 눈을 돌려 외국문물을 흡수하려 시도한 것도, 에도 막부 시절 오랜 기간동안 외국에 대한 상당한 정보와 관심을 가질 수 있었던 바탕이 이미 조성되었음을 간과해서는 안된다.

일본의 에도시대는 절대로 쇄국 국가가 아니었음은 여러 자료에서 확인된다. 그들은 일찍이 유럽을 포함한 세계가 어떻게 생겼는지, 세계의 강대국간의 세력다툼은 어떻게 진행되고 있는지를 에도시대 내내 꿰고 있었다. 이러한 에도시대의 축적된 인프라가 메이지유신의 성공을 가져온 바탕이었으며, 소위 유신지사 개인의 독자적

원정사円政寺 뜰의 '하기'가 배출한 총리 4인의 이름:

'하기'에 있는 원정사의 뜰 한쪽 담벼락의 대나무 통에는 여기에서 공부한 적 있는 4명의 총리대신의 이름이 새겨져 있다.

'이토 히로부미, 야마가타, 카츠라 타로, 다나카 기이치' 등 모두 4명의 총리대신이 그들이다.

인 능력이 메이지유신의 성공으로 연결된 것은 결코 아니다.

18세기 미국의 독립운동 전후의 시기를 보면, 중상주의를 표방한 영국에서도 무역의 권한은 일부의 왕족과 귀족, 소수의 특권상인들이 독점하였으며, 영국의 지배하에 있었던 인도·아프리카·아메리카 사이의 무역은 프랑스나 네덜란드의 상인이 끼어들지 못하도록 법이나 관세조항 등으로 철벽같이 막고 있었음을 볼 수 있다. 미국의 독립운동은 세금 문제 외에 직접적으로 소수 권력가들이 무역을 독점한데서 촉발되었다.[4]

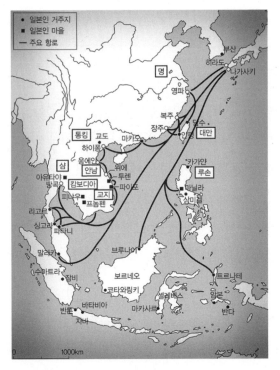

地図 범례:
- 일본인 거주지
- 일본인 마을
- 주요 항로

부산
히라도
나가사키
명
영파
복주
장주 담수
인청 대만
통킹 교도
하이퐁 마카오
웅에안
삼 안남 위에
아유타야 투렌
방콕 캄보디아 파이포
피냐우 교지
리고르 프놈펜
싱고라
파타니
말라카
수마트라 잠비
반툰 바타비아
자바
브루나이
보르네오
코타왕링키
셀레베스
마카사르
카가얀
루손
마닐라
상미결
트르닛테
일본
반다

1000km

에도 막부가 해외 정보를 도입한 통로:

흔히 에도시대의 외교정책을 쇄국이라고 하는데 이는 잘못된 견해이다. 지도는 에도 막부가 해외의 정보를 얻는 통로를 보여주며, 멀리는 말라카에서까지 정보를 얻고 있다.

일본의 근대화가 성공한 것은 에도막부의 인프라 때문이며, 유신지사들의 재능으로만 이루어진 것은 아니다.

지도: '일본근세의 쇄국이라는 외교' 토비 로널드 저, 2013.

이런 점을 고려한다면, 에도막부가 대외개방의 문호를 일부 지역에 한정한 것은 극히 정상적인 행위였으며 쇄국이라고 부를 하등의 이유는 없다. 일반적으로 에도막부의 대외정책은 쇄국이었고 여기에 반발하여 개방정책을 내세운 메이지유신이 일어났다고 알려져 있지만, 막부의 대외정책은 절대로 쇄국정책이 아니다.

*　*　*　*　*

만약 고려시대부터 따져서 1000년 넘게 중앙집권화되고 문민정부의 조직을 이룬 조선에서 서구문명을 적극적으로 받아들이려는 노력이 있었다면 메이지유신과는 비교가 되지 않게 훨씬 수월했을 것이다. 그런데 그것이 안 된 결정적인 이유는 조선은 에도시대에 해당하는 수백년 동안에 해외 경험이 너무 없었기 때문이라는 생각이다.

그것은 임진왜란 후 조선은 나라가 이미 기울어지고 사회는 정체되었으며, 세계의 변화로부터 완전히 동떨어져 있었기 때문이다. 에도시대 중기에 이르러서는 분명히 일본의 국력과 문화가 조선을 훨씬 능가하였다고 말할 수 있다.

반면 조선후기에 소개된 서구문명이란 것도 천주교와 한 보따리로 묶어서 '서학'이라는 패키지 형태로 들어온 것을 보면, 어떠한 개인의 의지나 능력을 따지기 전에 어느 한 문명이 도입되어 소화될 때까지는 장기간을 요한다는 생각이 든다.

이는 앞에서 말한 일본의 경우와 비교되며, 일본이 영학이나 난학,[5] 그 전의 포르투갈과 스페인을 구분하고 그들의 실태를 정확히 파악했던 것과는 많은 차이가 있다.

한비자韓非子에 이르기를 "소매가 길면 춤을 잘 추고, 돈이 많으면 장사를 잘 한다"[6] 고 하였다. 이 말은 밑천이 많을수록 성공의 가능

오사카의 여인

성이 높으며, 조건이 나은 사람이 좋은 성과를 거둔다는 말이다. 곧 메이지유신의 성공은 에도막부가 오랜 기간 이룩해 놓은 사회적·경제적 인프라의 덕분이며, 소위 유신 지사들의 능력으로만 이루어진 것이 아님이 분명하다.

* * * * *

쇼인이 죽은지 12년후인 1871년, 일본의 지도자들은 수행원과 유학생을 포함하여 106명으로 구성된 이와쿠라^{岩倉} 사절단을 구성하여 미국과 유럽을 둘러보고 근대화 정책의 방향성을 찾기 위해 약 2년간에 걸쳐 정부 핵심의 자리를 비우고 서구를 순방하였다. 이제 더 이상 내전으로 인한 소모전이 없었기 때문에, 이들의 방문으로 일본은 여러 단계 도약하는 계기가 되었다.

위의 내용은 일반적으로 우리에게 알려져 온 상식이다. 그러나이것은 메이지유신의 주도세력 위주로 쓰여진 이야기일 뿐이다. 다음의 글을 살펴보면 이와쿠라 사절단의 의미가 실제와는 달리 많이 부풀려져 있는 것을 알 수 있을 것이다.[7]

막부는 1862년 14명의 네덜란드 휴학생을 파견한 이래 5년동안 62명의 유학생을 파견했다. 이에 질세라 조슈·사쓰마·사가의 번도 구미에 유학생을 파견했는데, 사실 당시 번이 독자적으로 유학생을 파견하는 일은 금지되어 있었다.

이렇게 해서 1862년부터 5년간 막부와 각번이 보낸 해외 유학생 수는 막부 62명, 각번 58명, 기타 15명으로 실로 135명에 달한다. 1860년대 조선과 청의 서양 유학생이 거의 없었던 것과 대조적이다.

유학생뿐만이 아니다. 막부는 1860년대 내내 다섯 차례에 걸쳐 대규모 해외 사절단을 파견했다. 우리는 흔히 메이지 정부 수립 후인 1871년의 이와쿠라岩倉 사절단을 첫 사절단으로 생각하기 쉬우나 그렇지 않다. 막부가 보낸 사절단은 총 290명 가량이며 이들은 미국·유럽·러시아 등을 방문했다. 그 목적은 주로 비준서 교환, 국경문제협의, 파리 만국박람회 참가등 외교적인 것이 었지만 여기에는 다수의 젊은이들이 공부 목적으로 동행하고 있었다. 후쿠자와 유키치도 그런 동승자 중에 한 명이었다.

쇼인이 쇼카손주쿠를 열 때에는 겨우 27세였다. 이런 청년이 세계의 정세에 대하여 무슨 대단한 것을 알았겠는가? 아마도 쇼인이 듣고 본 것은 영국이 인도나 이집트를 식민지로 만든 이야기며, 네덜란드가 동인도(현재의 인도네시아)로 진출하여 거기의 주민들은 정복하여 지배한다는 이야기일 것이다. 더 나아가 최근에는 영국이 아편전쟁(1840년)에서 승리하여 중국이라는 큰 나라를 굴복시켜 마음대로 약탈한다는 이야기였을 것이다.

그것은 대단한 철학이나 심오한 사상이 아니고, 주워들은 이야기를 기초로 황금이 나오는 보물섬 이야기를 만드는 정도였을 것이다. 또는 스페인인들이 인디언을 정복하여 만들어낸 엘도라도의 황금이야기를 이상으로 삼았을지도 모른다.

결국 쇼인은 선동가이고 운동가였을 뿐이다. 그 어린 나이에 무슨 대단한 철학이 있었겠는가? 설사 그의 철학이 있었다 하더라도 그 완성도가 뭐 대단했겠는가?

　쇼인의 업적이란, 오늘날의 기준으로 보면 초등학생 수준의 쇼카손주쿠의 생도들에게 위험한 사상을 전파해 나간데 불과하다. 문제는 쇼인의 가르침과 선동이 제자들에 의해서 실제로 실현되었다는데 있으며, 다음의 글은 그 핵심을 짚고 있다.[8]

　　메이지 정부의 그 방향성이 잘못된 것은 쇼인의 왜곡된 사고와 이를 계승한 히데요시계 사무라이들에 기인하는 것이다. 그렇다고 해서 쇼인이 구미에 대해 박식한 지식이 있었던 것도 아니었다. 과대망상에 걸린 요시다 쇼인은 자기자신이 특별한 능력을 가진 인물이라는 생각을 가진 정신분열자였다.

　　이들은 히데요시계 다이묘로서 조선에 출병한 사무라이들이며, 그때의 전공이나 전리품을 자랑하던 다이묘들이다. 일본에서는 후쿠자와 유키치에 대해서 진보적인 사상을 갖는 대단한 인물로 간주하여 지폐에까지 얼굴이 새겨져있지만 따지고 보면 서양을 모방한 제국주의자인 것이다.

＊ ＊ ＊ ＊ ＊

　역사는 반복되며, 특히 일본의 한국에 대한 끊임없는 증오와 침략의 역사는 더욱 그러하다. 다음의 글은 현재의 일본이 임진왜란의 히데요시의 침략정신과 메이지유신을 계승한 세력임을 말하고 있다.[9]

메이지 100년은 '조선의 비애'를 뜻한다. 기념사를 낭독한 사람은 사토 에이사쿠佐藤榮作였는 바, 그는 한일 수교 때의 총리였으며 '55년 체제'를 구축한 키시 노부스케岸信介의 친동생이기도 하다. 1968년 일본이 국력을 기울여가며 화려하게 거행하였던 '메이지100년 기념제' 때의 아래 선언문을 음미해 보기를 바라는 바다.

"오늘까지의 일본의 영광스러운 100년의 역사는 앞으로 올 100년의 새로운 영광의 모습을 보여주는 것이며, 오늘 거행되는 100년 기념식전은 일본의 제2의 비약을 약속하는 것임을 나는 믿어 마지않는 바이다."

'키시 노부스케'와 '사토 에이사쿠'는 친형제로 전후에 집권했던 조슈 출신들이다. 키시의 외손자가 현재의 일본 수상인 아베 신조安倍晋三 이다.

최근에 있었던 아베 총리의 쇼인 묘소 참배는 제국의 옛 영광을 되찾겠다는 신호이며, 야스쿠니 신사의 참배나 공물헌납도 요시다 쇼인의 사상을 지켜 나가겠다는 의미일 뿐이다.

제2장

시모노세키 下關
― 조슈의 끝자락

'하기'에서의 일정을 마치자 우리는 '하기'가 속한 조슈 번(현재 야마구치)의 끝자락 시모노세키에 들리기로 하였다. 어차피 가고시마에 가려면 이곳을 거쳐야 하는 것 외에, 여기에는 내가 꼭 봐야 할 곳이 몇군데가 있는 것을 사전에 조사한 바 있다. 시모노세키는 일본의 혼슈와 규슈가 맞닿는 해협에 위치해 있으며 혼슈의 끝자락에 있다. 이곳도 조슈 번에 속했으며 메이지유신 무렵 '피의 역사'에 있어서 주무대의 하나였다.

그리고 이쓰코의 기분에 맞추기 위해서는 될수록 색다른 콘텐츠가 될 것 같아, '하기'에 올 때와는 달리 완행 기차를 타는 편을 택하였다.

사실 서울에서 신칸센 이외의 일반열차의 노선을 인터넷으로 검색하는 일은 어렵다. 모두 세 번 바꿔타는 이 완행열차의 여행은 조금의 차질이 없이 이루어졌고, 길지 않은 시간이었지만 그녀의 특별한 추억이 되었고 나 역시 그러했다.

시모노세키까지는 100km 정도밖에 안되는 거리였지만 모두 세 번을 환승해야 한다. 먼저 1량짜리 기차로 '동 하기' 역을 출발했는데, 사실 1량짜리 기차는 난생 처음 타보는 것이었다. 중간역인 나가토에서 2량짜리 기차로 환승하였다. 이 동해 지방의 승객은 매우 나이가 많은 노인들뿐이었다.

그리고 다시 아사 역에서 5량짜리 기차로 환승하여 시모노세키까지 갔다.

모두 3번의 환승하였음에도, 중간에 환승시간이 크게 걸린 일은 없었고 아주 즐거운 여행이 되었다. 그것은 이쓰코가 잠시 호텔에서 쉴 때 내가 몇 번이나 기차역으로 달려가 제일 적합한 출발시간이 언제인지를 누차 확인하는 등 각고의 노력에 따른 결과였다.

700년 무인정권의 시작과 끝

시모노세키에 대해서는, 먼저 단노우라 전투 이야기를 하지 않으면 안되겠다. 거의 1000년전 우리의 고려시대에 해당하는 1185년, 이곳은 '원씨'와 '평씨'가 일본 전국을 놓고 사투를 벌이던 '원평源平 전쟁'의 최후 전투였던 단노우라 해전의 현장이었다.[10] 단노우라는 시모노세키의 옛 이름이다.

평씨와 원씨의 양군 약 4천척에 이르는 군선이 여기의 해협(간몬 해협)에 집결하였다. 백기를 꽂은 원씨의 군선과 붉은기를 사용한 평씨 측 군선의 최후의 결전이 있었다.

여기에서 '평씨'는 멸망하였고, '원씨'는 일본 최초의 무인정권인 가마쿠라 막부를 개설했으며, 이로서 헤이안^{平安} 시대는 종말을 고하고 이때부터 700년간 천황은 허수아비가 되었다. 막부라고 부르는 일본의 무인정권은 700년간 모두 세 번에 걸쳐 있었는데 그 출발은 가마쿠라 막부이며 여기의 단노우라 전투의 결과로 생겨난 것이다.

그리고 1968년 메이지유신으로 도쿠가와 막부가 무너짐으로서 700년간의 무인정권이 종결되었는데, 이것을 종결시킨 원인으로 이 해협에서 발발한 양이^{攘夷} 전쟁, 즉 시모노세키 전쟁이 그 도화선이 되었던 것으로, 이것을 보면 역사는 반복된다는 것을 실감하게 된다.

시모노세키 전투 후 조슈 번은 서양의 세력과 적대하는 것을 중지하고 막부타도 운동으로 급선회하여 결국은 그것을 이루었다.

단노우라 전투와 원평교체설

700년간의 무인정권의 시작과 끝을 알리는 단노우라 전투와 메이지유신의 두 사건 모두 '피의 역사'로 기억되고, 모두 시모노세키에서 일어난 공통점이 있다.

그런데 여기에서 이쓰코는 별난 이야기를 하였다.

단노우라 전투 이후에도 일본의 역사는 그후에도 원씨와 평씨의 대결과 교체로 이어져 왔으며, '원평源平 교체설'의 전설은 지금도 살아 있습니다.[11]

그리고 이 전설은 항상 상당한 위력이 있었고 널리 전파되었답니다. 또한 다이라 씨의 붉은 군기와 미나모토 씨의 하얀 군기에서 일본의 전통적인 국색國色인 붉은색과 흰색이 유래된 것이기도 하지요.

나는 이러한 일의 진위에 대해서는 잘 알지를 못하였다. 그 후 서울에 돌아왔을 때 시간을 내어 조금 더 살펴보았는데, 이 설을 실제 정권의 추이에 적용시켜 보면 다음과 같은 것이다.[12]

오사카의 여인

평씨(헤이시平氏 정권, '타이라 키요모리'平淸盛 일족)
원씨(가마쿠라 막부, '미나모토 요리토모'源賴朝 일족)
평씨(가마쿠라 막부, 執権北条氏得宗家)
원씨(무로마치 막부, '아시카가'足利 씨)
평씨('오다 노부나가'織田信長 정권)
원씨(3일천하, '아케치 미쓰히데'明智光秀 씨)
평씨('도요토미 히데요시'豊臣秀吉 정권)
원씨(에도江戸 막부, 즉 도쿠가와德川 막부)

그런데 이것을 뛰어넘어, 임진왜란의 주범인 히데요시와 그 밑의 장수들이 모두 평씨이며, 그들이 조선에서 저지른 간악한 행위는 모두 이러한 선대로부터의 원한 때문이다- 라는 주장과 함께 특히 원씨는 고려계, 평씨는 백제계라는 주장도 있다.

도쿠가와 막부를 세운 이예야스는 고려계이며, 그것을 타도한 메이지유신의 세력은 아까 말한 대로 백제계라는 주장으로 과거 동아시아와 한반도에서 맺어졌던 원한이 일본열도에서 재현되는 것이라는 한국인의 저술까지 있는데,[13] 필자로서는 이러한 주장의 진위까지 확인하지는 못하였다.

다만 이쓰코의 설명대로, 일본에는 원씨와 평씨의 정권교체설의 전설 그것도 강력한 신앙으로 전해져 내려오는 것이 분명하며, 일본인들의 한반도에 대한 단순한 관심 이상의 연계설은 무언가 시사하는 바가 있다. 분명히 개별 가문의 대대로 내려오는 혈통에 대한 근

단노우라 해전:

시모노세키의 옛 이름이 '단노우라'이다. 우리의 고려 중엽 시기에, 일본 역사상 최대 규모로 손꼽히는 전투의 하나가 여기에서 일어났다. 이 전투의 결과로 인하여 700년간의 막부 정권이 시작되었다. 사진은 기념조각품.

거가 어떠한 형태로든 남아 있는 것이 아닌가하는 의문이 든다.

어쨌건 일본역사의 무인정권인 막부지배의 700년이 시작되는 분기점인 단노우라 해전의 무대가 이 시모노세키인 것이고 바로 조슈의 한쪽 끄트머리라는 것을 생각한다면, 조슈는 '피로 채워지고 피로 얼룩진 땅' 이라는 사실이 분명해진다.

1864, 시모노세키 전투

지금부터 130년전인 1863년과 그 다음해에 조슈 번 단독으로 미국·영국·프랑스·네덜란드의 연합군 5000명의 병사와 7척의 군함을 상대로 하여 시모노세키에서 맞붙은 전투가 있었다.

이 전투에서 연합국 해군의 함포가 조슈 번의 포대를 잠재웠고, 곧이어 포대가 연합국에 의하여 점령되었다. 조슈의 피해는 막대하였다. 이때 4개국 연합군은 전리품으로 대형포를 모두 뜯어갔고, 최근에 인근공원에 전시되고 있는 것은 그것의 복제품이다.

시모노세키에서는, 이쓰코가 여러 종류의 관광안내 팜플렛의 문귀를 읽어주었는데, 별로 새로운 것은 없었지만 단 하나 주목을 끈 부분으로 시모노세키 전투에서 4개국 연합국과의 교전을 조슈 번 단독으로 맞섰다는 것이다.

이것을 볼 때 일본인들의 무력에 의존하는 호전성 내지는 무력에 대한 숭상이 어느 정도인지를 말해주고 있다. 이때 이미 일본 열도의 한쪽 끄트머리에 둥지를 틀고있던 이 조슈 번의 무력이 얼마나 센 것인지를 알고는 적이 놀라지 않을 수 없었다.

이 시모노세키 전투가 벌어진 곳은 현재 공원을 조성하고 당시에 사용되었던 큰 대포를 재현해 놓았다. 그것은 조슈 번이 이때 이미 중앙정부인 막부에 대항하겠다는 배짱을 가지고 있었으며, 결국에는 여러 면에서 성격이 비슷한 사쓰마 번과 손잡고 막부를 타도하였다.

> 서양 배척을 천황까지 강력히 요청하자 도쿠가와 막부도 양이운동의 실행을 약속했다. 앞장선 것은 조슈번이었다. 1863년 간몬 해협을 통과하는 미국 프랑스 네덜란드 함선에 통고 없이 포격을 가하고 해협을 봉쇄했다. 보름 뒤 보복에 나선 미국과 프랑스 군함은 해협 안의 조슈 군함을 박살내고 해군에 궤멸적인 타격을 가했다.[14]

> 그러나 조슈번은 포기하지 않았다. 다시 포대를 수리하고 봉쇄를 계속했다. 1년 넘도록 봉쇄가 계속되자 영국이 분노했다. 그래서 1864년 프랑스와 미국 그리고 네덜란드와 함께 4개국이 연합하여 17대의 함선을 이끌고 시모노세키의 포대를 공격했다.

이 전투에서 궤멸적인 타격을 받자, 조슈가 내세우던 양이(서양의 외세배격 운동)은 좌절되었고 이때부터 급격히 친서양 정책으로 방향을 전환하고는 막부 타도에 앞장 섰다.

메이지유신은 유신지사들의 영웅적인 활동으로 일사천리로 이루어진 것 같지만 실상은 전혀 그렇지 않다. 일본도 조선이 겪었던 것과 똑같은 좌절과 파탄, 그리고 끝없는 실패가 있었다.

청일전쟁과
이홍장

시모노세키는 대마도와 더불어 역사적으로 한반도와 가장 밀접한 끈으로 연결된 도시이다. 모든 한일관계는 시모노세키가 그 경유지였던 것이다. 백여년전 대한제국이 망할 때에도 시모노세키에 짙은 흔적을 남기고 있다. 청일전쟁은 단순하게 일본과 청과 벌어진 남의 나라 전쟁이 아니고, 조선과 조선인이 그 전쟁터의 한가운데 있었던 것이다.

청일전쟁에서의 가장 상징적인 인물은 이홍장이 아닌가 한다. 비록 패장이지만, 거대한 제국 청나라가 마지막 숨통을 거두는 역사의 현장에는 대부분의 경우 이홍장이 자리하였기 때문인 것이다.

> 이홍장이 태어난 시기는 사실상 중국이 세계와 관계를 맺기 시작한 시기로, 유럽에서는 나폴레옹이 유배되었고 큰 전쟁이 없어졌다. 아편전쟁이 발발한 이유는, 수에즈운하가 개통되고 제임스와트가 개량한 대형 증기기관을 설치한 군함 등으로 유럽의 세력이 본격적으로 청나라에까지 실력으로 밀고 들어온 시기였기 때문이다.[15]
>
> 이제 유럽인들과 청나라는 그 세력권을 마주하게 되었고 날마다 무력 충돌이 일어나지 않을 수 없는 상황에 처해진 시기였다. 또 중국이 대외교섭에서 가장 힘든 시기였다.

이홍장은 십여년 동안 중국의 절반을 점령하여 청조를 위협하던 '태평천국의 난(1850~64)'을 진압한 양강총독 증국번曾国藩의 문하에 있으면서 두각을 나타내었고, 그 후 산동에서 일어났던 '염군의 난 (1852~68)' 진압을 단독으로 끝마무리하여 큰 명성을 얻었다. 이후 그는 청말의 주요 외교를 거의 혼자서 처리하여 중국의 대외교섭에서 제일인자로 떠올랐다. 그것은 만주족의 지배계층을 이룬 청나라에서 한족출신으로는 가장 지위가 높았기 때문일 것이다.

그후 40년동안 중국의 중대사건 중 이홍장과 관련되지 않는 것은 거의 없게 되었다. 당시 세계는 모두 이홍장을 중국의 제일인자라고 여겼다. 조선에 원세개를 파견하여 조선을 둘러싼 외세에 대항한 것도 이홍장의 결정이었다.

청일전쟁은 조선을 둘러싸고 청국과 조선으로 대표되는 기존의 동아시아의 질서에 일본이 도전한 전쟁이었다. 여기에서는 조선과 청국이 전쟁터가 되었으며, 청일전쟁에서 조선인들의 인명피해가 가장 컸다.

* * * * *

1894년 1월, 전라북도 고부군에서 시작된 동학농민의 봉기는 3월 하순에는 조직적인 농민의 무장형태로 발전하여 전라도 전역을 누비고 파죽지세로 북상하였다.

조정에서 진압군을 파견하였지만 농민군의 기세를 꺾을 수는 없었고, 전라감영이 있는 도시 전주가 마침내 농민군의 손에 넘어갔다. 조선 500년 사상 감영(각 도의 관찰사가 집무하는 관청) 점령에까지 이른 것은 조선 역사상 처음 있는 일이었다.

'시모노세키 강화조약'의 일본과 청국의 대표:
'시모노세키 청일전쟁 강화조약'에 대하여 일본은 다양한 형태의 우키요에를 남겨 승전사실을 자랑하고 있다.

농민군은 사실상 전라도 전역에서 최소 3개월 이상 민중 자치를 실현하기도 했으나, 외세의 간섭을 우려한 농민군은 정부와 협상에 나섰고, 그해 5월 조선 정부가 농민군의 개혁 요구를 받아들이기로 약속하자 농민군은 해산하였다.

이보다 앞서의 일로서, 다급해진 조정은 청나라에 출병을 요청하여 청나라가 군대를 보내자, 이 기회를 놓치지 않고 일본도 인천에 군대를 상륙시켰다. 청국과 일본의 군사파견은 모두 6월에 있었다.

이로서 오랜기간 벼루어온 일본의 조선 침략이 본격화되어 한달 후인 7월 23일, 일본군의 경복궁 습격으로 청일전쟁은 시작되었다. 청국은 연이어 패배하였으며, 동시에 충청·전라·경남 일대의 동학군은 일본과 조선의 연합군에 의하여 철저히 소탕되었다.

> 따라서 일본군의 경복궁 기습 점령에 맞서 싸우던 호위군들이
> 청군과 함께 일본군에게 저항한 평양성 전투, 그리고 일본군과
> 손잡은 조선의 정부군에 맞서 다시 봉기한 동학농민군의 2차 봉
> 기는 청일전쟁의 실체가 한중일 3국의 동아시아 전쟁이었음을
> 말해준다. 그것도 조선 땅에서 민중 홀로 치렀던 처절한 전쟁이
> 었음을.[16]

동시에 청나라의 멸망으로 우리 조선의 숨통은 끊어졌고, 조선의
백성들은 만주로 흩어졌다. 청국이 조선에 대한 태도가 어떠했고,
이홍장이 대원군을 청으로 압송하여 어떠했다거나, 원세개가 조선
의 왕에게 어떠한 위세를 부렸던 간에[17] 청나라의 숨통은 결국 우리
조선의 운명과 함께 멈추어버렸다.

청일전쟁은 한반도 내에서 조선의 동학군을 진압한 전쟁이며, 한
반도의 물자와 인력을 일본이 강제로 차출해 치른 전쟁이다.

이토 히로부미는 이때의 청일전쟁 강화조약의 주역이었다. 이 청
일전쟁의 핵심인물들인 '이토, 야마카타, 카쓰라 타로'의 3인은 조선
의 숨통을 끊은 일본 제국주의의 거두이자 조슈가 배출한 일본의 대
표적 위인으로 청일전쟁이 발발하던 해인 1894년, 무려 한일합방의
16년전에 이미 왕인박사를 교육모델로 내걸고 조선 백성을 다스리
기 위한 준비작업에 들어갔다.

청일전쟁의 강화조약이 일본의 수도인 도쿄나 또는 일본 제2의
도시인 오사카 등에서 이루어지지 않은 것은 그 전쟁의 주역들이 조

슈 번 출신으로 전쟁의 영광을 자신들의 고향에서 재현하려고 했음이 분명하며, 그것이 고향 조슈(현재 야마구치)의 항구 도시인 시모노세키에서 있었던 것이라고 짐작된다.

이들의 전승기념관이라고 할 수 있는 '일청전쟁 강화기념장'의 정원에는 당시 수상이었던 '이토'와 외무대신 '무츠 무네미츠'陸奧宗光의 흉상이 거만한 위치에서 탐방객들을 내려보고 있으며, 특히 우리

청일전쟁 항복문서 조인식의 승리자:

'시모노세키'의 '춘범루'라는 요정에서 청일전쟁의 강화조약이 있었고, 현재 앞뜰에는 당시 일본의 수상인 '이토 히로부미'와 외무대신 '무쓰 무네미쓰'陸奧宗光의 흉상이 높게 설치되어 있다.

청의 대표 이홍장이 회담장에 올라온 길인 '이홍장 길'이 바로 근처에 있어서, 일본인들의 일본의 영광을 재현하고 있다.

한국인들과 중국인들에게 위압감을 더하였다.

그때까지 '무츠'가 누구인지 얼른 몰랐던 이쓰코는 승리자 일본의 대표라는 나의 설명에 '이토'와 '무츠' 두 사람의 흉상(가슴 위부터 표현한 인물상)이 말만 흉상일 뿐으로 받침대가 지나치게 높아서 위에서 내려다보고 있다고 지적하였다. 여인은 자신의 직감으로 사소한 곳에까지 승리자의 존재감을 표출하려는 일본의 의도를 정확히 짚어내었는데, 그것은 나를 위한 것이다.

* * * * *

일찍이 청나라 말기 직예총독 겸 북양대신 등의 요직에 있던 이홍장(당시57세)이 퇴임 후 중국을 순방한 미국의 그랜트 전대통령을 맞이했을 때는, 비록 아편전쟁에서 패하였지만 청이라는 대제국은 위엄과 자신감이 아직도 남아 있었다. 이때 두 사람은 마치 오래된 친구처럼 느꼈다고 한다.

태평천국의 난을 진압하면서 이름을 날린 대정치가인 이홍장이, 미국의 남북전쟁에서 승리하여 같은 군인 출신으로 대통령에 오른 역사적 인물인 그랜트한테 자신의 이상상理想像을 투영하려 했음은 충분히 짐작되는 바가 있다.

아편전쟁(1840년)에서의 패전 이후에도 청은 양무洋務 운동을 통한 서양의 문물을 받아들이는 개혁으로 충분히 부활할 수 있는 기회를 만든다는 희망이 아직도 남아 있었다.

'야마카타 아리토모'와 '카쓰라 타로':

청일전쟁에서, '야마카타 아리토모'(좌)는 조선군 사령관으로 조선
반도를 휩쓸었고, 러일전쟁에서는 전군 참모총장이었으며 나중에
수상에 올랐다.

나중에 수상으로 조선의 숨통을 끊은 '카쓰라 타로'(우)는 조선주둔
제3사단장으로 황해도에서부터 진격하여 중국 요동의 해성과 영구
를 점령하는 등 우리의 강토를 휩쓸고 지나간 자들이다.

이 두 인물과 데라우치는 조선멸망의 핵심역할을 3인방으로 모두
조슈 출신들이다.

1894년의 청일전쟁은 서구 열강에게 패한 아편전쟁보다도 더한
충격을 청나라에 던졌다. 이 전쟁에서의 패배 이후 청나라는 생존의
전망이 불투명해질 정도로 어두운 그림자가 드리워졌다.

17년 후인 1896년 이홍장이 미국을 방문하였을 때, 이제는 고인
이 된 그랜트 대통령(1822~85)의 묘비를 끌어안고 한없이 눈물을 흘
렸다는 이야기가 떠올랐다. 어쩌면 이홍장이 끌어안고 눈물을 흘렸

다는 묘비는 그랜트 대통령의 묘비라기보다, 쓰러져 없어진 조선의 운명이자 바야흐로 같은 운명의 나락으로 떨어져가는 청나라의 운명이 아니었을까?

처음 중국에 왔을 때 그랜트 대통령은 보석이 박힌 상감장식의 지팡이를 가지고 있었고, 이홍장은 그것을 선물로 갖고 싶다고 이야기를 하였는데, 이에 대하여 그랜트 대통령은 그 지팡이는 지역상공인들이 기증한 것으로 귀국하면 그들의 의사를 물어보고 주겠다고

그랜트 미국 전대통령과 이홍장, 1879년:

1879년 일본이 류큐(오키나와)를 병합하여 자국의 영토로 편입하자, 그랜트 미국 전대통령은 일본의 류큐 병합으로 아시아에서 힘의 균형이 일본에 쏠리는 것을 경고하려 중국을 방문하였고, 천진天津에서 당시 최고실세인 이홍장을 만나 친교를 맺었다.

세계의 많은 지도자 가운데, 이홍장이 존경했던 인물은 몇 손가락밖에 안되며, 그중 그랜트 대통령에 대한 존경심은 각별하였다.

약속했다. 귀국 후 대통령은 바쁜 중 이를 잊어버렸고 얼마 후 서거하였다.

이제 총리대신으로 미국에 온 이홍장은 대통령의 지팡이 얘기를 회고하였고, 그것을 들은 대통령의 미망인은 마침 연회에 자리를 같이 한 지역 상공인들의 박수로 대신한 동의를 얻어 이홍장에게 주었다는 에피소드가 있다.[18]

천하의 이홍장이 하찮은 지팡이 하나에 연연하여 그것을 가지고 싶어한 것도 그랜트 대통령에 대한 지울 수 없는 애정에서, 또 망해가는 청국으로 대변되는 자신에 대한 회한에서 그러했을 것이 아니었을까? 이홍장은 같은 무인출신으로 남북전쟁의 영웅인 그랜트 대통령에 투사했던 과거와 실패한 자신을 향하여 끝없는 회한의 눈물을 속으로 흘렸을 것이다.

당시 청을 방문한 세계적인 거물들 특히 유럽의 유력한 인사들의 대부분은 부랑배들과 진배없었다. 각국의 대사 또는 공사 혹은 유력인사 등의 화려한 명함을 내밀었지만 이들 모두는 이홍장에게 각종 청탁과 협잡, 불법으로 인하여 구금된 자국인들의 구출운동, 상식에 어긋난 이권의 개입, 그리고 이런 것이 잘 먹히지 않을 때 들이대는 협박 등으로 일관하였던 것이다.

이러한 세상의 모든 악을 끌어 모아온 서구 제국주의자의 대열에서 벗어난 예외의 인사가 남북전쟁에서의 영웅인 율리시즈 그랜트 대통령이었던 것이다. 그랜트 전대통령의 방문은 협박이나 압력 등과는 거리가 먼 순수한 동기, 그야말로 외교상의 충고를 위하여 들렀

전성기의 이홍장:

태평천국의 난과 뒤이어 일어난 염군의 난을 진압했을 때, 이홍장은 그의 당당한 풍채와 함께 천하에 위명을 떨쳤다.

던 드문 케이스로 이홍장에게는 특별한 손님이었던 것이다.

또 다른 예외의 한 명은 은퇴 후 독일의 고향에서 이홍장을 맞이한 독일 통일의 영웅인 비스마르크가 있다. 이때 이홍장은 망해가는 청조의 앞날에 대한 비책이라도 구하기 위해 세상의 끝에라도 달려가는 심정으로 비스마르크를 방문하였을 것이다.

이때는 이미 대제국 청의 운명이 기울고, 전대미문으로 다가온 서양의 제국주의와 식민주의의 침략 앞에 중화의 질서 또는 동양의 전통적 가치들이 갈갈이 찢어지던 시기였다.

기념관의 방에는 이홍장이 항복문서에 조인하며 앉았던 의자와 그의 수하로 있던 이경방과 마건충 등 의자마다 이름을 새긴 팻말을 세워 일본의 영광을 재삼 확인하고 있는데, 그것은 시모노세키가 조슈 번에 속한 지역임을 다시 한번 실감하게 하였다. 시모노세키 조약은 청나라와 함께 조선도 그 순간 지상에서의 존재가 사라지게 하는 사형선고문이었다.

동아시아 질서의 황혼과 격변을 대변하는 이홍장은 5년 뒤 또다

청일전쟁 항복문서 조인 장소의 재현:

'시모노세키'의 '춘범루'라는 요정에서 청일전쟁의 강화조약이 있었고, 현재는 그 옆에 별도 기념관을 지어 놓아 당시의 항복문서 조인 장소를 재현해 놓았다.

일본측 대표인 '이토', '무츠'와 청의 이홍장, 이경방, 마건충 등이 앉았던 의자의 뒤에는 각자의 이름을 새긴 팻말이 세워져 있어 당시 일본의 영광을 재현하고 있다.

시 의화단사건(1900년)의 굴욕적 강화조약인 북경조약을 맺은 후 다음 해에 파란만장한 인생을 마감하였다.

이홍장과 그의 막료의 이름이 의자에 새겨져 진열된 회담장, 이토 히로부미와 무츠 무네미츠陸奧宗光의 흉상이 세워진 정원을 뒤로하고 나오면서 무어라 말할 수 없는 기분이 되었다. 거기에는 망국의 고종황제와 민황후,[19] 그리고 청일전쟁에서 철저히 또 잔혹하게 소탕되었던 동학군 등 아직도 안식처를 찾지 못하는 혼령들이 떠도는 것 같았고 속으로 흐르는 눈물을 가눌 수가 없었다.

뒤따라 나오는 이쓰코는 나의 얼굴색이 "안좋아 보인다"You look pale고 말했다. 나는 이때의 복잡한 감정을 영어로는 이쓰코와 자유자재로 소통할 수가 없었다.

무츠 무네미츠陸奧宗光

1894년 조선에서의 동학병 발발을 구실로 일방적으로 군대를 파견하여 농민군을 학살하는 한편, 청일전쟁의 계획을 꾸민 장본인은 일본 외무대신 무츠 무네미츠이다.

무츠는 당시 조선침략을 기획한 실무자이자 최고 책임자였다.

한중일의 3국전쟁
— 청일전쟁

일반적으로 청일전쟁이라고 하면 당연히 청일 간에만 벌어진 전쟁으로 알려져 있다. 보통 청일전쟁은 아산 앞바다의 풍도 해전으로부터 시작된 것으로 서술되고 있으나, 이것은 일본이 교묘 진실을 은폐한 결과이다.

실제 청일전쟁은 조선 땅에서 일어났으며 조선의 군대가 참가해 싸운 전쟁으로 청일전쟁을 '3국전쟁'으로 불러야 하는 타당성은 여러 곳에서 발견된다. 먼저 아래에 일본인 학자의 글을 살펴보자.[20]

> 청일전쟁은 무엇을 가리키는가? 이 책은 '광의의 청일전쟁'을 아래의 세 기간을 합한 것으로 규정한다.
>
> > 7월 23일의 조일전쟁 (경복궁 점령)
> > 보통 우리가 알고 있는 청일전쟁 (1894. 7. 25~1895. 4. 17)
> > 대만정복전쟁 (1895. 5. 10~11. 30)
>
> 일본 정부는 '7월 23일 전쟁'(경복궁 점령사건)을 은폐하였고, 이로써 공식 전사에는 존재하지 않게 되었다. 일본의 각 신문은 실시간으로 이 전쟁을 보도했으나 청일전쟁이 끝났을 때 '7월 23일 전쟁'은 잊어버렸다.

청일전쟁은 주로 청·일 양국의 군사대결 뿐만 아니고, 한반도 내에서 일본군과 동학군 간의 조일전쟁朝日戰爭을 수반한 전쟁이기도 하였다. 청일 간의 전투가 한창 벌어지던 1894년 10월, 전라·충청도에서 전봉준·손병희 등은 동학군을 이끌고 조선을 강점한 일본군에

대항하는 전투를 개시하였는데 아래와 같다.[21]

이 동학의병의 항일 군사활동은 당시 요동·산둥반도에서 청군과 전쟁을 벌이던 일본 측에서 볼 때는 후방을 교란하는 중대한 위험이었다. 때문에 일본의 대본영은 동학병을 무력으로 조기 진압하기로 결정하고 조선 관군의 지원을 받아 본격적인 토벌전을 벌였다.　　　　　　　　　　　　　　　　　　　〈중략〉

이어 전봉준과 김개남 등 동학병 지도자들이 그해 12월 말경 체포되어 조일전쟁은 일단락되었다. 이노우에 가오루^{井上馨} 일본공사가 지휘한 동학병 토벌작전이야말로 일본이 청일전쟁 중 조선에서 벌인 '선전포고 없는 전쟁'이나 다름없었다.

또한 아래에서도 청일전쟁에 있어서의 조선 동학군의 비중을 강조하고 있고, 잔악한 토벌이 있었음을 볼 수 있다.[22]

청일전쟁 – 일본군의 평안북도 정주성 점령도

1894년의 '청일전쟁'은 '한중일 전쟁'으로 불러야 한다. 이 전쟁에서 일본군의 경복궁 수비대와의 전투, 동학농민군과의 대규모 전투 등 조선인들과 큰 무력충돌이 있었기 때문이다.

일본에 대한 전쟁협력을 거부하자는 동학의 호소가 1894년 7월 하순에 접어들면서 퍼져나갔다. 군용전신을 파괴하고 병참선과 병참부를 습격하는 동학군을 토벌하는 일은 청일전쟁의 승패를 결정짓는데 중요한 문제였다.

더구나 동학 토벌의 귀추는 러시아군이 개입하는가의 여부에 따라 달라질 수 있기 때문에 일본의 승리가 위태로워질 수가 있었다. 10월 무츠 무네미츠 외상은 이노우에 조선주재 공사에게 전보를 보내, 동학세력이 조선 북부로 향하지 못하도록 하라고 엄중한 주의를 촉구했다.

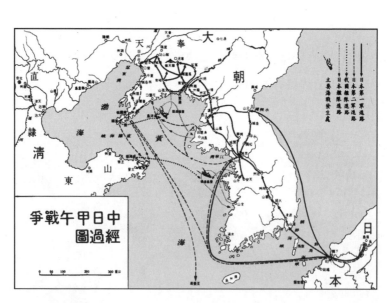

청일전쟁 지도:

청일전쟁은 조선이 주 전장터가 되었음을 알 수 있다. 지도에는 없지만, 전쟁 중에 일본군은 삼남지방에서 동학군의 저항을 무자비하게 진압하였다.

사진출처: http://news.sina.com.cn/

전봉준을 맹주로 한 동학주력의 2차 무장봉기는 10월에 일어났다. 11월부터 다음해 1895년 4월까지 동학군을 본격적으로 탄압했다. 탄압부대의 주력은 2,700명의 일본군이었다. 여기에 2,800명의 조선정부군과 조선의 양반 사족 등이 참가한 민보군이 가담하였다.

촌 구석구석을 수색하는 토벌작전을 계속하여 서남단인 해남, 진도까지 몰아붙였다. 문자 그대로 섬멸이었다. 5개월동안 농민군이 치룬 전투는 46차례, 농민군 참가인원은 연 134,750명으로 추정된다. 또 하나의 청일전쟁이었다.

여기에서 우리가 눈여겨 보아야 하는 것은, 조선의 동학군이 비록 낡은 전투장비를 갖춘 농민군이라고는 하여도 대규모 군대였으며 분명히 청일전쟁을 3국전쟁으로 불러야 하는 충분한 근거가 있다. 다음의 글도 이러한 정황을 보여주고 있다.[23]

1894년 8월 1일 일본은 정식으로 '청에' 선전포고를 했다. 이 때문에 우리는 이 전쟁을 청일전쟁이라 부른다.

하지만 일본은 선전포고에서 전쟁 상대국을 '청국 및 조선'으로 할지 아니면 '청국' 만으로 할지 여섯 차례나 수정을 거듭하다가 결국 조선을 제외시키는 것으로 결정했다.

이것은 만약 경복궁을 기습 점령하여 조선 정부를 일본에 협조하도록 만들지 못했다면 '청국 및 조선'이 전쟁 상대국으로 설정될 수 있었음을 말해준다.

청일전쟁 중 반항 조선인을 마구 처형한 일본군:

신화통신 출처로 '日軍大肆虐殺反抗的朝鮮百姓' 라는 설명이 있으며,
'중국인민 항일전쟁 기념관' 자료가 인용되어 있다.

출처: 新华网 XINHUANET.COM http://big5.xinhuanet.com/

청일전쟁의 시작점[24]
― 경복궁 습격(7월 23일)

그런데 청일전쟁의 발단일인 7월 23일을 좀 더 살펴보면, 여기에
열거된 여러 정황들은 이 날짜로부터 청일전쟁이 시작되었음을 알
리고 있다.[25]

7월 20일 오전 오토리大鳥圭介 공사는 조선주둔 혼성여단장에게
전투를 통한 왕궁점령, 국왕의 생포, 현정부의 타도, 대원군 신정
부의 수립을 제안하였다. 당연히 전쟁으로 간주해야 할 내용이
었다.

7월 23일 오전 일본은 청국의 전신을 끊고, 국왕이 거주하는 경복궁을 공격하였다. 건춘문과 춘생문 부근에서의 몇차례의 총격전이 벌어져 조선병 77명의 사상자가 발생했으며, 계획의 중심이었던 국왕(고종 황제) 을 생포하였다.

이때 경복궁을 습격한 장본인은 오오시마 요시마사^{大島義昌}로 현 일본 총리 '아베 신조'의 증조부뻘 되는 사람이다.

오시마 요시마사^{大島義昌}

조슈 출신. 1894년 6월 청일전쟁에서 혼성 제9여단장(제1군 소속)으로서 4천명을 이끌고 조선출병에 파견되어, 경복궁을 습격하여 고종을 사로잡고 청군 작전에 진입하였다.

청국 육군과의 서전인 성환전투에서 승리를 거두었고, 그후 평양육전, 압록강 공방전. 요동의 우장^{牛莊} 전투 등에서 활약하였다. 다음해인 1895년에 남작에 봉해졌다.

1898에는 제3사단장으로서 러일전쟁에 출정, 1905년 육군대장에 올라 1912년까지 점령지의 군정실시로 신설된 관동총독(다음해 관동도독으로 명칭변경)에 취임하여 만주경영을 담당했다. 1907년 자작에 올랐고, 1921년에는 군사참의관을 겸하였다.

둘째사위가 육군군의감 혼토^{本堂恒次郎} 이며, 혼토의 딸 시즈코^{靜子}가 현 일본 현 수상 아베신조^{安倍晋三}의 조모이다. 즉 아베 신조는 증손뻘이 되는데, 아베신조의 외증조부가 오시마가 된다.

또한 '한국민족문화대백과'에서도 아래와 같이 7월 23일이 청일전쟁의 시작일임을 알리고 있다.[26]

청일전쟁은 7월 23일, 일본군이 경복궁을 공격함으로써 시작되었다. 이어 일본군은 서울의 조선군대를 무장시킨 다음 아산 근처에 집결한 청군을 공격할 태세를 갖추었다.

신영우 충북대 교수는, 일본군이 경복궁을 기습 점령한 7월 23일을 두고 "이날 조선왕조는 망한 것과 다름 없었다"고 말하고 있다.

위의 모든 내용들은 7월 23일에 일어난 일본군의 경복궁 기습점령은 청일전쟁의 시발점임을 알리고 있으며, 이후에 있었던 일본군과 동학군과의 교전을 포함하여 청일전쟁은 '한중일 3국전쟁'으로 바꾸어 불러야 하는 충분한 타당성이 있는 것이다.

잔학하게 소탕되었던 동학군

앞에서 청일전쟁에서 일본군이 후방안정이라는 형태로 동학군을 잔인하게 진압하였던 과정은 다음과 같다.[27]

청일전쟁에서 일본군의 승리가 명백해졌을 때 동학농민군이 재봉기를 결정했다. 히로시마 대본영은 후비보병 제19대대를 증파하면서 동학군의 학살령을 내렸다. 공주, 장흥, 김제 진주, 홍주성, 연산, 보은 등에서 자행된 학살은 무자비했다.

그런 학살령의 발원지가 바로 히로시마의 대본영이었다. 히로시마 대본영은 얼마나 무서운 곳인가? 조선 국왕도 히로시마 대본영의 명령 하나에 인질이 되었다. 강제로 동맹조약을 맺은 조선 정부는 관청과 막사를 일본군에 제공해야 했고, 행군로의 지방관은 일본군 장교의 지시를 받아야 했다. 대본영은 조선 국토를 철저히 유린시켰다.

청일전쟁의 결과 맺어진 시모노세키 조약에서 일본은 요동을 할양받기로 하였으나 러시아 등의 삼국간섭(방해)이라는 복병을 만나 요동을 다시 내어놓게 되었다. 러시아는 일본의 코베 앞바다에 군함을 파견하여 압박하고는 프랑스, 독일과 연합하여 압박한 것이 삼국간섭이다. 일본은 영국이나 미국에게 도움을 요청하였으나 반응이 없자 결국 압력에 굴복하고 말았다.

이 3국간섭은 유럽 열강에도 청국을 분할하는 단서를 열어주어, 독일·프랑스·영국 등 열국도 앞을 다투어 군대를 파견하여 조차지를 요구하였으며, 러시아는 만주에 철도 부설권을 획득하고 요동반도를 조차租借 하였다. 아편전쟁 후 청에 대하여 열강의 대규모 침략이 다시 시작된 것이다.

1894년 10월 한참 청일전쟁 중에 신임 일본공사 이노우에 가오루井上馨가 서울에 부임하여 친일인물들이 대거 포진한 2차 김홍집 내각을 발족시켜 조선에 대한 일본의 본격적인 간섭이 시작되었다.

이제 이노우에 가오루에 의한 조선통치가 시작되었다.[28]

청일전쟁의 에피소드
– 여순참안旅順慘案

1894년 11월 중의 나흘간, 일본군이 여순을 함락시키면서 저지른 여순참안旅順慘案 이라는 대학살극이 있었다. 다음해에 청나라는 만충묘를 조성하고 전각과 비석을 세워 기념을 표하였으나, 11년 후인 1905년의 러일전쟁에서 일본은 다시 여순을 점령하여 만충묘 비석을 훔쳐 감추었다.

43년후인 1948년, 중국의 여순 정부는 만충묘를 재건하고 영시불망(永矢不忘: Never forget! 절대로 잊지말자!)이라는 편액을 걸었다.

조선의 동학란에서 시작한 청일전쟁의 참화가 중국의 여순에까지 이른 것을 만충묘에서 볼 수 있는데, 그 중심에는 오야마 이와오大山巖의 제2군 아래에서 보병제1여단을 이끌고 출정한 노기 마레스케乃木希典가 있다. 다음은 내용의 일부이다.[29]

여순이 함락되고 일본군은 여순에서 세상을 참혹하게 말살하는 여순참안旅順慘案을 만들었는데, 사흘동안 전역이 피로 적시고, 18,000여인을 도살하였다. 이를 목격한 한 영국인 앨런阿倫이 여순함락기旅順落難記를 남겼다. "일본군이 지나간 후 거리의 곳곳에 시체가 쌓였다.   〈중략〉

연못가에서는 일본군이 백성들을 쫓아 연못 속에까지 쫓아갔다. 물속에 머리가 잘리고, 허리가 잘리고, 배가 터진 시체들로 가득 찼다. 또 다른 지방에서는 10명의 일본군이 많은 중국인 도망자를 잡아서 여럿이 변발을 묶은 후, 총검술 과녁으로 삼았다. 일부는 손을 자르고, 다리를 자르거나 도끼로 머리를 내리쳤다."

식민통치의 기반을 닦은
조슈벌과 조선주둔군

조슈벌은 조슈 출신의 인물로 이루어진 일본 육군의 파벌이다. 조선은 이들 군벌 세력의 이권에서 핵심이었으며, 조선주둔군을 통하여 다시 이들 인맥이 확고해지고 이들의 권력이 재창출되었다.[30]

조선이 제국주의자들의 먹이로 전락한 상황을 이처럼 짧고 명확하게 설명한 말은 없었으며, 이로서 조선에 대한 명치세력과 에도막부의 태도에는 근본적으로 차이가 있었음을 파악할 수 있다. 글은 아래에 계속된다.

섬나라 일본의 미래는 조선을 식민지로 만들고 이를 발판으로 대륙까지 침략하는데 달려 있다는 인식은, 일본을 사실상 지배하고 있던 조슈벌長州閥의 지도자들, 즉 '이토오 히로부미, 야마가타 아리토모, 카츠라 타로, 데라우치 마사다케'로 이어지는 정계와 육군의 핵심 인사들 사이에 공통된 것이었다. 그 선봉에 한국주차군이 있었다.

한국주차군은 일본을 위해서만이 아니라 조슈 파벌 소속의 정치인, 관료, 군인들이 정치적 영향력을 유지하는 데도 중요한 기반이었던 것이다.(1910년 조선주차군으로 명칭바뀜)

그래서 1910년대 제1대부터 제3대까지의 조선주차군 사령관 세 명은 모두 야마가타의 영향력 아래 있는 사람들로 임명되었을 정도였다.

더 나아가 제1대 총독인 '테라우치 마사다케'가 제18대 수상에 임명되자, 그를 이어 제2대 총독이 된 사람도 조슈벌의 핵심인 육군대장 '하세가와 요시미치'張谷川好道 였다.

조슈의 인물들은 저마다 조선에 출병하여 높은 자리를 차지하였으며 식민통치의 기반을 닦은 것이다.

조선을 무대로 하여 영달한 조슈 출신 인물들은 앞에서 살펴본 인물들과 거물 정치인인 다나카 키이치, 이노우에 가오루 외에 을미사변에서 민황후를 시해한 주범인 미우라 고로三浦梧樓, 그리고 제2대 조선통감 소네 아라스케曾禰荒助, 제2대 조선총독 하세가와長谷川好道가 그들이다.

다나카 키이치와 이노우에의 출생지는 하기에서 중요한 유적으로 지정되어 있고 동상이 세워져 있으며, 하기의 관광책자나 포스터 등의 소개에서도 빠지지 않는 인물이다.

아래에서 이들과 나머지 조슈 출신 인물들을 살펴본다.

조선을 무대로 영달한 조슈출신 인물들

조슈 출신으로 아래 4명의 인물은 앞에서 설명하였다. 이들 외의 조슈 출신으로 조선을 무대로 하여 영달한 인물들을 밑에 추가 설명하였다. 이들의 출세는 대부분 청일전쟁과 러일전쟁이 그 계기가 된 것을 볼 수 있다.

키도 타카요시^{木戶孝允}	명치유신의 3걸, 명치정부의 실세
이토 히로부미^{伊藤博文}	총리대신, 공작
야마가타 아리토모^{山縣有朋}	총리대신, 공작
카츠라 타로^{桂太郎}	총리대신, 공작
오시마 요시마사^{大島義昌}	경복궁습격, 남작

다나카 기이치^{田中義一}

하기의 조슈 번사 출신. 육군대장, 남작. 총리대신.

청일전쟁, 러일전쟁에 참전. 대외적으로는 대중국 침략의 강경외교정책을 취했다.

청일전쟁에서는 제1사단장 부관으로 참전하였고, 러일전쟁 때는 만주군 참모로 출정하였다. 그 후 육군성 군무국장으로 2개 사단 증설을 강행시켰으며, 육군참모차장을 거쳐 하라 다카시^{原敬} 내각의 육군대신(1917년)에 취임하여 군비확장에 진력하였고, 시베리아 출병을 추진하였다.

1923년 야마모토 곤베^{山本權兵衛} 내각에서도 육상의 자리를 맡았고, 1927년 총리에 취임하였고 강경외교노선을 고수했다.

이노우에 가오루^{井上馨}

1885년 이토가 총리가 되자 같은 하기 출신이자 친구였던 이노우에는 연이어 외무상·내무상·대장상을 역임했다. 후작 서임.

1876년 특명전권 부변리대신^{副辨理大臣}이 되어 사쓰마 출신의 변리대신 '구로다 기요타카'^{黑田淸隆} 와 함께 내한, 조선정부에 운양호 사건에 대한 책임을 추궁하여 한일수호조약을 체결하였다.

제4차 이토 내각의 붕괴 이후, 총리대신에 낙점되었으나, 스스로 사퇴하여 '가츠라 타로'에게 양보하였다. 이토가 사망한 이후, 겐로元老로서 정관계와 재계에 절대적인 영향력을 행사하였다. 명성황후의 시해사건인 을미사변을 야기한 인물로도 알려져 있다. 1907년에는 후작이 되었다.

미우라 고로三浦梧樓

조슈 번 '하기' 성 밖의 나카쓰 강 출신으로 [31] 막부타도 운동에 참여하고, 메이지유신 후 신정부의 군인이 되었다. 육군중장으로 예편 후 귀족원 의원이 되었다.

1895년 주한공사로서 조선에 부임한 그는 10월 8일 새벽 러시아 세력을 몰아내기 위하여 일본군과 경찰 및 신문사 주필 등 지식인들을 동원하여 명성황후를 시해하고 그 시신을 불태웠다. 이로 인해 일시 투옥되었다가 곧 석방되었다. 1910년 추밀고문관이 되었고, 이후 계속하여 정계의 배후 조종자로서 활약하였다.

을미사변의 주범들

1895년 경복궁의 새벽, 수백명의 일본군과 조선군으로 건청궁乾淸宮 안은 아수라장이다. 신문사 사장부터 칼을 들고 지휘한다. 암살단1조 대장은 아다치安達謙藏 사장, 2조 대장은 주필 쿠니토모國友重章, 편집장 고바야카와小早川秀雄 그리고 공사관 무관, 외교관, 일본 경찰 등 40여명의 살인마들...   〈중략〉

한성신보漢城新報는 일본 외무성이 자금을 지원하는 정보센터 및 공작 기지였다. 편집장은 뒷날 민후암살기閔后暗殺記 까지 펴낸다.

일본은 명성황후 시해사건이 일본정부 차원에서 이루어진 것을 은폐하기 위하여 낭인들의 소행으로 주장하여 왔다. 일부 군인·경찰도 있었지만 재야 정치인이자 지식층이 많다. 신문사 종사자들은 미국 하버드대학, 프랑스 등 유학파 지식인들이 많았다. 시해사건을 주모한 자들의 역할은 다음과 같다. 물론 최상부에는 이토 통감과 무츠 외상이 있었다.

입 안 자: 이노우에 가오루井上馨 (전 주한공사)
행동대장: 미우라 고로三浦梧樓 (주한공사)
총괄모집책 : 아다치 겐조 (한성신보 사장), 후에 내무대신 지냄
행동대원: 군인, 경찰, 신문사 주필·기자 등 지식인

출처: '안보길의 역사순례' 안보길, 뉴데일리, 2014. 8. 11.

* * * * *

미우라의 참모이자 시해사건의 가담자인 시바 시로柴四郎(사진)는 하버드와 펜실바니아 대학에서 경제학을 공부한 고급지식인으로, 다음은 그에 대한 일본어 위키피디아의 프로필이다.

명치천황부터 다이쇼大正 천황에 걸친 정치가·소설가. 아이즈会津번의 번사로 무진전쟁·서남전쟁에 종군. 오사카 매일신문의 초대주필. 을미사변에 관련하여 수감되었으나 재판에서 무죄방면.

농무성 차관등을 지냄.

대만군사령관·동경위수총독인 육군대장 시바 고로柴五朗가 그의 동생이다. 동생은 형을 두고 '동양의 영걸 – 시바 시로柴四郎'라는 글을 남겼다.

* * * * *

미우라는 낭인들은 물론이고 외무성직원까지 이끌고 궁궐로 난입한다. 외무성 직원 중에 사쓰마 출신이 4명, 군인 8명 중에서는 조슈번 출신이 4명이다.

낭인들은 히젠번(구마모토 현) 이 21명으로 단연 큐슈 출신들이다. 죠슈·사쓰마·히젠 같은 세력들이 대거 명성황후 시해에 참여함을 알 수 있다. 즉 정한론의 고향도 이들이었으며 명성왕후 시해의 주동자들도 이들이었다.

출처: '제국의 바다, 식민의 바다' 주강현, 대구사학 제91집(2008)

테라우치 마사타케^{寺内正毅}

초슈 번사 출신으로 초슈번 周防国 山口 (현 야마구치 시) 출생. 원수육군대신, 백작 서임, 육군대신, 외무대신, 내각총리대신, 대장대신 등 역임했다. 3대 조선통감에 취임하여 조선 합병을 추진하였고, 합방 후 초대 조선총독이 되었다.

일본 군부에서도 지모와 처세가 살모사와 비슷하고 비정함이 독사와 같다는 평이 있었다.

노기 마레스케^{乃木希典}

초슈번의 지번^{支藩}인 초후번^{長府藩}의 번사출신. 독일에 유학하여 군사제도와 전술을 공부한 후 청일전쟁에 보병 제1여단장으로 출정했다. 대만총독을 지냈고 러일전쟁의 승리를 이끈 육군대장.

러일전쟁 당시에 한국 주차군사령관으로 부임하여 무력으로 일제의 조선강점을 뒷받침하였으니 수많은 의병장들이 그의 손에 죽었다.

소네 아라스케柴禰荒助

조슈번 나가토長門国 출신으로 무진전쟁에 종군하였다. 육군성 근무 후 정치인으로 사법대신, 외무대신, 대장대신 등을 지냄. 자작.

1909년 기유각서를 체결하여 대한제국의 실권을 탈취하였으며, 그의 감독 아래 호남의병에 대한 '남한대토벌작전'이 실시되었다. 소네 아라스케가 부통감으로 있을 때 이토가 안중근에게 사살되었으며, 약 1년 동안 이토의 후임 통감으로 재직했다.

하세가와 요시미치長谷川好道

초슈번 출신, 자작서임. 서남전쟁과 청일전쟁에 참전하였으며, 러일전쟁의 압록강 회전과 요양 회전에서 승리하였고, 1904년 육군 대장으로 진급한 뒤 조선주둔 사령관을 역임했다.

이후 육군참모총장, 육군원수를 거쳐 1916년부터 3년간 제2대 조선총독으로 부임하였다. 재직 중 무단통치를 행하였고, 3·1운동을 무력으로 진압하였다.

코다마 겐타로兒玉源太朗

조슈번 출신(현 야마구치현 周南市). 서남전쟁 참전. 육군대장. 백작.

대만총독 시절에는 후에 만철의 초대 총재가 된 '고토 신페이'後藤新平와 협력하여 대만을 진압하였다.

1900년 이후 육군·내무·문부의 각 대신을 역임하였고, 그후 대본영 참모 차장 겸 병참 총감, 대장이 되었다.

러일전쟁에서 '만주군 총참모장'으로 요양회전, 봉천회전 등에서 총참모장 오야마 이와오天山巖 원수를 보좌하였다. 러일전쟁 후 육군참모총장과 남만주철도 창립위원장을 겸임하였다.

야마다 아키요시山田顯義

조슈번 하기 출생, 육군중장, 백작. 공부경(1879), 내무경(1881), 사법대신(1985). '금문의 변'禁門の変, 시모노세키 전투에 참전. 도바·후시미 전투에서 육군참모로 참전.

메이지유신기의 군인으로 신일본 설립의 공헌자였으며, 근대 일본의 법전 정비에도 공헌했다. 황전皇典 연구소의 소장으로 일본 법률학교(후에 일본대학), 국학원(후에 국학원대학)을 창설했다.

마에바라 잇세이前原一誠

하기출생. 막말·유신 시기의 도막운동가. '하기의 난'萩の乱의 실패 후 주모자로서 처형됨. 유신 후 참의 및 병부대신. 유신10걸 중의 한 명.

노무라 야스시野村靖

조슈 출생. 하급무사 출신. 쇼카손주쿠에 들어가 존왕양이에 경도하였고, 2차조슈정벌에서 활약함. 메이지유신 후 자작에 서임되었고, 추밀원고문관(1888), 체신대신과 내무대신(1894)을 지냄.

시나가와 야지로品川彌二郎

하기출생, '금문의 변'禁門の変과 무진전쟁에 참전. 마츠카타 내각에서 내무대신을 지냄. 자작.

코다마 히데오児玉秀雄**:**

야마구치현(옛 조슈번) 출생. 백작. 동경 제국대학 정치학과 졸업.

육군대장인 코다마 겐타로児玉源太郎의 장남, 테라우치 마사타케寺内正毅의 사위. 조선총독부 제7대정무총감.

1934년부터 척무·체신·내무·문부대신 역임. 패전 후 전쟁지도정부의 각료로 공직에서 추방됨.

전후에는 야마구치현(옛 조슈)에서 3명의 총리대신이 배출되었는데 모두 한 가족이며 다음과 같다.

기시 노부스케岸信介**:**

야마구치현 나가토(옛 조슈) 출생. 아베 신조 현 총리의 외할아버지. 만주국 최고위 관료로서 군·재계·관계에 광범위한 인맥을 구축하여 만주국 거물 5인 중 하나로 불렸으며 제2차 세계대전 A급 전범이다.

1948년 석방되었고, 1955년 자유민주당을 창당하여 자민당 55년 체제를 열었다. 1957년부터 3년 5개월동안 총리대신을 지냈고 재임중 평화헌법 개정을 주장했다.

사토 에이사쿠佐藤榮作**:**

야마구치 나가토(옛 조슈) 출생. 동경제국대학 법학부 졸업. 기시 노부스케의 친동생으로 전쟁 후 7년 8개월의 최장수 총리. 노벨평화상을 수상하였고 재임중 한일조약을 체결했다.

아베 신조安倍晋三:

도쿄에서 출생했지만 정치적 고향은 야마구치다. 중의원의원, 관방대신, 외무대신을 지낸 부친 아베 신타로의 지역구인 야마구치 4구(시모노세키·나가토)를 물려받았다. 기시岸信介의 외손자로 조슈의 전통적인 극우 유전자를 물려받았다. 2006년부터 1년간 총리를 지냈으며, 2012년 12월부터 지금까지 두번째 총리대신으로 있다.

▌간몬 해협에서

이홍장의 일대기와 아편전쟁 이후의 청나라가 망하는 과정을 그린 글을 읽을 때마다, 대제국이나 조선이 쓰러지는 과정에서 인간의 운명과 나라의 운명은 비슷하며, 그것의 시작과 끝은 참으로 알 수 없는 것이라는 생각이 든다.

청과 러시아의 대제국이 일본에 의해 쓰러진 것은 미국과 영국 등 서구 강대국의 든든한 배경이 있었겠지만, 이 조그만 하기라는 도시의 인물이 주도했던 것은 '하기'의 지세로부터 나온 것인가, 아니면 하늘의 운명이 그렇게 정해졌던 것인가?

그리고 이 글을 쓰는 중에도, 불과 얼마 전까지 로이터 통신에서는 이라크의 반정부군 ISIL(현재 이슬람 국가, IS)이 금융, 무역, 등을 장악했다는 뉴스를 곁다리로 보내주었는데, 불과 보름 밖에 안되는 어제(2014. 06. 30)는 **ISIL**이 시리아와 이라크의 상당부분을 점유하고 정식 정부를 선포하는 것을 보면 더욱 그러하다.

이러한 상념 속에서 조슈 여행을 마감하는 의미로 이쓰코와 함께 저녁식사 겸 맥주를 마시려고 시모노세키 역의 숙소에서 가까운 곳의 식당으로 향하였다. 그러자 동해에서 불어오는 해풍을 맞으면서 한반도가 바로 지근의 거리에 있음을 다시 한번 실감하였다.

조슈의 끝자락에 있는 시모노세키는 한일 간의 비극이 극명하게 서린 곳으로, 다음의 글이 떠오르며 나의 가슴을 더욱 눌러왔다.[32]

> 언제나 간몬 해협에만 서면 숨이 막힌다. 한국인의 한을 이만큼 품고 흘러가는 해협도 없기 때문이다. 시모노세키 사람들은 거창한 통신사 행렬을 지켜보며 이를 기록에 남겼다. 〈중략〉
>
> 목포부자인 극작가 김우진과 당대의 가수 황심덕이 바로 이곳에서 배를 타고 가다가 몸을 내던진 곳이기도 하다. 식민지 백성의 어쩔 수 없는 한계를 인식했던 몸부림이었을까?
>
> 그러하니, 시모노세키를 모르면 모르되 조금이라도 역사를 아는 자, 그 누구라도 역사의 무게를 감당하기 곤란하리라.

제3장

가고시마鹿兒島
─정한론의 성지

여행의 닷새째 되던 날, 이쓰코는 어려운 결정을 해야만 했다. 당초 이쓰코가 여행에 동행한 것은 사나흘 정도되는 일정으로 생각했기 때문이다.

"조슈와 사쓰마는 동일한 유신의 주도세력으로 지금까지 우리의 여행은 절반일 뿐이다. 이제 옛 사쓰마 번藩의 수도였던 가고시마를 마저 방문함으로서 우리의 탐사여행이 비로소 완성되는 것이다" 라는 당위성을 강조하며 이쓰코를 달래었다. 이쓰코는 결국 탐사여행의 마무리를 같이 하자는데 동의하였고, 가고시마 시를 마저 답사할 수 있게 되었다.

시모노세키에서 후쿠오카의 하카타博多 역까지는 일반열차로 갔는데, 중간 고쿠라小倉에서 한 번의 환승이 있었다. 하카타 역에서 가고시마를 갈 때와 올 때 모두, 살인적으로 비싼 신칸센을 피하여 일반 고속버스를 택하였다.

이제 우리는 서로에게 익숙해졌고, 버스로 4시간 반이 넘는 시간에서 오는 지루함과 불편함보다는 둘이 같이 있다는 위안과 대화의 즐거움이 더 컸다.

* * * * *

앞에서 메이지유신의 성격을 말하면서 조슈와 사쓰마 2개 번에 의한 권력의 독식을 살펴보았다. 일본의 근대화라고 일컫는 메이지유신과 조선침략 세력들의 성격을 이해하려면, 먼저 근대 일본 군국주의자들의 극심했던 파벌주의까지 고려하지 않으면 안된다.

우리의 상전으로 있었던 일본인들은, 조선의 정치를 사색당파라고 하여 조선인들의 폐단으로 파벌주의를 좋아하여 나라가 망하였다는 이야기를 지어내었다. 그런데 근대일본의 여명기라는 메이지유신을 들여다보면 일본인들이 적반하장으로 이러한 말을 지어내어 조선인들을 완전히 농락했음을 실감할 수 있다. 이들에게 있어서 조선인들은 다루기 쉬운 민족이었을 뿐이었다.

이렇게 유별난 파벌집단을 두고 일본내에서도 번벌정부와 번벌내각이라고 불렀으며, '메이지 과두제'Meiji Oligarchy라고 하여 학술적인 용어까지 만들어져 있다. 이렇게 장황한 자료를 예시하는 것은 메이지유신의 성격을 규명하는데 유신 주도세력들의 지독한 파벌주의를 알아야 하고 우리의 파벌주의와 비교해 볼 필요가 있기 때문이다.

번벌藩閥 정부와
번벌 내각

메이지유신은 그 시초부터 번벌藩閥, 즉 조슈와 사쓰마가 파벌을 만들어 그 중심이 되었는데, 그 정도는 아래에서 보는 바와 같이 극심한 데가 있다. 이 현상은 메이지유신의 과정에서 생겨난 독특한 형태로 이를 모르면 일본을 제대로 알 수 없게 된다.

먼저 1885년부터 1929년까지의 44년동안, 조슈와 사쓰마, 그리고 히젠 번에서 총리를 독점한 해는 44년 중 12년을 제외한 32년이며, 제외된 대수는 12, 14, 19~21, 23~25대이다.

두 번 출신의 역대 총리대신(1885.5 ~ 1929.7)			
伊藤博文(조슈)	1, 5, 7, 10대	桂太郎(조슈)	11, 13, 15대
黒田清隆(사쓰마)	2대	山本権兵衛(사쓰마)	16, 22대
山縣有朋(조슈)	3, 9대	寺内正毅(조슈)	18대
松方正義(사쓰마)	4, 6대	田中義一(조슈)	26대
大隈重信(히젠)	8, 17대		

위의 총리대신의 과점에 따라, 각료를 지낸 사람도 두 번에서 독점하였으며 특히 명치천황 때에 파벌정치의 절정을 이루었다. 물론 조슈와 사쓰마 이외에 다른 지역의 참여자도 있었지만 그 숫자는 극히 적다.

각료경험자:

명치천황 시기의 내각(1885년 제1차 이토부터 1912년의 제2차 사이온지 西園寺 내각까지)의 각료경험자는 79명이다. 내각 번벌로 보면 조슈 14명, 사쓰마 14명, 도사 9명, 히젠(사가현) 5명으로, 4개의 번벌에서 46명을 차지하였다. 그 외의 번 출신이라도 명백하게 파벌정치가의 측근인 경우가 많았다.

육해군의 파벌

일반적으로 '육군은 조슈, 해군의 사쓰마'란 말에는 두 개 번에서 독주한 파벌의 극치를 보여주는 말이다. 육군에서는 노기, 겐타로, 야마가타, 카츠라 타로로 대표되는 조슈벌이 독점하였으며, 해군에서는 야마모토 곤베, 토고 헤이하치로, 사이고 츠구미치로 대표되는 사쓰마薩摩閥 벌이 세력을 장악하였다. 그러다가 차츰 육군대학교와 해군대학교의 학교시대의 성적을 중요시하였고 이러한 추세는 점차 감소하게 되었다.

그후, 육군에서는 야마가타山縣閥 벌이 형성되어 육군내의 주류파를 이루었으나, 다이쇼大正 천황에 이르면 통제파와 황도파와 갈라졌다.

해군에서는 출신지벌에 의하여 규벌閨閥이 중시되어 해외유학 경험과 학교 석차와 함께 부인의 혈연이 출세의 요건으로 이야기되었다. 후에는 조약파와 함대파로 나누어졌다고 한다. 이러한 번벌의

오사카의 여인

권력독점은 쇼와昭和 천황에 이르러 크게 줄어들었다. 참고로 해군대신의 출신지역은 다음과 같다.

메이지 헌법하의 해군대신 출신지역 1885.12 ~ 1945.12			
1. 西鄕從道	사쓰마	10. 村上格一	히젠(현 사가)
2. 樺山資紀	사쓰마	11. 岡田啓介	후쿠이
3. 仁礼景範	사쓰마	12. 安保清種	사가(옛 히젠)
4. 西鄕從道	사쓰마	13. 大角岑生	고치(옛 도사)
5. 山本權兵衞	사쓰마	14. 永野修身	고치(옛 도사)
6. 斎藤実	미즈사와	15. 米内光政	이와테
7. 八代六郎	이누야마	16. 吉田善吾	사가(옛 히젠)
8. 加藤友三郎	히로시마	17. 及川古志郎	고치(옛 도사)
9. 財部彪	미야자키	18. 嶋田繁太郎	도쿄

비고: 중임과 연임이 많으므로 순번의 의미는 크게 없다.

다음은 권력 독점의 극치를 보여주는 자료로 명치천황 시기의 역대 경시총감(수도 도쿄를 관할하는 경찰의 최고위직)의 출신지를 볼 수 있다. 후에 육군 헌병제도가 창설된 원인 중의 하나가 경시청의 사쓰마벌 세력을 견제하려는 목적이었다는 말이 있다.

명치천황 시기의 역대 경시총감의 출신지 1874. 1 ~ 1913. 2					
川路利良	(사쓰마)	園田安賢	(사쓰마)	安楽兼道	(사쓰마)
大山巌	(사쓰마)	山田為暄	(사쓰마)	安立綱之	(사쓰마)
樺山資紀	(사쓰마)	園田安賢	(사쓰마)	関清英	(토사)
大迫貞清	(사쓰마)	西山志澄	(토사)	亀井英三郎	(구마모토)
三島通庸	(사쓰마)	大浦兼武	(사쓰마)	川上親晴	(사쓰마)
折田平内	(사쓰마)	安楽兼道	(사쓰마)		
田中光顕	(토사)	大浦兼武	(사쓰마)		

메이지유신의 다른 한 축
— 가고시마

가고시마 시는 에도막부 시절 사쓰마 번의 수도로, 다이묘(영주, 번주)인 시마즈島津 가의 거성居城이 있던 곳이다. 현재 사쓰마는 가고시마 현으로 개칭되었으며 현의 중심은 가고시마 시다.

큐슈의 남쪽 끄트머리로 위도가 상당히 낮아 봄철인데도 여기는 한여름의 날씨다. 오키나와에 닿아 바로 아열대 기후에 속하며, 인근의 미야자키까지 이어진 많은 리조트와 골프코스, 해변의 풍광으로, 여행객은 이곳 가고시마에서 남국의 특유한 정취를 느끼게 된다.

그러나 역사의 탐방객으로 가고시마에 도착하여 처음 대하는 느낌은 남국의 낭만적인 정취만은 아니었다. 여기에서 마주쳤던 모든 분위기는 조용한 가운데, 마치 "다시 한번 더!" 라고 부르짖고 있는 것만 같았다. 물론 겨누고 있는 방향은 당연히 조선과 중국으로, 특히 조선인으로 느끼는 감정은 작지 않았다.

그것은 우리가 내린 가고시마 중앙역의 광장에서부터였다. 먼저 우리를 맞은 것은 전면 광장의 '젊은 사쓰마의 군상'若き薩摩の群像 이라는 17인의 외국유학생을 그린 조각상이다. 1865년 사쓰마 번이 비밀리에 파견한 일본 최초의 해외유학생 19명의 젊은이들로, 2명의 외지인으로 빼고 17명만 세워져 있다. 이들은 바로 메이지유신의 영광을 상징하고 있다.

젊은 사쓰마의 군상若き薩摩
の群像:

가고시마 중앙역 바로
앞 광장에 세워진 17인
의 조각상. 사쓰마에서
보낸 최초의 유럽유학단
의 학생들.
이들은 살영전쟁 바로
직후 유학길에 올랐다.

사쓰마는 1863년 영국의 침공에 맞섰다가 무참히 패배를 맛본
후, 이들 유학생들을 해외에 보낸 것이다. 영국과의 전쟁은 사쓰마
번 단독으로 벌인 것으로 이 전쟁을 살영薩英 전쟁이라고 한다. 비슷
한 시기에 조슈번 단독으로 미국·영국·프랑스·이탈리아의 4개국
연합군과 벌인 시모노세키 전투(1864년)와 여러모로 닮은 전쟁이다.

시내의 일상적인 상품에도 정한론의 기수 사이고 다키모리의 캐
릭터가 들어가 있다. 이것은 과자의 포장, 초밥집이나 돈까쓰 집의
간판 등 어느 곳에서나 흔하게 보였다. 또 인형이나 핸드폰의 스트
랩 장식으로도 많이 진열되어 있다.

시내의 유신고향의 길, 역사로드^{歷史, Road}, 그리고 유신고향관 등을 찾으면서 그 분위기는 더했다. 위대한 메이지유신의 위업을 알리는 전시장이나 공연장은 정한파의 위업을 알리는 전시물과 애니메이션으로 넘친다고 해도 조금도 과언이 아니다.

메이지유신에서 조슈가 보인 대활약은 스토리가 상당히 복잡한 가운데 이루어졌다면, 여기 사쓰마는 정한론으로 상징되는 사이고라는 중심인물로 시종 일관하는 압박감이 있었다.

누가 말했던가?

> "과거를 지배하는 자가 미래를 지배하고, 현재를 지배하는 자가 과거를 지배한다"고...[33]
> Who controls the past controls the future: who controls the present controls the past.

이것은 바로 수백년간 벌어졌던 일본과 한국의 특이한 관계를 두고 지적한 말이 아닌가 하는 생각이 들 정도이다.

현재의 일본은 과거의 연장이고, 과거는 미래의 일본이 나아갈 길을 제시하고 있다. 이 말은 한일관계에 그대로 해당되며, 특히 가고시마에서 그 의미가 잘 드러난다.

유신3걸과 막말의 내전

메이지유신은 근대일본이 가는 도중에 여러 차례의 내전과 대·소규모의 무력충돌, 요인의 암살 등으로 점철한 사건이다. 에도막부의 말기를 가리키는 '막말'이라는 용어가 따로 만들어져 이 시기가 특별한 시기였음을 증언하고 있다.

그 중 에도막부를 몰아낸 결정적인 내전이 무진(보신)전쟁으로 이 전쟁 후 천황이 권력의 중심에 들어섰다. 이 내전은 아래의 지도만으로도 그 규모를 상상해 볼 수 있다. 1868년 막부를 무너뜨리고 천황을 앉힌 메이지유신을 성공시킨 주역 3명을 특별히 유신3걸이라고 한다. 바로

기도 타카요시木戸孝允 (조슈 출신),
오쿠보 도시미치大久保利通 (사쓰마 출신),
사이고 다카모리西郷隆盛 (사쓰마 출신)가 이들이다.

사이고는 1868년 1월 신정부(명치정부) 군의 최고사령관이 되어 교토 부근의 도바·후시미 전투에서 막부군을 격파하고 무혈로 에도(현재의 도쿄)의 성문을 열게 하여, 260여 년간의 도쿠가와 막부 시대를 끝낸 역사적인 인물이 되었다. 이 전투는 무진전쟁의 서전緒戰이다.

이것으로 짧게는 260여 년, 길게 본다면 우리의 고려시대에 해당하는 카마쿠라 막부부터 거의 700년에 걸친 무인 정권이 종결되었다.

3년후인 1871년, 명치 신정부는 만일에 있을 사변에 대비하여 사쓰마·조슈·토사의 병력 1만 명을 도쿄에 집결시켜 중앙군^{御親兵}으로 편성하여 폐번치현^{廢藩置縣}을 단행했다.

이때 사이고는 모든 번^藩의 군사적인 반발 가능성을 신정부군 총사령관인 자신의 권위로 눌렀다. 정부의 명령에 불응하면 즉시 무력으로 박살내겠다고 엄포를 놓았고, 각 번의 군대는 순조롭게 해산되고 무기는 중앙정부가 접수했다. 이로서 일본은 700년간의 지방세력인 번이라는 구질서가 무너졌다. 바로 이것이 메이지유신의 핵심 사안이라고 할 수 있다.

그후 사이고는 조선을 개항시키기 위해 자신이 군사와 함정을 끌고 조선으로 출병하려다가 유신 동지들의 제지로 무산되었다. 이 사이고가 주동이 되어 조선을 무력으로 개항시키려는 기도를 정한론이라고 한다.

기도 다카요시는 물론, 최고 실세이자 죽마고우인 오쿠보마저 정한론에서 등을 돌리자 사이고는 낙향하여 무장반란을 일으켰는데 이것이 서남전쟁(1877년)이다. 이에 오쿠보는 죽마고우를 토벌하는 입장이 되었다.

그 동안 사이고의 무장반란에 이르기까지 일본의 조정(명치천황의 신정부)은 정한론으로 국론이 분열되었는데, 이 유명한 논쟁의 중

메이지유신의 마지막 내전인 무진전쟁(보신전쟁) 지도:

메이지유신은 우리가 피상적으로 알고 있는 상식과는 달리 혼란과 무질서 그리고 불확실한 미래로 점철한 사건이다. 육전에 이어 대규모의 해전도 벌어졌다. 그러나 이것으로 끝난 것이 아니고 더 큰 규모의 내전인 서남전쟁이 기다리고 있었다.

무진전쟁으로 에도막부는 사라지고 천황이 들어섰다. 황군^{Imperial Troops}이라는 생소한 용어도 이때 등장했는데 이는 완전한 허울이다. 실제로는 3개 번 소유의 군대였을 뿐이다.

지도출처: ko.wikipedia.org

심에는 사이고가 있었다. 정한론은 그 실행의 시기를 놓고 신정부의 요직들이 두 당파로 갈라졌으며, 그것을 권력투쟁의 성격으로 보는 시각이 있는데 아마 이것이 사실에 가까울 것이다.

키도木戸孝允와 오쿠보도 1868년 이와쿠라에게 조선을 치자고 건의한 바 있다. 정한론은 전부터 있었던 대외침략의 기운이 유신

직후의 사회적 상황과 명치정부 내의 정파싸움과 맞물려 크게 대두된 것이다.[34]

서남전쟁은 큐슈 전역을 휩쓸면서 쌍방 25,000명이 사망한 대규모 내전으로, 오쿠보는 반란군을 토벌하는 정부군의 중심에 섰으며 사이고가 자살함으로서 서남전쟁은 끝났다.

죽마고우가 원수로

오쿠보와 사이고는 유신의 동지 이전에 어릴 때부터의 죽마고우였다. 메이지유신의 9년 후 사이고는 무장반란으로 서남전쟁을 일으켰다가 실패하여 자살하였고, 사이고를 토벌했던 오쿠보는 그 이듬해에 내무성에 등청하는 도중 불만세력 사무라이들의 습격으로 죽었다. 그때 나이 49세였다.

조슈 출신으로 역시 유신3걸 중 하나였던 키도 다카요시는 서남전쟁이 시작되고 3개월만에 병사했다. 이들 3인은 1년 안에 차례로 죽었으니 이들의 운명은 기구하며, 메이지유신은 혁명 동지의 피로 그 대미大尾를 장식한 것이다.

유신3걸의 행태는 '크리스'라는 필명을 가진 블로거의 글에서 적나라하게 비판되고 있다.[35] 메이지유신을 너무 감탄일변도의 경향으로 흐르는 일부 한국인들에게 시사하는 바가 있을 것이다.

일본에서는 사이고 다카모리, 오쿠보 도시미치, 기토 다카요시를 유신3걸이라고 부르는데, 여기에 거간꾼인 사카모토 료마[36]

가 시바 료타로의 '료마가 간다' 라는 소설 덕분으로 유신4걸로 이름을 내밀게 된 것이다. 그러나 메이지유신 4인방도 치열한 당파와 파벌싸움에 모두 제 명에 살지 못하고 암살당하거나 자살해야 했으니 이들의 운명도 기구하다.

오쿠보 도시미치(좌)와 사이고 다카모리(우):
사쓰마가 배출한 메이지유신의 주역으로 카지야 마을과 인근의 고려마을 출신이다. 어릴 때의 죽마고우는 자라서 권력투쟁으로 원수지간이 되었다.

메이지유신 4인방 중에서 사이고 다카모리가 바로 조선을 정벌하자는 정한론자인데 그는 외세배척(양이론)을 외치면서도 삿초동맹으로 토막파(막부타도)의 대장이 되자 영국군을 끌어들여 에도막부에 대항했고, 이에 에도막부는 프랑스와 손잡고 천황과 토막파에 대항하였다. 이는 마치 조선이 청나라와 러시아를 끌어들인 것과 진배없는 작태였다.

메이지유신이 성공한 이후 사이고는 무사계급의 폐지로 불평하는 무사들을 달래고 그들에게 이권을 나누어주기 위해 조선을 정벌하자는 정한론을 주장한다. 이는 마치 히데요시가 조선정벌을 주장한 것과 같은 논리로, 일본의 영웅이란 모두가 조선의 피눈물과 관계있으니 일본과 조선은 하늘을 두고 양립하기 어려운 이유가 된다.

사이고 다카모리는 유신 이야기에서는 절대로 빠질 수 없는 인물이다. 동시에 그의 행적은 많은 갈등과 모순으로 점철된다. 이러한 갈등과 모순은 사이고를 넘어 메이지유신의 전체에 도도히 흐르고 있다.

정한론의 괴수 - 사이고

일본은 구질서가 모두 무너지고 소위 말하는 메이지유신이 완성되었지만, 물론 그들도 스스로 메이지유신을 이룬 것은 아니었다. 서구 열강들과 일본 내부의 혼란 상황에서 어쩔 수 없이, 아니면 그들에 떠밀려 메이지유신의 대변혁이 이루어졌던 것이다.

이런 어려운 국내 상황에서 생각해 낸 것이 '정한론'이다. 내부에서는 권력다툼과 무사들의 전쟁이 그칠 날이 없었으니 그 돌파구로 정한론을 내세운 것이다. 규슈에서 일어난 서남전쟁(세이난전쟁) 역시 정한론에서 일어난 그들의 권력다툼에서 일어난 내란일 뿐이다. 사실 사이고의 정한론은 신정부에 대한 불만을 표출한 것에 지나지 않는다.[37]

사이고는 1873년(명치천황 6년) 조선을 개방시키려 자신이 직접 함

명치정부를 분열시킨 사건을 그린 정한의논도:

좌측의 이와쿠라 도모미岩倉具視와 우측정면에 서양식 군복을 입은 사이고 다카모리가 크게 그려져 있다.

그림에는 또 에토 신페이江藤新平, 오쿠보 토시미치大久保利通, 키도 타카요시, 이토 히로부미, 산조 사네토미三条実美, 이타가키 다이스케板垣退助 등 거물들의 이름이 망라되어 있다. 이들의 반목은 군사반란으로 이어졌고 결국은 서로의 피로 물들여졌다.

정을 이끌고 가겠다는 공작을 폈다. 그러나 조정에서 정한파와 좀더 기다렸다가 정한을 실시하자는 내치파의 두 파로 갈라져 싸움을 벌이다가 사이고의 정한파는 완패를 하고 말았다. 이것은 명치 새 정권의 실권이 사이고에게 돌아갈 것을 시기하여 키도와 오쿠보가 사이고의 정한론에 반대하여 그 시기를 미루고 내치우선을 주장한 권력투쟁의 결과였다.

여기 정한론에서 당시 사용되지 않았던 한韓이란 국명을 들고 나온 데에는, 고대 한반도를 정벌하여 임나일본부를 설치했다는 신공황후의 삼한정벌 신화가, 메이지 신정부 지도자들의 정서 속에 그대로 자리잡고 있었기 때문이다.

장기간 준비해 온 사이고의 정한론

그런데 정한론이 일본의 조정에서 공론으로 되기 오래전부터 사이고는 정한의 준비과정을 아래와 같이 치밀하게 준비되어 왔다고 한다.[38]

> 한반도를 누빈 사이고의 밀정들: 사이고가 그렇듯 감정적으로만 한반도 정벌을 꾀했을까. 그렇지는 않다. 사이고는 강화도조약 이전인 1872년 여름에 이미 만주와 한국에 군인을 파견하여 사전 조사에 착수하였다.
>
> 가고시마의 이케가미池上四郎[39]와 도사 출신의 타케이치武市正幹, 사카키彭城中平 등을 외무성직원으로 만주에 파견하였고, 이들을 상인으로 변장시켜 만주의 지리·정치·군사시설·재정·풍속 등을 정탐하도록 하였다. 아울러 하나부사花房義質[40] 공사가 내한할 때 육군중좌 키무라北村重賴와 소좌 벳부別府晋介를 한국에 동행시켰는데 이들은 한인으로 변장하고 내륙으로 돌아다니며 군사정탐을 하였다.

그런 면에서 사이고는 정한론자답게 일찍이 조선과 중국에 밀정을 파견할 정도로 선경지명이 있었던 셈이다. 조선사 전문가인 '하타다 타카시'旗田巍는 사이고를 필두로 한 정한론의 대두를 이렇게 설명한 바 있다.

토쿠가와 막부 말기의 해외웅비론, 즉 아시아 침략론은 외압에 의한 위기감에서 생겨난 착상으로서, 당시 국내 상황에서는 실현 가능성이 없었다. 그런데 메이지유신 이후가 되면, 그것은 정부 수뇌부에 의해 받아들여져 현실적인 정책론으로 발전했다. 여기에 나타난 것이 정한론이다.

사이고의 정한론은 분명한 역사적 사실이다. 그런 면에서 산케이신문 구로다 가쓰히로黑田勝弘 서울지사장의 "사이고가 정한론자가 아닐 수 있다"는 아래의 발언은 터무니없는 말장난으로 사이고를 두둔하고 있다.[41]

사이고가 정한론자라는데 동의하지 않는 연구자들도 많습니다. 사이고는 자기가 특명전권대사로 조선에 가기만 하면 조선정부를 설득하여 두 나라 간의 우호관계를 이룰 수 있다고 했던 것이지, 조선을 정복·지배하려는 데 목적이 있었던 것이 아니었다는 견해입니다.

'유신고향의 길'과 유신고향관

가고시마 시를 가로지르는 갑돌천[42]의 주변일대에는 '유신고향의 길'이 조성되어 있다. 타카미교高見橋와 고려교高麗橋 사이는 약 800m의 거리인데 갑돌천 주변에 녹지대를 만들어 각종 역사적 유적을 알리는 안내판과 조각품을 전시하는 곳이다.

갑돌천이나 고려교라는 한국 이름은 상당히 인상적이다. 고려교

주변에는 고려정^{高麗町}이라는 마을이 있었다. 또 가고시마 시와 사쿠라지마^{櫻島} 사이에는 금강만^{錦江灣}이 있다.

그 밖에 한국과 관련된 이름이 더 있다. 가고시마 현과 미야자키 현과의 경계에는 키리시마^{霧島}의 화산군이 있는데 한 쪽의 끝은 최고봉인 한국악^{韓國岳}이며 다른 끝은 천손강림 신화를 가진 영봉^{靈峰}인 타카치호^{高千穗峰} 봉이다.

천손강림 설화는 일본 신화의 최고신인 아마테라스(천조대신)의 손자인 니니기^{瓊瓊杵尊}가 이 영봉에 강림했다는 이야기이다. 천손은 조선반도에서 일본에 건너온 사람들로 알려져 있는데, 바로 니니기가 흙으로 만든 배를 타고 신라를 지나 타카치호^{高千穗峰} 봉에 내렸다고 바로 일본서기의 첫 장에 쓰여있기 때문이다.

오사카의 여인

'막말·유신의 위인을 낳은 카지야 마을'이라는 안내판:
'유신고향의 길'에 놓인 안내판의 설명이다. 이들 막말·유신의 위인들은 조선에 재앙을 가져다 준 인물이다.

현 가고시마 중앙역의 북동쪽에 위치한 카지야加治屋 마을은 하급 사무라이의 거주 지역들 중 하나였다. 메이지유신 당시, 이곳에는 사무라이 집 70호 정도가 하나의 마을을 이루고 있었다. 한편 상급 무사들의 거주지역은 다이묘의 거성인 츠루마루鶴丸 성 주위에 있는 천석정千石町 일대였다.

고려마을과 카지야마을, 천석정은 오늘날에 보면 비슷한 동네일 뿐으로 그 사이에 아무런 특징적인 구분이 없다. 그러나 옛날에는 천석정 마을은 상급무사, 그 바깥은 하급무사의 거주지역으로 그들 사이에는 하늘과 땅만큼의 엄격한 신분의 구분이 있었다.

사쓰마가 배출한 유신의 영웅들이 출생하고 성장한 곳은 주로 카지야加治屋 마을이고, 또 사쓰마 번에서 일어난 유신 활동의 대부분은

유신고향관:
'유신고향의 길'을 걷다보면 '유신고향관'을 만난다. 여기에 전시된 내용들은 우리에게는 가슴을 누르는 무거운 주제를 다루고 있다.

이곳을 중심으로 이루어졌다. 여기 사쓰마도 조슈와 마찬가지로 아침 저녁으로 끼니 걱정을 하던 하급 사무라이들에 의하여 메이지유신이 주도되었던 것이다.

* * * * *

교육전시관의 일종인 유신고향관^{維新ふるさと館} 은 카지야 마을 근처, '유신고향의 길'에 세워져 있다. 지상과 지하 각1층의 이 건물은 많은 콘텐츠를 보관하여 일본인 2세들의 교육에 충실히 하고 있는 것을 볼 수 있다. 다음은 필자가 갔을 때의 전시 내용들이다.

1층: 영웅의 길

막말탐방·향중교육 코너

세계를 파악하였던 사쓰마 (일장기와 키미가요의 뿌리는 사쓰마)

사쓰마 에피소드 (오쿠보와 사이고)

위인과 기념촬영 (사이고 옆에서 군복을 입고 기념촬영이 가능하다)

유신학습 Zone(메이지유신은 이렇게 하여 실현되었다), 영웅학사^{學舍}

유신학습 Zone (상설전시)

기타: 篤姫^{天璋院} 코너, 관광정보, 가고시마 특산품의 전시와 판매 등등 *아츠히메^{篤姫}는 사쓰마 출신으로 쇼군의 정실이 되었다가, 쇼군의 죽음으로 삭발하였고 덴쇼인^{天璋院}으로 불렸다.

지하1층: 유신의 길

유신에의 길 (드라마 25분)

사쓰마 학생들, 서쪽으로! (드라마 20분, 해외유학단 이야기)

사쓰마·과학사업의 시작 (科學事始め, 집성관사업) 유신 새벽이 오
   기 전의 사쓰마 소개
사쓰마 메이지유신전傳 (일본의 여명기와 사쓰마를 전시·소개)

사실 이러한 주제들은 우리의 가슴을 내려누르는 무서운 내용들
이다.

바깥에는 많은 수학여행단 또는 가족 단위의 탐방객이 기념사진
을 찍고 있었다. 영광스런 조국 일본의 역사를 기억하고 또 더많은
교훈을 얻으며, 자자손손 이러한 전통을 이어나가려는 교육적 차원
일 것이다.

입구에서부터 단체로 수업 온 초등학생들로 붐비는 현관을 비집
고 들어갔다. 로비에는 초등학생들의 과제물을 전시하고 있었다. 모
두 열심히 과제물을 정리하여 로비의 상당부분의 데스크에 진열하
고 있었다.

학년별로 또 각 반별로 분류된 정리물을 보았는데 모두 역사공부
에 몰입한 초등생들을 상상하기에 어렵지 않다. 정리물은 아이들의
성의가 짙게 배어 있으며, 마땅히 칭찬받아야 하나 그것의 전부는 당
연히 메이지유신의 업적에 대한 찬양이 주류를 이룬 것으로 우리로
서는 불쾌하고 참기 어려운 내용들이다.

이들 초등학생들의 과제물을 전시한 데스크를 지나면서 사쓰마
가 일본의 근대화에 기여한 공로를 과시하는 유물들이나 전시물들
이 나타난다. 특히 사쓰마에서 만든 최초의 서양식 상선의 모형이

유신고향관 홀의 초등학생들과 전시된 과제물:

유신고향관의 홀은 견학온 초등학생들로 상당히 붐비며, 모두 진지한 표정들이다.(위 사진)

3학년부터 6학년까지의 초등학생과 중학생들이 제출한 과제물은 모두 성의가 담겨있고 잘 정리·전시되어 있다. 벽면 게시판에도 초등생들이 직접 꾸민 과제물이 붙어있다. (아래 사진)

눈길을 사로잡는다. 그리고 배의 톤수와 크기 및 제원을 알리는 표도 친절하게 설명되어 있다.

사이고의 등신상 옆에는 사이고의 군복을 걸어놓아 그것을 입고 기념사진을 찍으려는 고등학생들을 보고 이쓰코는 날렵하게 다가가서 사진을 찍어주는 친절을 보였다.

또 여기에서 인상적인 것은, 일장기와 키미가요(일본국가)는 사쓰마가 그 기원이라고 자랑하는 게시물이 그것이다. 우리가 알고 있는 이상으로 사쓰마의 위상이 대단하다는 것을 말하고 있다.

가고시마는 유신주도 인물을 집단적으로 기념 전시하는 일이 조슈의 '하기'와 약간 다른 점인데 '유신기념관'도 그러한 예다.

초등학생들의 과제물을 진지하게 구경하는 탐방객들
숙제는 매우 양이 많고 정리도 잘되어 있다. 관람온 사람들이 그것을 훑어보고 있다.

이쓰코와 지하극장으로 발길을 옮겨, 각각 약 20분간의 "유신으로의 길"과 "사쓰마 학생들아, 가자 서양으로"의 두 편의 드라마가 상영되는 유신체감홀로 들어갔다. 시간이 없어서 "유신으로의 길" 한 편만을 봤다.

여기에는 근대 일본의 원동력이 된 가고시마의 역사가 소개되고, 막말의 소위 유신 영웅들의 로봇이 무대 밑에서 나타나면서 다채로운 첨단 전자기술의 조명과 음향으로 유신 당시의 시대상황을 연출하고 있다.

관람 도중에 군복을 입은 사이고가 올라와서 "조선을 정복하자"고 소리치는 장면이 나왔고 이때 이쓰코는 당황하여 나의 팔을 꽉 움켜쥐었다. 대충의 예상은 있었지만, 막상 대하고 보니 통역이 필요

유신고향관의 지하층:
지하에는 사이고와 오쿠보 등 사츠마 출신 유신영웅의 로봇이 출현하여 후세들의 교육에 이바지하고 있는 유신체감홀이 있다. 위 사진은 지하층 중앙홀에 걸려있는 유신영웅들의 설명안내판.

없을 정도로 나를 놀라게 했으며 지금도 유신체감홀을 생각할 때면 사이고의 외침이 내 귀에 맴돈다.

무거운 가슴으로 유신관을 나오니 탐방을 마친 사람들이 모여 사진을 찍고 있었다. 아예 사진에 나올 수 있도록 기념관의 유신고향관維新ふるさと館이라는 로고가 들어간 작은 팻말을 앞에 세우고 뒷벽에도 로고를 붙여놓아, 이를 배경으로 사진을 찍느라 여념이 없다.

유신고향관도 유신고향의 거리도 모두 한국에서 온 관광객에게는 불편한 장소임이 분명하다. 바깥 햇살로 마음을 가다듬으며 다음 예정지인 시로야마로 발걸음을 옮긴다.

유신고향관의 입구:

관람을 마친 여행객은 의미있는 역사탐방을 마무리하는 의미로 여기에서 기념사진을 찍는다. 전후로 설치된 유신고향관의 로고가 인상적이다.

사쓰마의 교육입국 - 향중교육

조슈의 경우, 요시다 쇼인이라는 광인이 나타나 학동들을 대외 침략의 첨병으로 훈도했던 것은 이미 살펴보았다. 유신의 다른 한 축이었던 가고시마에 자리한 유신기념관을 소개하는 안내서 역시 사쓰마 번의 교육입국으로 첫 장을 시작하고 있다.

사쓰마 번의 교육 중시의 정책은 그 유래가 상당히 오래되었다고 한다. 16세기 말부터 하급 사무라이의 자제들에 대해서도 특유의 전인교육全人敎育을 시행했다고 자랑하고 있다.

사쓰마 번(현 가고시마현)은 30개 정도의 향鄕이란 행정구역으로 나뉘어 각 향 별로 시행되었던 교육이 바로 향중교육이라고 한다. 이것은 7~10세, 11~13세, 14~25세로 나뉘어 이루어졌는데, 유신고향관에는 별도의 전시실을 두어 특별히 다루어지고 있다.

또 가고시마 중앙역에 있는 '17인 젊은 사쓰마의 군상'이야말로 막부말기 해외유학 길에 오른 청년들로 사쓰마 번의 교육입국을 상징한다고 말하고 있다.

그런데 향중교육의 내용이란 것이 대체 무엇인가? 향중교육은 전인교육을 내세우고 있지만, 무엇을 전인교육이라고 하는지 그 내용을 조금은 더 생각해 볼 필요가 있다.

여기에는 사무라이를 만드는 전인교육이 있을 것이고, 중세의 기독교식 전인교육이 있을 것이다. 또는 탈레반의 이상적인 전사를 만드는 전인교육이 있을 것이며, 신라 화랑도의 전인교육이 있을 것이다. 고대 그리스 아테네의 전인교육이 있을 것이며, 같은 그리스에서도 스파르타의 전인교육은 출발점부터 틀릴 것이다. 또 조선 유교 사회에서의 전인교육이 있을 것이다.

임란 후 일본에서 벌어진 세키가하라 전투에서, 시마즈 요시히로는 퇴로를 차단당하여 적중에 고립되었으나 남은 300명의 군사들은 그 대부분이 총알받이가 되어 목숨을 버리면서 적의 추격을 저지하여 군주가 불과 수십명의 군사로 포위망을 뚫고 달아나도록 했다. 이를 두고 목숨을 버리면서 군주를 지키는 사쓰마식 전인교육의 선행 모델이 여기에 있었다는 사무라이들의 극찬이 있었을지도 모른다.

이에 반하여, 중국과 조선 선비의 교육이 지향하는 것은, 세상을 바른 길로 이끌도록 한 사람의 완전한 인격체를 육성하는 것이다. 선비의 이상은 하늘을 우러러 땅을 굽어 한 점 부끄러움이 없는^{仰天俯} ^{地無愧} 당당한 인간을 형성하는데 있다.

따라서, 전인교육이라고 무조건 자랑하거나 거기에 감탄만 할 일은 아니다. 앞에서도 말하였지만 사무라이의 철학은 무의미의 철학, 생존만이 유일한 존재의 이유가 되는 철학, 번주와 상급 사무라이에 대하여 무조건적인 복종과 충성을 강조하는 철학으로 이러한 인간을 형성하는 교육이었던 것이다.

향중교육: 거창한 모토와 실상

전시관에서는 메이지유신의 핵심인물인 사이고와 오쿠보는 사쓰마의 향중교육이 만들어 낸 대표적 인물이라며 사쓰마의 향중교육의 우수성을 찬양하고 있다. 두 인물은 하급 사무라이 계급으로 사쓰마의 28대 번주 시마즈 나리아키라島津齊彬에 의해 중용되었으며, 유신3걸로 전 일본을 진동시켰다.

이들이 향중교육에서 배운 것은 무엇인가? 아마 이들은 임진왜란 때 조선을 침공하여 약탈한 선대 사무라이들의 무공을 들으면서 자랐을 것이다.

시마즈 가문이 저지른 노략질이야 말로 왜란에서 최고라고 자랑할 만한 무공이 아니었던가? 임진왜란에서 있었던 시마즈의 활약은, 현재도 유신고향관과 시로야마의 여명관에 전시하여 교육의 모델로 삼고 있다.

다음은 유신고향관 안내서의 내용이다. 위정청명爲政淸明이라는 구절은 오쿠보의 좌우명이다. 이것은 정치에 있어서는 맑고 명료하지 않으면 안된다는 뜻이다.

좌측의 경천애인敬天愛人은, 천명을 무엇보다 중히 여겼다는 사이고가 즐겨했던 말로, 모든 인간에 부여된 천명을 따라야 하며 사람은 평등하고 인간을 사랑해야 한다는 뜻이라고 한다.

이렇듯 훌륭하고도 거창한 사상의 좌우명은 사실은 언어의 유희에 불과하며, 그 실체는 국수주의 사상이다. 위대한 선각자라는 평가는 일본인들의 일방적인 시각이다.

오사카의 여인

유신고향관의 안내 팜플렛:
안내서에는 사이고와 오쿠보의 얼굴과 함께 이들이 즐겨했
던 좌우명이 쓰여있다.

유신지사들의 사상은 일본인들에게는 감동적이고 위대하게 보였
겠지만, 주변의 이웃나라에게는 해악이었을 뿐이었다. 이런 점에서
다음의 말은 참고할 가치가 있다.[43]

> 사람은 악한 자와 선한 자로 나뉘어 태어나지는 않는다. 적에게
> 는 잔인하기 이를 데 없지만 때론 내 편에게는 그지없이 선한 양
> 면을 가진 게 인간이다.

한 동네에서 자라 어린 시절을 같이 보내고 막부를 타도하는 내
전에서는 서로 목숨을 맡긴 동지로 지냈지만, 권력을 눈앞에 둔 마지
막 순간에 이들은 원수로 갈라서 버렸다. 150년이 지난 지금, 이들은
다시 위정청명爲政淸明 경천애인敬天愛人 이라는 거창한 사상과 모토를
가지고 가고시마에서 환생하고 있다.

이 사무라이들의 정신에서는 넓은 의미의 '인의예지신'이라든가 동양의 유교의 기본 이념인 인본사상 등의 인류보편적인 사상이 결여되어 있다. 위정청명為政淸明과 경천애인敬天愛人이라는 좌우명은 5중 또는 6중의 해자와 방어시설로 첩첩이 두른 사무라이의 생존본능에서 나온 공허한 구호일 뿐이다.

메이지유신의 아이러니
― 서남전쟁

남국의 햇살과 지역 특유의 식물로 이루어진 가로수의 길을 걸으며 가고시마의 거성이었던 츠루마루 성을 향하였다. 가끔씩 사쿠라지마에서 불어오는 화산재로 눈을 감고 고개를 돌리며 멈춰서야 했다.

시내 곳곳에는 유신전후 인물들의 동상이 세워져 있다. 도중에 이쓰코가 말하였다.

이곳 큐슈에서는 초등학생이나 유치원생들은 겨울이 되어도 반바지 차림에다 양말도 신지 않고 등교시켜 적응력을 키운답니다. 물론 유치원이나 초등학교 교장 각자의 재량으로 그렇게 하는 것을 보았습니다.

이러한 일본의 교육방침은 나름대로 아이들의 인내심을 키우고 사무라이들의 장점인 극기 정신을 전수하는 면에서는 훌륭하다고 할 수 있다. 그러나 이어지는 그녀의 말은 조금은 다른 내용이었다.

일본의 역사교육은 매우 철저하답니다. 자라나는 2세들의 교육
에는 역사 교육의 중요성이 강조되는 것입니다. 또한 마츠리 등
이 활용되어 집단의 교육으로 이어집니다. 지금 저 앞에 보시는
초등학생들의 견학은 역사공부의 현장학습으로 일본에서는 역
사교육이 매우 중요하게 다루어집니다.

그러고 보니 츠루마루鶴丸 성 부근에 서있는 사이고 다카모리의
동상 밑에는 많은 학생들이 몰려다니고 있었다. 선생도 열성적으로
학생들을 통제하고 지도하고 있었다.

사이고 다카모리의 동상:

동상은 츠루마루 성의 바로 아래에 있으며, 같은 가고시마 현에서
온 많은 초등생들이 역사교육의 현장으로 몰려다니고 있다. 사이
고는 정한론의 대명사이다.

이러한 점은 츠루마루 성터 안에 세워진 여명관 입구에 이르렀을 때 많은 중학생들이 화산재가 날리는 궂은 날씨임에도 열심히 역사 수업을 하고 있었던 것에서도 확인되었다.

이렇게 일본인과 한국인의 역사관은 완전히 평행선을 그으려 각자의 방향으로 달려왔다.

누가 말했던가?

"한국인과 일본인이 머리를 맞대면 역사문제는 자연스럽게 풀리게 된다" 라고...

여명관黎明館에서의 중학생 역사교육:

츠루마루 성터에 자리한 여명관(리메이칸)은 많은 학생들의 역사교육의 현장으로 되고 있다. 중·고등학생들이 인근에서 불어오는 화산재 때문에 마스크를 쓰고 있다.

나는 이쓰코한테 "천지가 몇 번 개벽을 하여도 역사문제에 있어서는 한일간의 자연스러운 해결은 없을 것이다"고 말하였고 그녀도 이것을 수긍할 수 밖에 없었으리라.

츠루마루 성과 여명관

사쓰마의 궁성이었던 츠루마루 성은 시로야마(城山, 성산) 산의 기슭에 자리잡고 있으며 해자와 높은 성벽으로 둘러싸여 있다. 입구의 성벽에는 서남(세이난) 전쟁에서 입은 총탄의 상흔이 그대로 남아, 사이고가 여기에서 할복하여 생을 마감하였던 격전지였음을 알리고

가고시마 츠루마루鶴丸 성벽의 총포자국:
사이고는 자신이 세운 명치정부에 대항하여 군사반란을 일으켰다. 이 내전을 서남전쟁(세이난)이라고 한다. 여기에서 패배한 사이고는 시로야마城山 산기슭에 있는 츠루마루 성에서 자살하였다. 위는 당시의 총포 자국이다.

있으며 메이지유신이 피의 역사임을 보여준다.

우리나라에서는 볼 수 없는 넓은 해자는 연^{蓮}과 수련으로 덮였고 수면 아래로는 잉어들이 풀을 뜯으며 세월의 처연함을 말해주고 있다.

해자를 건너면서 다시 한번 사무라이의 생존본능의 철학을 생각해 보았다. 한편으로 사쓰마의 번주였던 시마즈 요시히로의 사나운 전투력에 끝까지 맞섰던 조선 사대부들의 정신력이 떠올랐다.

현재 츠루마루 성의 성채는 철거되고 그 자리에 여명관(리메이캉)이 지어졌다. 앞에서 살펴본 유신고향관이 좀더 이벤트성에 가깝다면 지금 보는 여명관은 영구 보존되는 전시물이 많은 듯하다.

여기에는 가고시마의 과거와 근대까지의 역사를 한 눈에 볼 수 있도록 다양한 전시물이 3개층의 넓은 공간을 가득 채우고 있다. 각종 서찰과 문서, 성곽과 도시 그리고 주변 지세 등을 모형으로 만든 전시물 등의 사료는 매우 풍부하며, 이런 점에서는 내가 국내에서 본 것과 비교하면 부러운 점이 많다.

그러나 앞에서 본 '유신고향의 관'과는 건물이 다를 뿐 기본적으로 메이지유신을 찬양하는 교육의 장으로 이용되고 있다. 결국 여명관의 모든 것은 메이지유신으로 귀결되고 있으며 극히 부정적인 인상만을 남기고 있다.

폐번치현- 전근대국가의 종언

일본은 불과 백여년 전까지 막번체제라고 하여 중앙의 에도막부
와 지방의 소왕국인 번으로 이루어져 있었다. 일찍이 고려와 중국
은 중앙집권화를 이루었지만, 유독 아시아 변방의 일본은 이러한 중
세적인 정치 시스템이 서양이 문을 두드릴 때까지 남아 있었던 것이
다.

> 일본 안에서 유통되는 화폐를 제정하는 것은 막부였지만, 다이
> 묘 역시 막부의 허락을 얻으면 자기 영내에서 사용할 수 있는 지
> 폐를 발행하고 동전도 주조할 수 있었다. 도쿠가와 시대 말기에
> 는 수백 가지 교환수단이 존재했고, 대부분이 번의 영내에서만
> 사용될 수 있는 것들이었다.[44]

> 요컨대 수십 개의 번은 자신의 군사, 행정, 법령, 세제를 구비한
> 거의 독립적인 국가였다. 당연히 도사나 사쓰마 같은 웅번(雄藩,
> 규모가 큰 번) 주민들은 자기 번을 하나의 나라로 인식했고, 그들의
> 영주 위에 존재하는 권위의 위계를 이해할 수 없었다. 따라서 '막
> 번幕藩 국가'의 번藩 이라는 부분은 일본의 중앙집권화와 국민국
> 가로의 발전에 있어서 심각한 걸림돌이 되었다.

그런데 1968년의 메이지유신을 자세히 보면, 막부가 가졌던 일본
의 통치권력이 명치천황의 신정부에 넘어간 사건에 불과하며 근대
화와는 아무런 관련이 없다. 무진전쟁(보신전쟁)이 종결되어 전일본
이 신정부의 지배지로 되었지만 실제로 각 번은 막부시대와 똑같이
그대로 다이묘들의 통치하에 있었다.

개방이냐 쇄국이냐는 시간이 가면서 해결할 수 있는 정책의 하나일 뿐이다. 그러나 중앙집권국가는 근대화로 가는 길에 필수적으로 전제되는 핵심 요소이다.

근대 시민국가로 가는 과정에서 반드시 지방 봉건영주의 권한은 회수되지 않으면 안된다. 비스마르크가 통일하기 전의 독일도 그러했고 이탈리아가 그러하였다.

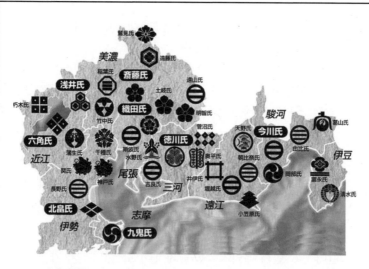

폐번치현:

'폐번치현'이란 지방의 잡다한 소왕국(번: 藩)을 폐지하여 우리의 도道나 군郡과 같은 현을 설치하는 것이다. 이로서 일본이 근대적인 중앙집권국가로 변화되었다.

지도는 지방의 소왕국인 번藩과 씨족 이름, 그들 가문의 문장을 보여주고 있다.[45]

일본과 완전히 동일한 형태는 아니지만, 봉건국가 즉 지방분권국가의 실상을 보여주는 예로 독일이 참고가 될 것이다. 가는 곳마다 관문을 설치하였는데 대부분의 경우 이것은 관세를 징수하는 세관의 임무를 겸하는 것이었다.

> 독일에서 38개의 관세와 통행세를 징수하는 경계는 국내의 교통을 마비시키고, 마치 인체의 모든 관절을 묶고서 피의 흐름을 방해하는 것과 마찬가지 결과를 가져온다. 함부르크와 오스트리아, 베를린과 스위스의 사이에서 일을 시작하려면 10개의 연방을 통과하고 10개의 관세, 통행세를 내야 한다.
>
> 30년 전쟁으로 민족통일이 늦은 독일에서는 19세기 초기에도 아직 그러한 잔재가 남아있어서 국내시장의 성립과 자본주의의 발전을 방해하고 있었다.[46]

비스마르크에 의한 근대 독일의 통일이 이루어지기 전, 리스트 Friedrich List라는 민족주의자가 일생을 바쳐 독일 전역을 뛰어다니며 뿌려놓은 관세철폐 운동이라는 것이 있었다. 이것은 독일내 소왕국들의 국경을 철폐하자는 통일운동의 시작이었다.

폐번치현- 이것은 일본의 전근대적인 번을 없애고 우리나라처럼 도나 군에 해당하는 현을 둔다는 뜻이다. 단순히 명칭만을 바꾸는 것이 아니라 세습귀족인 번을 폐지하고 중앙의 관리를 파견한다는 의미이다.

근대 일본의 국민국가Nation State 만들기는 700여 년에 걸친 무사(武士, 사무라이) 계층의 지방 분권적 지배에 종지부를 찍고 중앙집권제적인 근대적 국가로 이행해 가는 과정이었다. 당연히 폐번치현은 당시 200만 명이 넘었던 전국의 번사藩士(번의 무사) 들을 일시에 대량 해고하는 것을 의미하는 것이었다.

게다가 이 정책의 실행에 무력 뒷받침이 되는 메이지 신정부의 군대가 자체의 중앙정부군이 아니고, 각 번에서 파견된 군대라는 딜레마가 있었다. 또 여러 번과 삿초薩長가 지배하는 신정부간의 대립, 또 신정부 안에서의 갈등이라는 여러 불리한 여건 속에서도 폐번치현은 사이고의 주도로 단행되었다.

한일 양국 근대화에서의 필요조건: 시간 vs 무력

근세의 조선이나 일본은 모두 목전에 이른 서구의 침략 앞에서 근대화를 이루는 데에는 상당히 다른 상황과 조건에 있었다.

먼저 조선의 경우, 근대화를 하는 데에는 지도자들의 각성과 인식의 변화가 있어야 했는데 사실 여기에 필요한 것은 시간이었다. 그것은 서양과의 접촉에서 역사적인 경험이 거의 전무하였기 때문으로, 지도층에 광범위한 파라다임의 변화가 있어야 했으며 이것은 실질적으로 상당한 시간을 요하는 성격이었다.

그러나 조선의 경우와는 달리 일본의 근대화에 필요했던 것은 무력이었다. 각지의 번은 거의 국가 조직으로 소규모 왕국이라고 할 수 있다. 국가조직은 기본적으로 무력에 기반하는 것으로, 거의 모든 번들은 독자적인 무력체계를 갖추고 있었다.

이러한 이유로 일본의 근대화는 조선과는 달리 수천년의 세월을 뛰어넘는 변화가 수반되었으며, 여기에는 고도의 무력이 요구되었고 필연적으로 피로 물드는 개혁이 될 수 밖에 없었다.

일본은 메이지유신(1868) 후에도, 체제의 변화를 거부하는 기득권 사무라이들의 무장반란 사건들로 점철하였는데, 이것이 근본적으로 일본과 조선이 다른 점이다.

그 중 다음의 무장반란은 사무라이들의 불만으로 생겨난 것인데, 그 중심에는 권력투쟁에서 탈락한 유신 지도자들이 있었다. 즉 이 무장반란의 근저에는 유신지도자들 사이의 반목과 권력투쟁이 있었던 것이다.

사가의 난 (佐賀の乱 1874년)
시부렝의 난 (神風連の乱 1876년)
아키즈키의 난 (秋月の乱 1876년)
하기의 난 (萩の乱 1876년)
서남전쟁 (西南戰爭 1877년)

사가의 난에서는 에토 신페이江藤新平가, 하기의 난에서는 마에바라 잇세이前原一誠를 비롯하여 많은 숙생塾生과 요시다 쇼인의 친족들이 개입하였다. 에토와 마에바라는 유신정부에서 장관에 해당하는 참의參議로 있었으며 둘 다 유신의 서열 10위에 들어가는 거물들이었다.

이러한 유신 지도자들 간에 벌어진 권력투쟁의 하이라이트는 서남전쟁이다. 유신3걸의 하나인 사이고 다카모리가 이 반란을 직접 주도하였다. 또 몇 년간에 걸친 사전준비도 있었다. 서남전쟁은 유신으로 벌어진 전쟁 중 가장 대규모이자 치열한 전쟁으로 기록되고 있다.

이들 무장반란 외에 불평을 가진 사족(士族, 사무라이층)이 일으킨 요인 암살 사건이 많았다.

폐번치현은 유신의 핵심이지만, 그 단행은 유신의 해로 알려진 1868년이 아니고 그로부터 3년이 지나서 1871년에 시행되었던 것에 메이지유신의 모순이 들어있다.

그런데 이것이 실제로 완성된 것은 그로부터 6년후인 1877년 서남전쟁이 완료되면서다. 이것은 마지막까지 유신3걸의 한 명인 사이고가 가고시마에서 어깃장을 놓고 버틴 때문이다. 유신의 지도자들에게는 리스트의 독일의 통일운동 이상의 역할에 기대가 모아졌으나, 유신의 주역인 사이고는 유신의 진정한 의미인 중앙집권 국가의 건설을 자신이 거부해왔다. 사이고가 지배하는 사쓰마(가고시마현)에서 폐번치현은 먼나라, 남의 나라의 이야기였을 뿐이다.

가고시마에 사이고가 남긴 유산은 반역과 정한론이다. 그러나 반역의 이미지는 지워져버리고 정한론 영웅의 이미지만이 살아남아 현재에도 재생산되고 있다.

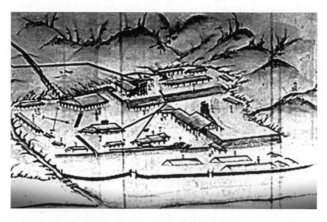

사츠마의 번주가 만든 상고집성관尚古集成館:

개명군주로 유명한 시마즈 나리아키라島津斉彬가 세운 근대양식의 종합 공장인 상고집성관은 일본근대화의 상징이다. 규모의 경제라는 관점에서 본다면, 이러한 것도 일본이 통일되지 않으면 쓸모가 없게 된다.

명분없는 반항 - 내가 하면 로맨스

1871년에 있었던 폐번치현廢藩置縣의 시행은, 만일에 있을 변고에 대비하여 사쓰마·조슈·토사 등 3개번의 병력 1만명을 도쿄에 집결시킨 가운데 사이고에 의해 단행하였음은 이미 말했다.

여기까지였으면 사이고는, 비스마르크를 도와 근대 독일의 통일에 일조한 참모총장 몰트케Moltke나 육군대신 룬Roon의 업적에 비견될 수도 있었을 것이다. 그러나 그 후의 행적이 그의 발목을 잡고 있다.

이때 일본전역에서 폐번치현이 이루어졌지만, 그 마지막 완성단계에서 사이고 자신이 반항의 중심에 섰다. 그의 몰락(1877년의 서남전쟁)으로 메이지유신의 핵심인 폐번치현이 완성되었던 것은 아이러니하다. 이 서남전쟁에서 바로 메이지유신의 주역조차도 유신에 대한 이상의 설정이 없이 단순히 막부의 타도만을 노렸던 것임을 알 수 있다.

* * * * *

1874년 사이고는 자신의 정한론이 먹히지 않자 분개하여 관직에서 퇴진하여 그의 고향인 가고시마로 돌아갔다. 그를 따르는 사족들도 일제히 사직하고 모두 따라갔다. 그들은 가고시마에서 사족 자제들의 교육과 세력확장을 위해 사학교私學校를 세웠는데 사실상의 군대이자 정치조직이었다. 사이고는 사학교의 분교를 100여개소로 계속 증식하였고, 이로서 동지들과 함께 가고시마 전체를 장악하였다.

사이고는 사학교의 특별한 직책을 가지지 않았지만, 사실상의 중심인물이었다. 많은 청년들이 그의 덕망을 흠모하여 입교했다. 사이고는 스스로 사학교 강령과 무진전쟁 전사자를 위한 제문祭文을 지어 각 학교에 게시했다. 따라서 단순한 학교라기보다 군사교육 또는 정신수양의 단체로서의 경향이 강했고, 더욱이 정치적 불만을 가지고 귀향했던 사람 중심으로 설립되었다는 사정 때문에 정치결사적 성격이 농후했다.[47]

일본 전국의 번이 폐지되고 중앙정부가 들어섰지만 정작 사이고가 실질적으로 지배하게 된 가고시마(이전의 사쓰마)는 사이고의 독립 왕국이 되어갔다.

오사카의 여인

메이지유신에서 채택한 중앙정부의 정책은 모두 무시되었는데, 정부에서 파견한 관리가 가고시마에 부임해 오는 것도 거부하고 가고시마가 중앙정부에 납부해야 할 세금도 내지 않았다. 누가 보아도 가고시마는 그냥 둘 수가 없는 상태였다. 바로 반란을 일으킬 만반의 준비가 되어 있었던 것이다.

내가 하면 로맨스요, 남이 하면 불륜이라는 말이 바로 사이고에 딱 해당되는 말이다. 결국 사이고는 불만에 찬 무사들을 이끌고 자신을 수반으로 하는 정권을 만들기 위해서 반란을 일으켰다.

1만 3천의 군사를 거느리고 구마모토[48]를 향하여 진격하는 동안 규슈 각지에서 역시 불만에 찬 사무라이들이 가세하여 그 병력이 3만이 넘었다.

이것이 바로 막말 최후의 내전이라 부르는 서남전쟁(1877년)이며 탐 크루즈가 출연한 '라스트 사무라이'라는 영화로도 잘 알려져 있는데 그 내용은 많이 왜곡되어 있다. 우선 사이고가 국가와 사무라이의 명예를 위해서 전쟁을 일으켰다는 영화의 내용은 사실과는 한참 거리가 멀다. 권력에 대한 탐욕만이 눈앞에 있었던 것이다.

내전은 처음부터 사이고의 의도와는 달리 전개되었다. 반란군 진격의 대열 전후에서, 육지에서, 바다에서, 또 모든 측면에서 정부군이 반란군을 시종일관 토벌하는 양상이 되었다. 구마모토 성을 공격하는 동안 오히려 정부군이 츠루마루 성을 포위했다.

결국 구마모토 성을 함락시키지 못하고 반란의 거점인 가고시마로 퇴각하였으나 시로야마城山 산이 함락되고 사이고도 자살함으로써 반정부세력은 완전 소탕되었다.

> 서남전쟁은 무려 2만5천명의 잘 무장한 대군을 거느린 사이고의 반란이었으나 그의 서툰 전쟁솜씨로 패하며 멸망한 것이다. 정치권력에 대한 욕심이 목구멍까지 들어차 마침내 입 밖으로 나온 순간 그의 최후는 결정된 것이었고 그의 허술한 전쟁준비는 웃음거리가 되고 말았다.[49]

서남전쟁은 키도와 오쿠보 두 사람이 의견 일치하여 철저히 사이고를 따돌려 정한론을 부결시킨 결과이며, 이들 유신3인방 실세간의 내부파열음은 대규모 내전으로 귀결되어 메이지유신의 대미大尾를 장식하였다.

그러나 이들 유신의 주역들이 뿌려놓은 정한론의 씨앗은 서서히

서남전쟁– 메이지유신의 마지막 내전:

메이지유신은 사무라이들이 일본의 지배권을 놓고 다툰 치열한 내전이었다. 그 마지막 전쟁인 서남(세이난) 전쟁에서는 무려 25,000명이 전사하였다. 구마모토 성의 신정부군을 공격하는 사이고의 반란군이 대포를 끌고 짐을 나르고 있다.

발아^{發芽}하여 서남전쟁이 있은지 17년만에 청일전쟁(1894년)과 러일전쟁에서 그 결실을 맺었다.

* * * * *

흔히 구한말에 있었던 조선의 근대화를 두고, 일본의 유신 지사들과는 달리 조선의 위정자들은 생각이 짧았다거나 썩어빠진 유생들이라고 비난하며 경멸하는 경우가 많다. 또는 대원군의 쇄국정책만 없었으면 조선의 근대화작업이 금방 이루어졌을 것으로 생각하는 경향도 있다.

그러나 시대를 앞서간다는 것은 말처럼 쉬운 일이 아니다. 만약 그렇다면 망하는 국가는 하나도 없어야 하고 망하는 기업도 없을 것이며, 개인이 파멸하는 일도 없어야 한다.

윈스턴 처칠은 다음과 같이 말하지 않았던가?

> 역사는 인류의 죄악과 우행愚行, 그리고 불행의 기록이다.
> History is mainly the record of the crimes, follies, and miseries of mankind.

역사상 대부분의 인물들 누구나 시대의 대세가 그렇게 흐르는 것을 미리 파악하지 못했던 것과 같이, 한말의 조선 선비들도 대세가 자신들의 의도와는 반대로 가는 것을 파악하지 못했을 뿐이다.

이것은 소위 유신 지사들의 일생을 봐도 마찬가지인데, 이들이 자신들의 지혜와 의지대로 미래를 주도했던 때는 일본이 어느 정도 궤도에 오르고 난 다음이다. 그것이 바로 거스를 수 없는 대세, 세월이라는 요소를 지닌 트렌드라는 것이 아닐까? 이러한 이유로 우리는 한말의 근대화의 진도를 다른 각도에서 평가해야만 할 것이다.

┃ 러일전쟁
┃ ― 삼한정벌의 완성

서남전쟁으로 폐번치현이 완성되고 일본은 급격한 서구화의 길로 들어섰다. 이 무렵 눈이 어지러울 정도의 내정과 제도, 산업, 교육

등 여러 분야에서의 변혁과 개혁이 있었다.

이러한 변혁이 성공적이라고 판명되는 시점에, 일본은 청일전쟁과 러일전쟁을 일으켰으며 조슈와 사쓰마의 인물들이 그 중심에 대거 포진하여 두 전쟁을 주도하였다.

청일전쟁 후 이미 한국주차군으로 조선을 장악하고 있었던 일본은, 러일전쟁 중에는 전쟁에 필요한 인적·물적 자원을 조선에서 마음대로 징발하였다. 메이지유신의 내전에서 기반을 다져온 사무라이들은 이 전쟁을 통하여 국제적인 명장으로 이름을 올렸으며, 조선이 전쟁터가 되어 출세의 디딤돌이 되었다.

러일전쟁에서 강제동원된 조선인 노무자와 일본군:
러일전쟁은 조선을 할퀴고 간 전쟁이었을 뿐 아니고, 일제는 조선의 물자와 인력을 마음대로 동원하였다. 조선인들은 노무자로 강제 징집되어 혹사되었다.

러일전쟁으로 세계의 4대강국으로 발돋움한 일본은 이제 누구의 방해도 받을 일이 없게 되어 조선을 병합하는 일에 착수하였다. 그동안 방해꾼이었던 러시아가 물러난 만주에도 마음 놓고 세력을 넓힐 수 있었다.

조선의 멸망과 두 군신의 탄생

러일전쟁이 한참일 때인 1905년 7월에 일본은 미국과의 카츠라·태프트 밀약 체결, 8월에는 영국과 2차영일동맹을 체결하여 조선병합을 확인받았다. 그리고 바로 조선과 제1차 한일협약을 강압 체결하고 재정과 외교 양 부문을 일본이 장악하여 조선의 목을 졸랐다.

이어 9월, 전쟁이 끝나면서 포츠머스에서 열린 러일전쟁의 강화조약에서 일본은 한국의 지배권을 인정받았다. 그해 11월 총리대신 카츠라 타로桂太郞가 이끄는 일본의 내각은 한국과 보호조약을 체결하려고 추밀원장 이토 히로부미를 특사로 파견했다. 이미 조선은 역시 조슈 출신인 하세가와長谷川好道 주한 일본군사령관의 무력지배 아래에 있었다.

> 이때 궁궐 주위와 시내의 요소요소에는 무장한 일본군이 경계를 선 가운데 쉴새없이 시내를 시위행진하고 본회의장인 궁궐 안에까지 무장한 헌병과 경찰이 거리낌없이 드나들며 살기를 내뿜고 있었다.[50]

이런 분위기에서 이토는 하세가와와 함께 고종을 배알했다. 고종이 참석하지 않은 가운데 다시 열린 궁중의 어전회의에서 하세가와와 헌병을 대동하고 들어온 이토는 조약체결에 찬성하는 조선의 대신들로부터 조약을 승인받았다. 이것이 을사조약이다.

이듬해 1906년에 일제는 무소불위의 권력을 행사하는 통감부를 설치하고 초대 통감 이토 히로부미를 임명하여 식민지배 체제를 완성해 나갔다. 먼저 외교권이 박탈되었고 차례로 조선에 대한 군대해산, 사법권 박탈, 경찰권 박탈 등으로 이어져 5년뒤인 1910년의 한일합방(경술국치)으로 조선은 멸망하였다.

* * * * *

일본 측에서 보면, "신공황후가 7세기중반까지 지배했다는 삼한 땅이 상실된 후 도요토미 히데요시의 조선정벌(임진왜란)에서 실패한 고토故土의 회복"이 무려 1300년만에 러일전쟁으로 달성된 것이다. 세계의 4대강국으로 도약함과 동시에 정한론을 완성시킨 이 전쟁은 영원히 기념하여야 할 역사적 사건이었다.

일본은 전쟁의 승리를 가져온 육지의 영웅인 노기 마레스케와 바다의 영웅인 토고 헤이하치로를 군신으로 만들어, 이 위대한 승전을 영원히 계속되는 신의 이야기로 남기고자 하였다. 여기에는 이제 세계의 4대강국에 진입한 대일본 제국이 영원한 강국으로 지속되기를 바라는 염원이 담겨져 있다.

이렇게 하여 육지와 바다의 신이 조슈와 사쓰마에서 탄생하였으며, 이들을 모시고자 노기신사乃木神社와 토고신사東鄕神社는 연고에 따

러일전쟁의 상황지도:

1904년의 러일전쟁은 한반도와 만주가 주 전쟁터가 되었다. 또 동해와 황해, 남해가 해전의 중요한 무대였다.

일본의 여순에 대한 기습공격으로 전쟁이 시작되었고, 인천 앞 바다의 러시아 군함 두 척을 격침시킨 후, 일본군은 인천에 상륙하여 러시아 수비대가 배치된 압록강을 향해 진군했다.

한편 진해에서 출동한 일본 해군은 대마도 부근에서 러시아의 발틱 함대를 전멸시켰다. 다음 해에 전쟁이 끝나자 바로 을사조약이 이루어져 조선은 주권을 빼앗기고 명운이 끊어졌다.

출처: http://www.hani.co.kr

라 일본 전역의 여러 곳에 세워져서, 군국주의의 표상으로 삼았다. 제국주의가 배출한 두 영웅은 일본을 수호하는 신으로 모셔지고, 러일전쟁은 신들의 이야기로 격상되었다. 신공황후의 신화에 이어 제국주의는 일본의 새로운 신화가 된 것이다.

노기 마레스케乃木希典:

계획된 학살인가, 아니면 오랫동안 억압된 일본 민족의 집단적 무의식에서 발생된 범죄인가?

1894년에 있었던 청일전쟁에서 여순(뤼순)의 함락 후 4일동안 일본군이 저지른 여순참안旅順慘案이라는 대학살이 있었다. 그 중심은 오야마 이와오大山巖 아래에서 보병제1여단을 이끌고 출정한 노기 마레스케임을 이미 말하였다.

일본군은 여순의 주민 2만명을 모두 학살하였지만 36명만을 살해하지 않고 살려두었다. 남겨진 36명도 시체를 묻기 위해서 살려놓은 것으로 이들의 머리에는 "이들은 죽이지 말 것"이라고 써있는 머리띠가 감겨 있었다.

그리고 10년후에 일어난 러일전쟁에서 노기는 한국주차군 사령관으로서 조선인의 대량 학살을 저질렀다.[51]

> 러일전쟁 당시에 한국 주차군사령관으로 부임하여 무력으로 일제의 조선강점을 뒷받침하였으니 수많은 의병장들이 그의 손에 죽었다.

아래는 일본인의 시각에서 노기와 토고를 함께 비교하는 글이다. 노기가 여순공방전에서의 13만명의 병력 중 6만의 병력을 잃은 큰 실책을 저질렀지만, 현재 일본의 번영은 러일전쟁에서 노기의 승리에 기인하고 있다는 것이다.[52]

러일전쟁은 세계사를 크게 바꾼 전쟁으로, 노기가 무능하고 유능하고를 떠나 일본의 번영이 오늘에 이르는 것은 노기의 여순 공략의 성공에 있는 것이다.

노기는 군사령관으로서 무능했으나, 나의 판단으로는 203고지를 공략하여 여순항에 있는 러시아의 태평양함대를 격멸한 것은 분명히 노기의 공적이다. 이 일이 있은 후 토고 헤이하치로^{東鄕平八郞}가 거느린 연합함대가 동해해전에서 발틱함대를 전멸시켜 러일전쟁의 승리를 가져오게 되었으니, 노기가 거둔 역할은 매우 크다고 할 수 있다.

토고의 경우에는 당초에 승리의 희망이 없는 러일전쟁에서 승리를 거두어 일본을 구한 영웅인데 비해 노기는 그런 영웅적인 요소가 없다. 노기는 군인으로서는 낮게 평가되었는데도 일본이 군국주의로 나아가는 길에는 러일전쟁 승리자인 군신의 선두 인도가 필요했던 것이다.

토고 헤이하치로^{東鄕平八郞}

"금일 하늘은 맑고 파고는 높다." 라고 시작하는 전문을 황궁으로 보내고, 경상남도 진해에서 남하한 일본함대는 단종진을 이루어, 2열종대로 북진하는 러시아 함대와 부딪쳤다. 대마도 부근에서 격멸된 러시아의 발틱함대는 울릉도 부근에서 완전히 소멸되었다.

청일전쟁 때 황해해전에서 무공을 세운바 있는 토고는, 러일전쟁에서 대국 러시아의 발틱함대를 전멸시킴으로써 '동양의 넬슨^{The Nel-}

son of the East'이라는 별명을 얻었다.

러일전쟁이 끝나고 연합함대를 해산할 때의 연합함대해산지사聯合艦隊解散之辭는 해군력의 중요성을 훈시한 내용을 담고 있는데, 패전 이전에 일본에서 널리 읽혔으며 미국의 루즈벨트 대통령은 이를 영어로 번역하여 미군장교들에게 나눠주기도 했다.[53]

이 훈시에서 토고는 다음과 같이 근세일본의 임진왜란 관련 문헌에서 보이는 신공황후 담론을 인용하고 있다.

> 옛날에 신공황후가 삼한을 정벌한 이래 한국은 400여년 동안 우리의 통치를 받았으나 한차례 (일본의) 해군이 쇠퇴하자 곧 이를 상실했다.

이와 같이 조선에 대한 일본의 모든 침략은 신공황후와 임진왜란이 반드시 연계되어 나타나고 있음을 볼 수 있다.

조선을 무대로 영달한 사쓰마출신 인물들

조슈와 마찬가지로, 여기 가고시마에서도 메이지유신 주역들의 대부분은 하급무사들의 거주지였던 성하城下 마을인 카지야加治屋町를 중심으로 그 인근에서 출생했다.

사이고 다카모리의 친동생과 사촌동생도 여기에 이름을 남기고 있다. 특히 사이고, 오야마 이와오, 토고 헤이하치로, 쿠로키 타메모토의 출생지와 오쿠보의 유년시절의 집터는 사방 200m 안에 모두 들어있다.

앞에서 본 조슈번 출신의 인물들과 마찬가지로 이들도 청일전쟁
과 러일전쟁 등으로 조선의 흙을 밟고 출세가도에 올랐으며, 세계적
인 인물로 도약하기도 했다.

가고시마 갑돌천변 보행구간 지도:

갑돌교와 타카미교高見橋 사이는 800m의 거리이며, 갑돌천 양쪽으
로 '유신고향의 길'이 조성되어 있다. 지도에서 인물들의 출생지
는 다음과 같다.

A: 사쓰마 유학생 동상	B: 가바야마 스케노리 저택
C: 오쿠보 도시미치 성장지	D: 유신고향의 관
E: 오야마 이와오 출생지	F: 구로키 타메모토 출생지
G: 사이고 다카모리 출생지	H: 토고 헤이하치로 출생지
I : 시노하라 쿠니모토 출생지	J: 야마모토 곤베 출생지
K: 이노우에 요시카 출생지	L: 오쿠보 도시미치 출생지
M: 가와무라 스미요시 출생지	N: 마쓰카타 마사요시 출생지

앞에서 말한 아래의 두 인물을 포함하여, 사쓰마 출신으로 총리 대신을 지냈거나 육군과 해군의 원수 또는 대장 등으로 출세한 인물들은 다음과 같다.

사이고 다카모리   카지야 마을 출생
오쿠보 도시미치   고려 마을 출생

오야마 이와오大山巖

가고시마 군의 성하마을 카지야 출생. 사이고의 사촌 동생으로 그 아버지가 양자를 가서 성이 바뀐 것이다.

살영薩英 전쟁과 무진전쟁에 참가하였다. 서남전쟁 때는 유학 중이었는데, 급거 귀국하여 사이고를 설득하였으나 실패하였다. 시로야마城山 산에서 사이고를 토벌하는 입장이었으며, 이 일로 생애 두 번 다시 가고시마에 오지 않았다. 츠구미치西鄉從道와는 사이가 좋았다고 한다.

청일전쟁에서 육군대장으로 제2군사령관, 러일전쟁에서는 원수육군대장 만주군 총사령관으로 두 전쟁에 참전했다. 러일전쟁의 봉천대회전에서 러시아 육군 30만 명을 패퇴시켰다. 육군대신, 육군참모총장, 문부대신, 원로(겐로) 역임. 육군경·참모본부장 등을 역임했으며, 그 후 참의·문부대신·법무대신을 지냈다.

마츠카타와 함께 사쓰마 출신의 말단무사로 공작에 오른 인물이다.

사이고 츠구미치西鄕從道

다카모리의 친동생 사이고 츠구미치西鄕從道는 서남전쟁 때 맏형의 반란에 가담하지 않고 육군차관으로서 반란 진압에 섰다. 사이고의 다섯 형제 중 츠구미치만 살아남았다.

츠구미치는 1879년 참의, 그후 해군대신, 내무대신 등을 역임했다. 또 육군 중장에서 해군대장으로 승진을 했다. 원수와 겐로元老를 역임했다.

야마모토 곤베山本權兵衛

가고시마 군의 카지야 출생. 해군대신과 외무대신, 내각총리대신 역임.

살영薩英 전쟁과 무진전쟁에 종군. 청일전쟁에서는 해군대신부관으로 근무. 1904년 토고와 함께 해군대장에 승진. 백작서임.

러일전쟁의 종결시까지 약 8년을 해군대신으로 최고위에 있었다. 러일전쟁 때 천황에게 토고를 연합함대 사령장관으로 임명하였고, 블라디보스토크 함

대를 전멸시키고 육군과 협동작전으로 여순의 러시아 태평양함대를 전멸시켜 해상권을 유지했다. 일본 해군의 근대화에 제1공을 세웠으며 그후 수상을 두 번 역임했다.

토고 헤이하치로東鄕平八郞

가고시마 군의 성하마을 카지야 출생. 해군원수대장, 후작.

살영전쟁과 무진전쟁에 종군. 청일전쟁에서는 순양함 함장으로 참전하였고 러일전쟁에서 일본 연합함대 사령장관으로 쓰시마 해전에서 러시아의 발틱함대를 전멸시킴으로서 일본이 세계 4대강국에 들어가는 계기가 되었다.

카와무라 카게아키川村景明

사쓰마 번사 출신으로 살영薩英 전쟁과 무진전쟁, 하기萩의 난, 서남전쟁 종군.

청일전쟁에 출정하여 남작에 서임. 러일전쟁에서 육군대장·압록강군사령관에 취임하여 봉천회전에 출정했다.

전후, 군사참의관겸 동경위수총독이 되었고, 자작에 승급, 그후 원수 육군대장이 되었다.

노즈 미치츠라野津道貫

가고시마 성하 고려마을의 하급무사 출신. 원수육군대장, 후작.

무진정쟁, 도바 후시미전쟁, 하코다테 전쟁, 서남전쟁 참전.

청일전쟁에서 제1군사령관으로 참전하여 백작서임 및 대장에 진급. 제4군사령관으로 러일전쟁에 참전 후 원수 승진과 후작 서임이 있었다.

이노우에 요시카井上良馨

가고시마 시 고려마을 출생. 원수해군 대장, 자작. 운양호의 함장.

1875년 해군차관의 명령에 따라 운양호의 함장이던 이노우에 소좌는 조선군의 강화도 포대에 대하여 도발하여 운양호 사건을 일으켰다. 이 사건으로 일본은 포격전의 책임을 조선 측에 씌워 개항을 강요하고, 이 결과 두 나라 사이에 강화도조약이 체결되었다.

쿠로타 키요타카黑田淸隆

가고시마 시 성하마을(신야시키新屋敷町: 카지야 근처) 출생으로 사쓰마 번사의 장남. 무진전쟁과 서남전쟁에 참전했다. 총리대신, 원로, 육군중장, 백작서임.

운양호 사건으로 무력 도발하여 맺어진 강화도조약에서 일본의 전권대표로 참석하였다. 총리대신으로 재임 중에 일본 제국헌법이 반포되었다.

운양호사건과 강화도조약(조일수호조약):

일본이 조선을 강압하여 개항을 하게 된 일련의 두 사건은 무력시위와 무력의 도발 그리고 공갈과 협박으로 일관되었다. 여기에는 사쓰마 출신의 인물 2명과 조슈 출신의 인물 1명이 주역으로 등장하고 있으며, 동원된 배에는 일장기 외에 조슈번 모리毛利가문의 문장이 걸려 있었다.

사건은, 계속된 대원군의 쇄국정책과, 명치 신정부가 보내 온 도를 넘은 방자한 내용의 외교문서에 조선정부가 문호개방에 미온적인 태도를 보여온 것으로 시작되었다. 1872년, 이러한 상황을 타개하고자 56명의 일본인들이 왜관을 벗어나 동래부사와 직접 면담하려고 사단을 일으킨 일이 있었다.

이러한 명백한 도발에도 조선의 반응이 없게되자, 1875년 5월 일본은 근대식 군함 운양호 등 2척을 예고없이 부산항에 진입시켜, 함포사격으로 인근지역을 공포로 몰아놓는 등 무력을 시위했다. 이마저도 소용이 없게되자 같은 해 9월, 운양호는 다시 출항하여 강화도 앞 난지도에 도착하였다.

운양호 함장 이노우에 요시카井上良馨는 작은 보트로 강화도 초지진으로 접근하여 조선군의 무력도발을 유도했다. 이때 조선 수병은 예고없이 침투하는 일본군 보트에 위협사격을 가하였고, 일본군은 모함으로 되돌아가 조선에 일방적인 포격을 가하였다.

초지진을 쑥밭으로 만든 운양호는 남하하며 항산도 포대를 박살내었으며, 다시 인천 영종도의 포대를 포격하고 섬에 상륙하여 민가를 습

운양호 사건:
일본의 그림으로, 일본 해군이 강화도를 습격하여 조선군을 공격하는 장면이다.

격하고 닥치는 대로 살인과 방화·약탈·강간을 자행했다. 그날 밤 이노우에는 운양호에서 승전축하 잔치를 벌이고 다음날 영종도를 떠나 나가사키로 귀항했다.

몇 달후인 10월, 일본해군 70여명이 무장한 채 초량의 왜관을 벗어나 민가를 침입하여 공포분위기를 조성하는 등 분쟁의 단서를 만들려는 무력도발이 몇 번 더 있었다.

다음해인 1876년 1월, 쿠로다 키요타카黑田清隆는 현역 육군중장으로 4척의 군함과 400명의 해군을 이끌고 조선에 출동하였는데, 도중에 2000명의 육군과 함정 2척의 증원을 요청한 후 강화도에 상륙하였다. 전년의 운양호사건을 상기시키면서 한양으로 진입하겠다고 으름장을 놓았고, 무력시위와 공갈, 협박으로 조선정부를 압박하였다.

마침내 2월, 조선은 굴복하여 강화 연무당練武堂에서 조선의 전권대신 신헌과 일본의 전권대사 쿠로다 키요타카 사이에 강화도 조약이 체결되었다. 여기에 조슈 출신의 이노우에 가오루井上馨가 부사로 참석했다.

쿠로키 타메모토黑木爲楨

카지야 마을 출생, 육군대장, 백작. 무진전쟁, 후시미전쟁과 서남전쟁에 참가했으며, 청일전쟁에서 6사단장으로 위해위威海衛를 공격했다.

러일전쟁에서는 대장으로 제1군을 지휘하여 진남포에 상륙 후 북진하여 압록강에서 도하하여 구련·봉황, 요양회전과 봉천회전까지 연승하였다. 해외의 평가는 토고 제독에 비견된다.

이토 스케유키伊東祐亨

가고시마 시 성하마을 시미즈바바清水馬場町 출생. 살영薩英 전쟁, 무진전쟁에 종군. 해군 원수, 자작.

1894년의 청일전쟁 때 연합함대 사령장관. 위해위威海衛에서 북양함대의 항복을 받아 자작에 서임되고 대장에 올랐다. 러일전쟁 때에 군령부장으로 대본영을 움직였고, 러일전쟁이 끝난 후 원수로 진급했다.

가바야마 스케노리樺山資紀

사쓰마 번 가지야 출생. 살영전쟁, 무진전쟁 종군, 서남전쟁에서 구마모토 진대의 참모장으로 참전 후 경시총감과 육군소장으로 승진하였다.

그후 해군으로 전보하여 청일전쟁에서 해군군령부장으로 참전. 해군대장과 초대 대만총독(1895). 내무대신과 문부대신, 해군대신(1890) 역임, 백작.

니레 카게노리仁禮景範

사쓰마 번 출생. 해군중장, 해군대신(1982), 자작.

막말의 번사로 살영전쟁 참전. 해군참모본부장, 해군대학교장 지냄.

2차 이토 내각의 해군대신에 취임하여 육군의 참모본부로부터 해군의 독립에 진력하여 군령부가 설립되었으나 결국 육군의 반대로 좌절됨.

가와무라 스미요시川村純義

사쓰마 번사 출신. 해군대신, 해군대장 (사후), 백작. 처는 사이고 모계쪽의 사촌으로 이러한 연줄로 중용되었다.

무진전쟁에 참전. 서남전쟁에서는 실질적인 해군사령관으로 사이고를 토벌하는 입장이 되었다. 전후 육군대신, 추밀원고문을 지냈다. 사후 대장에 승진되었다.

야마모토 에이스케山本英輔

사쓰마 출신이며 야마모토 곤베의 조카. 해군대장. 러일전쟁에서 2함대 참모로 쓰시마 해전 등을 참전했다.

그 후 일본해군에서 항공전력의 장래성을 주목한 최초의 인물로 알려졌다. 1927년에 신설된 해군항공본부의 초대본부장에 취임하였다. 그후 요코스카진수부사령장관과 연합함대사령장관을 역임하였다.

오사코 나오하루大迫尚敏

사쓰마 출신. 육군대장, 자작.

살영전쟁, 무진전쟁과 서남전쟁에 종군. 보병제5여단장, 육군소장으로 청일전쟁 출정하여 남작과 중장 승진.

러일전쟁에서 노기 마레스케 대장 아래에서 203고지의 공격을 담당하였고, 이어 여순회전과 봉천회전에 참전하여 육군대장에 진급했다.

마츠카타 마사요시松方正義

사쓰마 가고시마 시 인근의 시모아라타荒田村 출생. 공작.

일본은행 창설자로서 수상 두 번(1891, 1896)과 대장대신 일곱 번을 역임했다.

러일전쟁의 개전에서 이토와 카츠라 타로의 소극파에 대한 반론으로 적극적인 개전을 주장하였는데, 대장대신으로 재정상의 문제는 책임진다고 호언하여 원로회의를 주도했다. 전후 이 공적이 천황에게서 인정되어 이례적으로 대훈위수장大勳位受章을 받았다.

사츠마 출신으로 조선과 직접 간접으로 관계하여 영달한 인물은 위에서 말하였다. 상기 이외에 메이지유신을 전후하여 사츠마가 배출한 인물은 다음과 같으며, 조슈와 더불어 유신의 주체세력으로의 사츠마의 위상을 나타내고 있다.

가와지 토시요시川路利良:

일본경찰의 아버지, 대경시(大警視: 경시총감), 서남전쟁에 육군소장을 겸임하여 경시대를 조직한 후 참전.

테라지마 무네요리寺島宗則:

막부의 제1차유럽 파견사절文久遣欧使節에 통역 겸 의사로 참가. 외무대보(1869년), 참의 겸 외무대신. 문부장관. 추밀원부의장(1881년). 일본 전기통신의 아버지. 백작

모리 아리노리森有禮:

초대 문부대신, 자작. 히도츠바시一橋대학설립

고다이 토모아츠五代友厚:

상인, 오사카 시립대학 설립

요시이 토모자네吉井友實:

가지야 마을 출생, 사이고와 오쿠보의 죽마고우. 백작. 무진전쟁 참전. 초대 일본철도 사장(1982).

무라다 신바치村田新八:

이와쿠라 도모미가 인솔한 구미 사절단의 일원으로 참가. 오쿠보가 그의 후계자로 기대했지만 사이고의 반란군에 가담했다가 자결.

시노하라 쿠니모토篠原國幹:

근위육군소장 직을 던지고 사이고를 따라 귀향. 서남전쟁에서 전사.

이지치 마사하루伊地知正治:

다카모리의 신임을 받아 사쓰마 번의 참모로 활약. 유신 후 궁중고문관 역임.

마노키 노부아키牧野伸顯:

오쿠보의 아들로 부형과 함께 이와쿠라 사절단 참가 후 미국 유학. 외무대신·내대신 등 역임. 백작서임. 후에 간신으로 지목되어 암살의 위기가 있었음. 일본에 야구를 소개함.

1 '타마키 분노신'(玉木文之進)의 구택과 함께 있다.

2 미국의 페리 제독이 군함을 이끌고 와서 무력으로 통상을 강요했다.

3 '일본사 다이제스트 100: (스러진 시대정신의 소유자, 요시다 쇼인 - 에도시대의 지사)' 정혜선, 가람기획 2011.

4 'The Story of America', The Reader's Digest Associations, Inc., Pleasantville, New York, 1975.

5 네덜란드를 통해 들어온 서구문명을 일본에서는 난학이라고 하였고, 이후 영국을 통해 들어온 서양문명을 영학이라고 하였다.

6 長袖善舞多錢善賈: 사마천의 '사기-화식열전'에도 같은 말이 나온다.

7 '메이지 유신은 어떻게 가능했는가' 박훈 저, 민음사, 2014.

8 '사무라이의 침략근성과 제국주의 일본의 부활' 양영민.

9 '조선 침탈 원흉 길러낸 요시다 쇼인' 정경모, 한겨레신문.

10 원씨(源氏·겐지), 평씨(平氏·헤이지), 원평전쟁(源平·겐페이)

11 http://blog.sina.com.cn/ 여기 블로그에서도 다음 내용이 검색된다. 所謂的源平交代思想, 就是一般口語化的「源平二氏輪掌天下」'소위 원평교체사상은 바로 원평의 두 성씨가 번갈아 일본을 장악한다'는 의미이다.

12 http://ja.wikipedia.org/wiki/源平交代思想

13 '일본은 왜 한국을 못살게 굴까' 김병섭 저, 지샘, 2011.

14 이하 '충북일보 2012-11-13, 신영우 충북대학교 사학과교수'

15 '리훙장 열전' 양계초 저, 프리스마, 2013.

16 '갑오년의 동아시아' 박삼헌, 경향신문, 2014-01-14.

17 임오군란(1882년)이 수습되자 조선에서 청국의 입김은 커졌고, 청군의 위세에 압도되어 조선의 국왕이나 정부는 그들의 힘에 의지하고 비위를 거스리지 않기에 급급했다. 이때 청국은 조선을 병탄하려는 의도는 없었지만 과도한 간섭을 시작하였다.

18 〈國際日報〉李鴻章與"鐵哥們"格蘭特：我們是最偉大的/ 作者：王海龍 http://www.chinesetoday.com/

19 앞에서 이야기하였지만, 민황후(명성황후)의 시해를 주모한 자들인 '이노우에 가오루'(井上馨), '미우라 고로'(三浦梧樓)도 모두 조슈번 출신이다. 물론 이들의 뒤에는 총리 '이토'와 외무대신 '무츠'가 있었다.

오사카의 여인

20 '청일 러일전쟁', 하라타 게이이치 저, 최석완 역, 어문학사, 2012.

21 [네이버 지식백과] 청일전쟁 (한국민족문화대백과, 한국학중앙연구원)

22 '청일 러일전쟁', 하라타 게이이치 저, 최석완 역, 어문학사, 2012.

23 출처: '갑오년의 동아시아' 박삼헌, 경향신문, 2014-01-14.

24 이 사건에 대해서는 흥미롭게도 을미사변이나 다른 것들과 달리 분명한 명칭이
없다. 그래서 '경복궁 쿠데타'나 '경복궁의 변'과 같은 불명확한 이름을 쓰고 있
다. http://mirror.enha.kr/wiki/청일전쟁

25 '청일 러일전쟁', 하라타 게이이치 저, 전게서.

26 [네이버 지식백과] 청일전쟁 (한국민족문화대백과, 한국학중앙연구원)

27 충북일보 2013-04-09, '히로시마 대본영 편' 신영우 충북대 교수.

28 http://ja.wikipedia.org/wiki/井上馨

29 '中国网, www.china.org.cn/'에서 '乃木希典 旅順大屠殺'로 검색

30 '식민지배의 첨병: 일본군' 신주백, 한국역사특강, 2001. 10. 29.

31 生於萩城郊的中津江, http://zh.wikipedia.org/wiki/三浦梧樓

32 주강현, 전게서 '제국의 바다, 식민의 바다' 2008. 5.

33 이것은 조지 오웰의 말이다.

34 '일본사여행' 황인영 저, 일본 문화연구센터, 1995.

35 한겨레의 강추 블로그 http://blog.hani.co.kr/chris

36 료마는 불구대천의 원수인 사쓰마와 조슈 사이의 동맹을 성사시켰다. 이로서
막부가 힘에서 밀리게 되었다.

37 장광덕의 블로그: blog.joins.com/bsjh2

38 '제국의 바다, 식민의 바다: 사쓰마와 죠슈의 바다공간적 상징성' 주강현 저, 대
구사학 제91집 (2008년 5월) 1225-9039 KCI

39 군인이자 경찰관료로 조선총독부 정무통감을 지냄.

40 임오군란(1882) 직후 맺어진 제물포조약(1882)의 일본의 전권공사

41 '언론인 정순태의 우리역사 기행 http://pub.chosun.com/ 2014- 03-29'에 실린
내용으로, 일본 산케이신문의 구로다 가쓰히로(黑田勝弘) 서울지사장과의 대담
내용이다.

42 유신고향길: 維新ふるさとの道 / 갑돌천: 甲突川, こうつきがわ

43 [동아광장/이나미] '악마는 어떻게 만들어지는가' 이나미 객원논설위원, 동아일 보, 2015. 1. 16.

44 '현대일본을 찾아서 1', 마리우스 B. 젠슨, 이산출판, 2006.

45 지도출처: 武将-家紋地図, www.harimaya.com

46 철학사상과 사회과학의 만남, 고영복, 2005, 사회문화연구소.

47 '언론인 정순태의 우리역사 기행' 정순태, 조선뉴스프레스, 2014.

48 구마모토는 사쓰마와 같은 큐슈에 있으며, 정부군의 중요한 군사기지인 진대 (鎭臺)가 있었다.

49 '크리스의 블로그' http://blog.hani.co.kr/chris

50 [네이버 지식백과] 을사조약 (한국민족문화대백과, 한국학중앙연구원)

51 주강현, 전게서: '제국의 바다, 식민의 바다' 대구사학 제91집.

52 블로그명: 白象の気まぐれコラム, http://hakuzou.at.webry.info/

53 이하 '그들이 본 임진왜란' 김시덕, 학고재, 2012.

제5부

'피의역사' 기행의 종점

— 제국의 종말

가고시마 시에서 본 사쿠라지마 섬:

금강만 너머로 보이는 사쿠라지마는 활화산이다. 해변의 소철은 햇살에 풍요롭지만 화산에서 뿌리는 검은 재는 좁은 해로를 건너 가고시마 시 내로 날려든다.

제국의 종말

이쓰코와 함께 한 일주일 간의 '피의역사' 기행에서, 하기와 시모 노세키 그리고 가고시마를 쉬지 않고 돌아보았다. 가고시마 에서의 마지막 날, 이쓰코에게 다음과 같이 말하였다.

답사여행을 끝냈으니 내일은 후쿠오카 시내를 구경하며 당신과 함께 영화라도 보고 싶다.

일본말은 못 알아들어도 좋으니 이쓰코와 둘이서 일본의 애정영 화라도 보았으면 하는 것이 나의 희망이었다.

이때 이쓰코는 우리의 '피의역사' 기행을 시내의 영화관에서가 아니라 하카타 항에 있는 인양기념관에서 마무리를 하자는 전혀 뜻 밖의 제의를 하였다.

저는 후쿠오카에 자주 오는 편이라서 잘 아는데 여기 하카타 항에 인양기념관이라는 것이 있읍니다. 일본의 침략역사를 마무리하려면 비행기로 떠나기 전에 거기를 가보기를 권합니다. 저도 동행하겠습니다.

이쓰코는 '피의역사' 기행의 종착점을 분명히 제시하고는 설명을 계속 이어갔다.

인양 그러니까 종전 후 해외 일본인들의 본토 귀환은 수십개의 항구에서 이루어졌고, 그중 대표적인 곳이 이 하카타 항입니다. 거기를 가보지 않고는 우리의 역사기행도 마무리가 되지 않을 것입니다.

전에는 상당히 큰 전시홀이었으나 지금은 매우 규모가 줄었다고 합니다. 그것은 세월이 흘렀고 또 인터넷의 보급으로 그렇게 되었을 것입니다.

메이지유신은 조슈와 사쓰마의 두 번藩이 주도한 군사반란으로 에도막부를 쓰러뜨리고 종국에는 조선과 중국을 포함하는 동아시아 일대를 포함하는 거대한 제국을 건설한 사건이다. 이제 이 메이지유신이 일으킨 '피의 역사'의 종말은 하카타 항에서 일어난 인양에서 집약적으로 상징되고 있으며, 그곳을 찾아보는 것은 특별한 의미가 있다는 것이다.

때에 맞춘 이쓰코의 제의에 따라, 이제는 이차대전에서 패망한 후 그간 조선 중국 동남아 등 광대한 지역에 진출하여 식민정책의 첨병으로 있었던 이들 일본인의 결과에 대한 이야기로 여행을 마무리하게 되었다.

본토로의 귀환
― 인양

일본인들이 종전이라고 부르는 이차대전의 패전이 있은 다음, 그 광대한 지역에 지배자이자 상전으로 진출하였던 일본인들은 이제는 본국으로 내몰리는 신세가 되었다. 이들 식민지 또는 정복지에 진출 하였던 일본인들의 본국으로의 귀환을 일본인들은 인양^{引揚}이라는 용어를 사용한다.

나는 이쓰코에게 왜 이렇게 인양이라는 생경한 용어를 쓰는가를 물어보았다. 이쓰코는 자기가 아는 상식에서 대답하였다.

인양은 히키아게루^{引き揚げる}라는 순수한 일본어로 귀국한다는 의미입니다.

이 말은 1945년 패전까지 일본의 식민지와 점령지에 생활기반을 가진 비전투원이 본국으로 귀환하는 것에 한하여 사용되는 용어입니다. 아마도 태평양 전쟁의 무게만큼 역사의 중요한 부분이 되어 별도의 용어를 붙여 부르는 것이 아닐까요?

한편 군인 또는 군속을 소집해제 또는 해고하여 군적에서 빼는 일을 복원^{復員}이라고 하는데, 외지 또는 외국에 출정하였다가 그후 본토로 귀환한 일본군의 군인은 복원병^{復員兵} 또는 복원자라고 부른답니다.

여기에서는 인양이라는 말과 함께 본토귀환이라는 익숙한 용어를 함께 쓰기로 한다. 아래는 나중에 서울에서 찾아본 자료다.

패전 후 1949년말까지 4년동안 군인군속을 포함한 624만명이 귀환했다. 이들 중 군인·군속과 민간인의 비율은 각각 절반씩이다. 이 사업은 대단히 광범위하고 대규모였으며, 인류사상 최대의 단기적이자 집단적인 인원이동이라고 할 수 있다.[1]

이 수치는 당시 일본본토의 인구 7천만명의 10%에 육박하고 있다. 인양사업은 연합군의 명령에 의한 강제되었던 것으로, 과거 일본제국이 조선·만주·중국·동남아·태평양 등지의 광대한 식민지와 점령지로 급팽창한 사건에 못지 않는 대규모적이고 역사적인 사건이다.

1945. 8. 15 일본 천황의 항복선언:
이날 천황의 항복방송은 메이지유신의 기나긴 역사의 종착역이었다. 승승장구하였던 일본은 이날로 패망을 맞았다. 거리에서 일본인들이 무릎을 꿇고 천황의 항복선언을 듣고 흐느끼고 있다.

귀환의 다양한 양상은 논문으로만 어마어마한 양이고, 지역에 따라 또 점령지에 따라 너무나 편차가 심한 편으로 이것을 중점으로 다루는 것은 이 책의 범위를 훨씬 넘어서는 일이다.

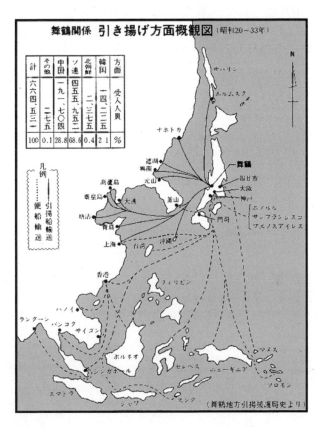

인양의 지도:

인양은 일본전역의 큰 항구마다 이루어졌고 600~700만명의 해외 일본인들이 한꺼번에 몰려든 역사적인 사건이다. 약50년에 걸친 일본의 해외팽창이 급속한 순간에 원점으로 돌아 온데서 인양 자체가 하나의 역사적 사건으로 되었다.

지도출처: http://www.geocities.jp/k_saito_site/

한국에서는 해방 후의 어수선한 정국으로 이들 일본인들의 귀환에 대하여 큰 비중을 두지는 않는 것 같다. 그러나 메이지유신 이후 과도하게 팽창한 일본 제국의 영토에 대하여 이야기를 하려는 마당에, 메이지유신의 종결편이라고 할 수 있는 본국귀환(인양)이라는 사건의 진행은 나로서는 꼭 알고 싶은 것이었다.

실제로 이쓰코는 본토귀환에 대하여 자세히 알고 있었고, 하카타의 인양기념관 외에도 오사카에서 가까운 두세 곳의 인양기념관에도 가 보았다 한다.

이 인양(귀환)은 우라가·하카타·마이즈루·가고시마·우지나·사세보·센자키·오타테·타나베·하코다테·요코하마 등의 여러 항구에서 있었어요.

하카타 인양기념관의 홈페이지:

큐슈 북부의 '하카타'는 대표적인 인양항구였다. 홈페이지 상단의 '고난과 평화에의 소원'苦難と平和への願い 이라는 소제목의 의미가 무엇인지 전혀 파악이 안된다.

그도 그럴 것이 이차대전의 패전에 겹쳐 수백만명의 해외 일본인들이 보따리 하나씩만 메고 본토로 대거로 몰려든 귀환은 늘 있는 통상적인 사회문제가 아니었지요. 따라서 당시에 이를 다룬 신문기사도 매우 많으며, 그중의 대표적인 항구의 하나가 바로 여기의 하카타 항구인 셈입니다.

하카타 항은 종전 직후 인양구호항으로 지정되어 일반인과 구舊군인 등 139만명의 인양이 이루어졌고, 조선인과 중국인 약 50만명이 역시 하카타 항에서 고국으로 귀환하였다고 한다.[2]

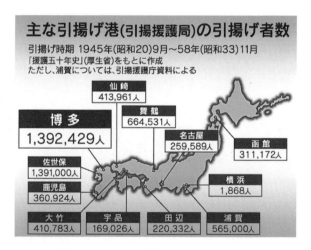

주요 인양항:

인양은 전국에서 벌어졌으며 후쿠오카의 하카타 항은 대표적인 인양항이었다. 다음이 인근의 사세보 항이다.

출처: nokonoshima-museum.or.jp

제2장

하카타博多항

　이렇게 하여, 우리는 6일간의 '피의 역사' 현장답사 여행의 마지막 종결편을, 후쿠오카 공항에서 바로 지척에 있는 하카타 항과 그 항에 있는 인양기념관에서 찾게 되었다. 하카타와 후쿠오카라는 두 개의 지역은 근대에 하나의 도시로 합쳐졌는데, 공항과 도시명에만 후쿠오카의 명칭을 쓰며 항구나 기차역에는 하카타라는 명칭을 사용하고 있다.

　하카타역에 내려 부근 호텔에서 여장을 풀고 늦은 점심으로 간단한 요기를 한 후, 이쓰코는 나를 끌어 시내 구경을 나갔다.

쿠시다櫛田 신사

기온祈園의 거리를 걸으며 커피샵에 들러 잠시 쉰 후 이쓰코는 1000년 되는 은행나무로 유명한 쿠시다櫛田 신사로 인도했다. 현縣 지정 천연기념물인 부부 은행나무로, 한 쌍이 밑둥을 붙인 채 사이좋게 가지를 뻗고 있어서 부부 은행나무라는 이름을 가지게 있다. 경기도의 용문사나 인천의 소래산에서 보았던 은행나무보다 작은 것으로 보아 1000년은 턱없이 안되는 것 같았다.

일본 3대 마츠리 중의 하나인 '기온야마카사'祈園山笠 마츠리가 하카타에서 열리는데 마츠리祭り의 하이라이트를 장식하는 오이야마追山가 시작되는 곳이 이 신사이다.

쿠시다 신사는 하카타를 지켜주는 수호신들을 모시고 있는데, 이 신들은 불로장생과 상업 번성을 돕는 신이라고 하였다. 이쓰코는 50엔 동전을 넣어 점괘지를 뽑고는 우리의 역사기행의 운세가 좋다고 가늠하고는 그것을 길게 접어 끈으로 만든 후 본전 앞의 이미 많은 점괘지 사이에 묶어 소원을 대신했다.

그러면서 나의 손을 이끌어 처음으로 신사에 참배를 하였다. 그러면서 앞으로 책으로 나올 우리의 역사탐방이 좋은 결과를 이루어 달라는 기도를 같이 하자고 하였다. 물론 여기에 반대가 있을 수 없었다.

일본의 신사에는 짚으로 새끼를 꼰 것이 많이 쓰이는 것으로 보아 우리와 비슷한 정서를 느낄 수 있었다. 우리의 경우에도 몽당귀신 같은 것에서는 짚에서 나오는 기운을 전하고 있다.

이 신사의 본전 처마 아래에는 다른 신사에서는 볼 수 없는 무척 큰 동아줄인 시메나와^{注連繩}가 걸려 있었다. 이 동아줄은 사람과 신의 영역을 구분하는 것인데, 굵은 부분은 60cm 정도의 직경으로 짚으로 꼰 것이 매우 정교하고 큰 뭉치로 육중하게 만들어져서 그것을 쳐다보는 것만으로 신비한 감을 자아내었다.

이쓰코는 나와의 여행 중 처음으로 신전의 헌금함에 돈을 넣었고, 길게 드리운 줄을 흔들어 종을 친 후 두 번 절하였다. 종은 신사에 은은한 종소리를 퍼뜨렸다. 그녀는 다시 박수를 두 번 치고 마지막으로 한번 절하여 물러나오며 기도를 끝내었다. 나도 그대로 따라하였고 속으로 이번 역사기행이 한일간 역사의 새로운 시발점이 되어달라고 기도했다.

명성황후를 벤 히젠토

신사 경내를 돌던 우리는 하카타 역사관 앞에서 발걸음을 멈췄다. 그곳은 신사 경내의 많은 유물을 보관하고 있는 곳으로 입장료를 받고 있었는데, 1895년, 경복궁 건청궁에서 벌어졌던 명성황후 시해사건에 가담했던 일본인 '토오 가츠아키^{藤勝顯}'라는 자가 시해에 사용한 칼인 히젠토^{肥前刀}가 이 역사관에 보관되어 있다는 기억이 갑자기 떠올랐기 때문이다.

이것은 16세기 에도시대 다다요시란 장인에 의해 만들어진 명검으로, 처음부터 전투용이 아닌 사람을 베기 위해 만들어졌다고 한다. 쿠시다 신사가 히젠토^{肥前刀}를 관람객에게 전시하는 일은 일년에 단 한차례로 오늘은 아니었다. 그러나 명성황후를 시해한 칼이 보관되어 있는 사실만으로 나의 마음을 무겁게 했다.

다음은 그러한 칼이 이곳에 보관되어 있다는 사실을 알고 찾은 MBC 시사매거진 2580 취재팀과 조선왕조실록 환수위 간사 혜문스님 등 일행이 신사관계자들과 나눈 이야기로, 칼의 공개에 대해서 신사 관계자는 대단히 난처해한 것을 볼 수 있다. 사안의 엄중함으로 당시 방문객과 신사 관계자와의 사이에 무겁게 흘렀던 대화를 적은 기사를 읽어가면, 마치 내가 이 현장에 있는 당사자와 같은 갑갑한 느낌이 든다.

자주색 보자기에 싼 칼을 취재진에게 풀러 놓았을 때. 가슴 한쪽에서 피가 울컥 쏠리는 느낌이었다.   〈중략〉

궁사는 그 이상 다른 말을 하지 않았다. 긴 설명을 늘어놓을수록 난처해질 거라고 생각했을 것이다. 그런 심경을 반영하듯 그의 얼굴은 대취한 술꾼처럼 붉게 달아올랐고, 손은 미세하게 떨리고 있었다.

"이곳은 신사입니다. 이 지방 사람들이 신성하게 생각하는 곳이지요. 히젠도는 16세기부터 수많은 사람의 생명을 거둔 칼이고 또한 유명한 칼이니까 이곳에 기증하지 않았나 생각합니다."

궁사는 말을 마치고서 이내 칼을 거두었으며, 취재팀은 서로에게 안부 외의 특별한 말을 하지 않았다.

"한일관계의 많은 업보를 담고 있는 칼이군요. 잘 간수해 주시기 바랍니다. 취재를 허가해 주셔서 감사합니다."

여기에는 이러한 선문답 외에 무슨 긴 말이 필요할까? 전후 사정을 나에게서 들은 이쓰코도 나와 함께 취재팀과 마찬가지로 무거운 마음이 될 수 밖에 없었을 것이다.

쿠시타 신사를 나와 바로 커낼시티로 이어진 나카스^{中洲}와 나카가와^{那珂川} 강을 지나 텐진^{天神}까지 걸어갔다. 텐진에서 인양기념관이 있는 도진마치^{唐人町} 역까지는 지하철로 세 정거장이었다.

이쓰코를 따라 토진마치 역에서 내려 인양기념관이 있는 '후쿠오카 시민플라자'에 들어갔다. 여기에는 '인양항·하카타, 고난과 평화에의 소원'^{引揚港·博多, 苦難と平和への願い}이라는 매우 생뚱맞은 이름으로 인양에 대한 상설전시실이 개설되어 있으며, 이와 별도로 하카타 항에는 '인양기념비'가 서있다.

패전의 여파

일찍이 일본 제국과 일본인들이 잘 나갔을 때, 그러니까 메이지 유신 이후 조선을 삼키면서 중국본토 등으로 커지기 시작할 때에는 조선에 진출했던 일본인들의 반 이상이 조슈 번 출신이라는 이야기를 기억한다.

그것이 가능했던 것은, 일본인들의 조선진출은 상당한 특혜성의 이주였을 것이다. 왜냐하면 시모노세키에서 부산으로 건너온 거지 행색의 일본인 가족들은 조선에 온지 몇 달이 지나지 않아 지주로 탈바꿈하게 되었다는데, 이러한 면에서 보자면 조선에 진출한다는 것 자체가 이권이나 특혜의 성격을 가지고 있는 것으로, 아래의 글은 그것을 말해주고 있다.[3]

일본인의 토지침탈은 개항과 더불어 시작되었고, 특히 1904년 러일전쟁이 일본의 승리로 돌아가자 일본인의 이 땅에 대한 투자는 삼남三南 지방에서 보편화되었다. 이때 그들이 매입한 토지의 단가는 일본의 그것에 비하여 1할 내외의 지극히 저렴한 것이었다.

한일합방 3년전인 1907년 당시 군산항을 다녀간 한 여행자는 "농지의 10분의 1은 이미 일본인 소유에 귀속되었다"고 말하고 있다. 일본인 지주들은 스스로 토지를 매입함은 물론 고리대高利貸에 의해서도 한국농민의 토지를 헐값으로 긁어모아 한일합병 이전에 이미 수천정보에 달하는 대지주로 성장하는 자들도 있었다고 한다. 그러나 일본인에 의한 토지침탈은 1910년의 합방과

오
사
카
의
여
인

더불어 착수된 토지조사사업에 의하여 대대적, 본격적으로 진행되었음은 다 아는 사실이다.

당시 일본을 지배한 세력의 대부분이 조슈와 사쓰마의 두 번 출신들이므로, 두 번 출신들에게 조선에 진출할 수 있는 자격을 우선적으로 줬다고 해도 조금도 이상한 일이 아니다.

이러한 일본인 가족이 조선에 내리면서 맨먼저 찾아가는 곳이 조선식산은행이었다. 식민지 수탈을 위하여 조선총독부는 동양척식회사와 조선식산은행朝鮮殖産銀行을 설립하였는데 이를 좌左동척, 우右식산이라고 불렀다.

조선총독부는 이 두 회사를 통하여 상업과 농업이 거의 전부였던 조선의 산업을 지배했는데, 식산은행은 조선 농민들을 가혹하게 착취하여 만주로 내몰고 이주 일본인들을 지주로 만드는 일을 전담하다시피 하던 악명높은 기관이었다.

또 다음의 '조선 이주를 장려하는 안내문'에서 보듯이 일본인들의 내지內地, 조선으로의 이주는 타국에 이민을 가는 성격에 비유하지 못할 정도로 제국주의자들의 식민정책의 결과임을 명백히 보여주고 있다.[4]

조선에 가는 것은 아주 쉽다. 50원으로 부산에 도착할 수 있다...
겨우 미국에 가는 비용으로 미국에서 웨이터나 쿡이 되고 양키 마누라에게 기분 나쁜 욕을 듣고 농사나 지으며 사탕수수밭에서 야숙하고 철도 노동자가 되어 화차에서 자는 것을 하지 않아도

된다..... 조선 내지에서는 조선인을 좌우에 두고 자유롭게 사역하고 자기는 주인공이 되고 독립된 사업을 경영할 수 있다.

- 조선 이주를 장려하는 안내문

어쨌던 이들의 진출은 대부분의 조선인들과는 다른 사회, 즉 격리된 구역에 살았다. 이들이 누리던 혜택은 조선인들과는 비교가 되지 않았다. 내가 나이가 들면서 알 수 있었던 한가지의 예가 있다.

해방 직후 한국인들의 교육수준은 매우 낮았다. 일제 강점기에 중학교만 나와도 괜찮은 교육수준을 갖춘 것임은 필자의 부모세대에서는 그러했다. 이것이 우리들 세대가 어릴 때부터 가지고 있었던 상식이다. 그러나 후에 알게 된 것으로, 당시의 일본인들은 거의 모두가 고등학교는 기본으로 마친 것을 알고는 놀란 적이 있다.

* * * * *

일본인들의 본토귀환은 그야말로 모든 재산의 포기를 의미했다. 물론 그들이 조선에서 선량하게 번 재산은 아마도 드물 것이다. 1000엔의 현금과 오직 몸에 지니는 것만이 가능했으므로, 모두 보따리를 지고 귀국길에 올랐다.

또 미군점령군사령부[GHQ]는 인플레이션을 염려하여 외지로부터 일본에 들어오는 인양자들의 자산資産 반입을 통제하였다. 인양자가 지참한 통화와 증권류의 다수는 세관 등에 예탁되었고, 예탁금은 1953년부터 반환되었다.[5] 해외귀환자 중 민간인들은 군인과 달리 전후보상 대상에서 제외되어 생활에 큰 고통을 받았다.

이들의 대부분은 일본 국내에 지연·혈연도 적었고 전후 혼란의
냉혹한 사회환경에서 생활의 재건은 쉽지 않아 인양자의 생활 실태
는 큰 사회문제로 되었다. 전국의 인양자는 해외에 남긴 재산의 보
상을 정부에 강력히 요구하게 되었다. 이것이 소위 '재외재산보상문
제'이다.[6]

본토귀환자는 큰 사회문제가 되었는데, 그 중에서도 '재외재산
의 95%'가 집중된 만주와 한반도에서 돌아온 사람들은 생활지원
금 몇 푼이 문제가 아니라, 자신의 전쟁피해를 국가로부터 공인
받지 못할 경우 이것을 보상받을 방법이 없었기 때문에 더욱 신

生きて祖国の地をふむ

살아서 조국의 땅을 밟다:

몸에 지닌 것이 전재산이라는 해설이 붙어있는 1945년 8월 하카타
항의 광경. 소수의 권력자들은 미리 재산을 빼돌리고 가족들을 편
안히 일본에 보냈으나, 대부분의 일본인들은 그러할 여유가 없었다.
살아서 일본 땅을 밟았던 것만으로 행운일 수도 있다. 사진의 제목
이 마치 적지의 박해로부터 탈출한 것 같은 느낌을 준다.

사진출처: http://www.daitouryu.com/japanese/gihoutaikei/

경을 곤두세웠다. 게다가 이들 지역은 국교수립이 불투명한 지역으로 분류되었기 때문에 그곳에서 돌아온 자들은 정부의 조치를 더욱 강하게 비난하고 나섰다. 일본정부가 무마책을 도입했음에도 불구하고 이들은 지속적으로 소송을 제기했다.[7]

내가 여기에서 알 수 있는 것은 일본은 패전 이후에도 비록 점령군사령부에 통제를 받았다고는 하지만, 원래의 국가시스템의 골격은 살아있으며 사회 시스템이 완전히 붕괴되지는 않았고, 해외에서의 이주자도 청원의 길이 열려 있었으며, 국가로부터 구제활동을 청구하는 절차가 가능한 점이다.

기차에 내린 인양자들의 행렬:
일본에 도착한 가족단위의 인양자들이 열차에서 내려 최종
목적지로 향하여 가족단위로 줄을 지어 가고 있다.
사진출처: http://www.taiwancon.com/190062/

* * * * *

한편 '본국 귀환'은 한국인들에게도 일본인들에 못지않은 마찬가지의 고통이었다. 그러나 이 당시의 한국은 그나마 이를 청구할 수 있는 국가시스템마저 없었던 사실을 고려할 때 우리의 고통이 훨씬 크지 않았는가 한다.

깊이 아는 것은 아니지만, 본국 귀환에 대한 기록 자료조차 일본과는 비교가 안 될 정도로 적을 것이라는 생각이다. 그것은 애초부터 한국에는 일본인들이 국가시스템을 장악하였던 관계로 일본인이 물러나고는 점령군의 군정하에 급조된 조직만이 가동하였기 때문에, 한국인들이 청원하거나 기대거나 할 수 있는 국가의 조직으로 보기에는 어려운 점이기 때문이다.

* * * * *

인양기념관에는 사진과 유물의 전시가 있었는데, 일본인들의 귀환행렬은 완전한 거지의 몰골이며, 한편 이들 전시품을 설명하는 이쓰코의 표정은 상당히 어두울 수 밖에 없었다. 나는 이러한 역사적 사실을 되도록 객관적으로 바라보고자 노력했다.

이쓰코의 말대로 이들이 귀환과정에서 겪은 막심한 고통과 고충 suffering and distress의 크기가 짐작되지 않는 것은 아니지만, 이들이 조선에서는 어떠했으며 만주와 중국에서 저질렀을지 모르는 크나큰 범죄적 행위에 대해서 생각해 보았다.

그것은 본토에 남아있던 일본인들도 귀환자들에 대하여, 나와 같이 곱지 않은 시각을 가진 사람들이 많았다는 것을 알았다.[8]

그 중 주목해 볼 대목은 "너희들은 외지에서 호사를 누릴 만큼 누렸으니 조금 힘들게 사는 것도 당연하다"는 본토인들의 따가운 시선을 꼽는 자가 압도적으로 많았다는 점이다.

여기에는 군인뿐만 아니고 일반민간인(인양자)조차도 침략주의자로 오해하거나... 귀환자들이 식민지에서 '호사'를 누렸다는 미묘한 질시의 정서가 복합되어 있었다.

기념관 안에 전시된 사진에서 보는 이들 귀환자들은 지금은 불쌍한 몰골을 하고 있지만, 일제의 지배가 계속되었던 동안에는 한국인들에게, 중국인들에게, 또 동남아인들에게는 위협이었으며 심하게는 재앙이었던 것이다.

필자의 세대는 부모들이 직접 체험한 이야기가 많이 남아 있었던 시절이었다. 나의 부친은 일제 때는 그런대로 괜찮게 살았다고 하는데도 불구하고 "수염을 기른 일본군의 장교들이 옆에 서 있기만 해도 겁이 난다" 라는 이야기도 한 적이 있다.

나 또한 이들의 몰골을 보는 것은 유쾌한 기분은 아니었으나, 이들이 식민지에서 누리던 영화는 모두 피지배자들인 조선인 중국인들로부터의 착취와 강탈로 이루어진 것이라는 점만은 분명해질 뿐이었다.

일제 초기 그러니까 러일전쟁 무렵에 이미 조선에 거주하던 인구

일본인을 지킨 최후의 전쟁:

'1945년8월20일 일본인을 지킨 최후의 전쟁'의 책은 "4만명의 내몽고 인양자를 탈출시킨 깃발없는 병단兵團"이라는 책 소개가 따른다.

光人社, NF文庫

는 17만명을 웃돌았다고 한다. 일본인들의 조선진출 또는 대륙진출은 그 정도로 대규모였다.

일본열도 혼슈本洲의 끄트머리인 시모노세키에서 부산으로 오는 배에서 내린 거지꼴의 일본인 가족들이 조선에서 몇 달만 지내고 나면 지주로 탈바꿈하는 시기가 일제의 강점기였다.

조선으로 몰려오는 대규모 일본인들의 행렬에 비례하여, 농토를 일본인들에게 내어놓고 만주로 떠나는 조선인들의 숫자는 꾸준히 계속되었다. 이러한 풍경이 일제 강점기의 조선의 풍경이고 조선의 자화상이었다.

제3장

백제의 흔적
vs 일제의 흔적

이 책의 앞부분에서, 백제의 멸망과 관련하여 일본의 역사가 다시 쓰여진 과정을 다음과 같이 말한 적 있다.

> 서기 660년 한반도와 중국대륙에 있던 백제가 망하자, 일본열도에 있던 백제는 새로운 나라로 출발하고 일본으로 이름을 변경하였다. 그때 일본 땅에 남았던 백제인들은 300년간 일본 땅에서 벌어졌던 자신들만의 이야기로 새로운 역사서를 만들고 '일본서기'라고 이름 붙였다.

이러한 일본역사서의 편찬과정에 그대로 일치하는 견해가 고야스 노부쿠니子安宣邦 교수의 저술에서 찾을 수 있다.[9]

> 일본과 천황이 역사상 성립하는 것은 백촌강의 패전(663년 백제의

부흥전쟁)으로 일본과 한반도 사이에 군사적 정치적 경계선을 확정하면서부터이다. 일본의 성립사는 한(韓, 한국) 으로부터의 이탈사離脫史이기도 한 것이다.

일본의 역사는 한국의 역사에서 한반도의 영향을 하나씩 지워온 과정으로, 한(韓, 한국)은 흔적만 남긴 채 지워져 나갔다.

그런데 일본이 이차대전에서 패망하여 제국이 해체되면서 비록 일시적이기는 하지만 하나의 국가를 이루었던 일본 제국에서 이제는 한국이 이탈해가고 있었다. 이번에는 한국에서 일본의 흔적을 하나하나 지워나갔는데, 이것은 서기 660년의 백제가 패망할 때의 그것과는 달리 역방향으로 진행된 것이다.

경성제국대학 의학부 교수 '다나카 마사시'가 1946년초 일본으로 돌아갈 때까지 약 반년동안 경성(서울)에서 체험한 패전과 귀환과정을 매일같이 기록했는데,[10] 여기에는 일본의 흔적을 지워나가고 있는 방금 해방된 조선의 모습이 그대로 반영되어 있다.

> 1945년의 해방일 다음날의 경성거리는 가는 곳마다 일장기를 재활용해 만든 어설픈 태극기가 나부끼고 있었다. 질주하는 트럭과 전차 지붕위에서도 조선인들이 외쳐대는 만세소리가 들려왔다.

> 17일 학교에 가보니 어느새 조선인 직원들이 대학자치위원회를 꾸리고 있었다. 그는 자치위원장을 맡은 조선인 친구에게 통행증을 발급받고 나서야 자신의 연구실에 들어가 짐을 꾸릴 수 있었다.

그의 일기 속에는 빠르게 변해가는 경성(서울)의 모습이 담겨 있으며 전쟁기간에 잃었던 활기를 되찾고 있었다. 그러나 일본인이 만든 낯익은 경성의 모습이 어느새 이질적인 조선인의 서울로 변해가고 있다고 쓰고 있다.

한편 일본인이 만든 그들만의 시설은 해체되거나 쓰임새가 바뀌어갔다. 남산 어귀의 '경성신사'에 '단군성조묘'가 조성된다는 소문이 돌더니만, 과연 기존의 현판은 흰 종이로 가려져 있고, 그 대신 신사 앞의 일본식 홍살문에는 '대한민정회'라는 알 수 없는 단체의 간판이 내걸려 있었다.

11월에 들어서는, 일본식 동네 이름도 모두 조선식으로 바뀌어 길찾기도 어려워졌다. 관청에서는 각종 서류에 '쇼와'나 '메이지' 연호를 기재하면 접수조차 받아주지 않았다. 그저 이름만 바뀌었을 뿐인데 경성은 어느새 낯선 공간으로 변화되었으며, 적어도 공적인 영역에서는 일본색이 추방되어 갔다.

경성은 물론 지방에도 많은 독자를 확보하고 있던 경성일보도 11월 1일자로 일본인 편집부가 모두 조선인으로 교체되었다. 또 1927년부터 'JODK'라는 호출부호 하나로 경성의 일본인의 눈과 귀가 되어준 경성방송국의 라디오방송도 10월말부터 과도적으로 한일 양국어를 사용하다가 얼마 후에는 뉴스를 제외하고 모두 조선어로 단일화했다.

12월에 들어서는 여러차례 방송하던 뉴스마저도 하루에 단 1회로 줄어들었다. 경성에서는 이제 '제국의 언어'도 발붙일 곳이 없어졌다.

천지가 바뀌고 세상이 바뀌는 과정으로, 한반도를 덮었던 대일본 제국의 그림자가 하나하나 걷혀나가는 장면에 대한 상념에 사로잡힌 채, 나는 좀 전에 이쓰코가 했던 감상적인 말에 선뜻 대꾸할 마음이 나지 않았다. 그녀의 시선도 일본 본토귀환자의 사진에 멈춰 있었다.

▌ 가해자와 피해자

인양기념관이나 기념비는 일본의 여러 곳에 세워져 있으며 각종의 기획전도 많이 열리고 있다. 다음은 그중의 일부일 뿐이다.

마이즈루舞鶴 시- 舞鶴인양기념관
사세보佐世保 시- 314浦頭(우라가시라) 인양기념평화공원
후쿠오카福岡 시- 福岡시 博多港 인양기념비
다나베田辺 시- 해외인양자 상륙기념비

이쓰코를 동반하여 인양기념관을 둘러보는 사이에 여기에서 내가 한가지 지적하지 않을 수 없는 것은 가해자와 피해자의 경계가 없다는 점이다.

전반적으로 일본인들은 본토귀환(인양)에 대한 해석마저 내가 가지고 있는 감각과는 상당히 다른 느낌으로 포장되어 있었다. 이들의 설명은 교묘하고 상당히 애매하며 침략자와 피해자의 입장이 애매한 멘트로 일관하고 있었다.

일본인들은 이차대전에 관련된 유적이나 유물들에 죄다 '평화'라는 단어를 붙이는 습성이 있다. '평화와 반전反戰 또는 침략전쟁에 대한 반성'...이런데 대한 의미는 전혀 두지 않고서 전쟁의 원인과 결과를 구분이 되지 않도록 모두 뭉개버리고 있다.

인근에 있는 이차대전 때의 가미가제 자살 특공대를 기념祈念 하는 '치란知覽 특공평화회관'에 갔을 때도 똑같았던 것으로, 기념관祈念館은 침략전쟁의 미화와 자폭한 대원들의 영웅화에 치우쳐 있었다.

그곳에는 '특공평화관음당'이라는 추모관이 세워져 있고, 또 평화회관을 들어오는 입구에도 '평화의 종'이라는 이름을 붙인 종을 걸어놓고 누구나 쳐보도록 하고 있다.

이쓰코는 이 점에서는 관심이 멀어져 있었고, 나는 구태어 이런 뻔한 생각을 입 밖에 내지 않았다.

일본 '평화염원 전시자료관'의 애매한 멘트:

"오래 전의 조국으로 – 해외인양자에서 보는 가족의 초상"이라는 전시회의 안내문과 주제 그림. 글은 상당히 애매한 멘트로 되어있어 일본인들이 피해자로 보이는 듯하다.

"이차대전이 끝날 때까지 해외에는 많은 일본인들이 하루하루를 보내고 있었다. 1945년 8월 15일을 기하여 이러한 일본인의 생활은 일변하여, 그때까지 쌓아올린 재산을 잃고 몸의 안전마저 보장되지 않은 환경의 생활을 면하지 못하였다. 그리하여 그들은 오로지 조국 일본으로 향하게 되었다."

출처: 平和祈念전시자료관(總務省위탁)

http://www.heiwakinen.jp

나는 지난번 이쓰코가 한 얘기를 기억하지 않을 수 없었다. 사람이 선하거나 악인이건 간에 바탕은 모두 공^{Emptiness}이라는 말이 그것이다. 나는 이 말이 역사에도 그대로 적용되는지를 생각해 보았다.

이쓰코의 말대로라면 의인과 악인의 구분이 없이 모두가 본바탕이 공^{Emptiness}이라면 일본인들로부터 극악의 피해를 당한 조선인들의 입장에서는 엄청난 손해를 보는 느낌이 들었다. 그러나 엄연하면서도 절대적으로 확립되어 온 종교적 진리를 인정하지 않을 수도 없는 일이었다.

* * * * *

인양기념관을 나온 우리는 페리터미널의 부두로 갔다. 여기는 남

인양기념관 자료를 유네스코 세계기록유산으로 등록을……

마이즈루 시의 포스터로 "시의 인양기념관 자료를 유네스코의 세계기록유산으로 등록하자"는 운동이다.

일본인이 받았던 이차대전의 고통을 호소하는 운동인가?

사진출처: m-hikiage-museum.jp/contents/

해바다이며 바로 지척으로 한반도를 마주하고 있는 곳이다. 이곳에서 139만명의 일본인이 귀국하였고, 50만명의 조선인과 중국인들이 고국으로 돌아갔다. 이들은 일본에 끌려가 강제노동에 시달리던 사람들이 대부분이었다.

맞은 편으로 하카타 항의 인양기념비가 보였다. 5층 높이로 세운 붉은 강재조형물은 배 위의 인간을 상징하며 패전의 실의를 딛고 희망을 염원한다는 것이다.

서기 660년 백제가 신라와 당의 연합군에 패하고 그로부터 3년 후, 일본 땅에서 보낸 대규모 원군으로 백제 부흥운동을 일으켰다. 이마저 백강 전투에서 패하였고 백제 부흥군 지휘부의 거점이자 임시수도와도 같은 주류성마저 함락되었을 때, 백제와 가야의 유민들은 대대적으로 일본 땅으로 철수하면서 울부짖었다.

> 주류성이 항복하였구나. 일을 어찌할 수가 없구나. 오늘로서 백제의 이름은 끊어졌으니, 조상의 무덤을 무슨 수로 오갈 수 있단 말이냐.
>
> - 일본서기 천지천황기 2년조[11]

九月辛亥朔丁巳, 百濟州柔城始降於唐. 是時國人相謂之曰州柔降矣, 事無奈何, 百濟之名絶于今日, 丘墓之所豈能復往

　　　　　　　　　　- 日本書紀 天智天皇紀

나의 뇌리 속에는 천년도 더 되는 때, 백제/가야의 피난민이 대규모로 일본으로 건너온 사건이 떠올랐다. 그것도 여기의 하카타나 그 인근에서 이루어졌을 것이며, 하카타와 북 큐슈의 일대에는 한반도

(신라)에 대한 백제인들의 원한의 소리가 아직도 머물러 있는 것 같았다.

이미 지나간 역사의 단층 위에 인양이라는 또 하나의 퇴적층을 쌓게된 하카타 항처럼, 우리의 역사는 이미 세대를 단위로 하여 잘려나가고 시간을 단위로 하여 분리되고 곳곳에서 끊어지는 비극을 만나게 된 것이다.

나는 탄식하지 않을 수 없었다. 시간이 다시금 중첩되고 비극도 그 중첩된 시간만큼 다시 누적되누나!

오사카의 여인

1 http://ja.wikipedia.org/wiki/引き揚げ

2 후쿠오카 시 '引揚港·博多: 苦難と平和への願い'의 홈페이지
http://hakatakou-hikiage.city.fukuoka.lg.jp/shisetsu/

3 '사진으로 보는 한국백년-2', 동아일보사, 2007.

4 한겨레 강추블로그에 선정된 필명 크리스의 블로그 '일본을 알면 일본에 이긴다'
http://blog.hani.co.kr/chris/

5 http://ja.wikipedia.org/wiki/引揚者

6 http://ja.wikipedia.org/wiki/引き揚げ

7 '일본제국의 붕괴와 한일 양 지역의 전후 인구이동: 양 국민의 귀환과 정착과정
비교' 이연식(서울특별시사편찬위원회), e-Journal Homo Migrans Vol.2 (June
2010): 79-115

8 '조선을 떠나며', 이연식, (주)역사비평사, 2013.

9 '일본 내셔널리즘 해부' 고야스 노부쿠니(子安宣邦) 저, 그린비, 2011.

10 '조선을 떠나며', 이연식, (주)역사비평사, 2013.

11 일본의 역사서인 일본서기(日本書紀)의 기록이며, 백제와 일본이 같은 국가라
는 사실을 보여주고 있다. 이 책의 앞에서도 나온 이야기이다.

에필로그

여기 하카타에서 우리는 무려 일주일 동안의 한일간 '피의역사' 기행을 끝내었고, 처음 여행을 시작했을 때와 마찬가지로 커피샵에서 테이블을 사이에 두고 이쓰코와 마주 앉았다. 선뜻 무슨 말을 해야 할지 생각이 떠오르지 않았다. 벽체 상단에 붙은 셀레스천 스피커에서는 베토벤의 바이올린 협주곡 D장조 중 제1악장이 나지막이 흘러 나오고 있었다. 이쓰코는

"이 곡을 잘 아시는지요?" 라고 물었다.

마침 곡은 제시부의 2주제가 끝나고 제시부에 사용된 모든 주제가 모자이크처럼 배합되어 전개부로 이어지는 중간 부분으로, 현의 울림이 반복과 동시에 점차 강해지며 파도처럼 계속 밀려오고 있었다.

저는 이 부분을 들을 때마다, 가을날 낙엽이 쓸쓸히 흩날리는 것 같은 느낌이 듭니다. 장엄한 오케스트라의 위로 또는 아래로, 거기를 넘나들면서 바이올린의 현은 가을의 쓸쓸한 인생을 연주하고 있습니다. 따라서 이 협주곡의 1악장 전체로도 가을의 느낌을 전하고 있는 것이 분명합니다.

여인은 감탄하며 말하였다.

선생은 아무래도 가을을 타는 남자인 것 같습니다.

그리고는 다음의 말을 이었다.

사실 이 곡이 모든 세기의 바이올린 협주곡 중에서 최고의 걸작으로 손꼽히고 있는 것은 잘 아실 것입니다. 그러나 이 곡은 안데어빈An der Wien 극장에서 1806년의 클레멘트 연주의 초연이 있은 후 오랫동안 사장되어 버렸읍니다.

그러다가 1844년 런던에서 당시 불세출의 바이올린 연주자인 요제프 요아힘이 38년만에 연주하면서부터 이 곡은 비로서 세상에 다시 드러났을 뿐만 아니고, 모든 클래식 음악의의 첫 한 두 손가락 안에 드는 걸작으로 그 평가가 완전히 바뀌게 되었습니다. 그때의 오케스트라의 지휘자는 멘델스존이었습니다.

이 D장조 속에는 바이올린 협주곡이라는 악곡의 형식이 지닐 수 있는 온갖 가능성이 내포되어 있고 관현악과 독주 바이올린이 그야말로 협주하여 교향곡풍의 장엄한 분위기를 만들고 있습니다.

요아힘 이후 이 협주곡은 바이올린 연주자의 기량을 평가하는 기준이 되었고 또 고전이 되었습니다. 이렇듯 위대한 곡도 시간과 운명에 따라 그 부침이 있었던 것입니다.

그러면서 여인은 다음과 같이 말하며, 한 가지 당부를 하는 것이었다.

선생은 사물을 제대로 알아보는 특별한 관찰력이 있습니다. 요아힘과 멘델스존에 의하여 베토벤의 위대한 협주곡이 부활하였듯이, 25년간 사장되었던 윤영식 선생의 위대한 업적이 선생을 통하여 원래의 빛을 찾아야만 합니다. 1,000년간 잊혀진 백제역사는 반드시 부활되어야 하겠습니다. 저도 마음속으로 선생을 지켜드릴 것입니다.

여인은 나에게 이렇게 당부를 겸하여 다짐을 받고자 하였다. 그것은 마치 백제왕녀가 환생resuming a previous incarnation하여 계시하는 듯한 느낌으로, 이쓰코의 얼굴 위에 백제왕녀의 모습이 어른거렸다.

나는 갑자기 숙연해지지 않을 수 없었다. 무언가 신비한 시기의 힘으로, 잃어버린 백제의 역사가 부활되는 기미가 가까이 다가온다는 생각이 들었고, 이것은 어쩌면 나의 운명을 예고하는 말일지도 모른다고 생각했다. 나는 속으로 반드시 그렇게 하겠다고 다짐했다.

그러는 동안 스피커에서의 관현악은 제2악장으로 들어가 아다지오의 물결로 조용히 실내를 채우고 있었다. 뒤늦게 시작된 바이올린의 현이 만들어내는 아르페지오의 선율은 한일간 평화의 도래를 예고하듯 그 물결 위를 조심스럽게 또 하나씩 천천히 그어나갔다.

오사카의 여인

* * * * *

이제는 내가 비행기로 떠나야 하는 저녁이 되기 전에 이쓰코와 헤어져야만 했다. 마치 십년의 지기를 멀리 보내는 것 같았다. 나의 마음 한 곳에는, 이쓰코와 함께 한 여행이 꿈만 같았고. 그 간의 역사

현장을 쉴새없이 다녔던 답사여행의 모든 시간이 마치 이쓰코와 같은 방, 같은 침대에서 살을 맞대며 지낸 듯 했다.

또 하기 시내에서 나쓰미깡을 베어물고는 맛이 없어 함께 웃으며 버렸던 일과 유람보트에 올라 '하기'를 둘러싼 강을 일주하며 바람에 날리던 그녀의 머리카락, 시모노세키의 가라토 어시장에서 복어 초밥을 함께 고르던 기억이 떠올랐다.

그녀는 나의 역사여행에 동반하여 말은 적었지만, 언제나 객관적이었고 흐트러진 모습을 보인 적이 없었다. 또 시모노세키의 청일전쟁 강화회담장을 보면서 참담하였던 내 심정에 동조해주고, 일제 때 조선인들이 받은 처참한 상처를 듣고는 같이 아파해주던 기억이 주마등처럼 스쳐갔다.

이윽고 이쓰코와 작별의 악수를 나누면서 처음이자 마지막으로 가벼운 포옹을 했다. 그러면서 미소를 잃지 않고 돌아서는 그녀의 눈에서 나와 똑같은 감정을 읽을 수 있었다. 그녀도 나도, 지금까지 같이 해 온 순수한 교감의 시간이 영원히 지속되기를 바라고 있었다.

지금 글을 쓰면서도 내 주위에는 아직 이쓰코의 향기가 맴돌고 있다. 천년만에 환생한 백제 왕녀의 품위를 지닌 채, 또 내가 그녀를 처음 보았을 때 그 '오사카 여인'의 화사한 모습과 함께.

부록

일본 건국기 천황의 계보 (일본기록)

대수	천황명(한국어/일본어)	즉위년~퇴위년	재위 기간
1	신무 神武 진무	BC.660~585	75년
2	수정 綏靖 스이제이	BC.581~549	32
3	안녕 安寧 안네이	BC.549~511	38
4	의덕 懿德 이토쿠	BC.510~477	33
5	효소 孝昭 고쇼	BC.475~393	82
6	효안 孝安 고안	BC.392~291	101
7	효령 孝靈 고레이	BC.290~215	75
8	효원 孝元 고겐	BC.214~158	56
9	개화 開化 카이카	BC.158~98	60
10	숭신 崇神 스진	BC.97~30	67
11	수인 垂仁 스이닌	BC.29~AD.70	99
12	경행 景行 케이코	71~130	59
13	성무 成務 세이무	131~190	59
14	중애 仲哀 주아이	192~200	8
섭정	신공 神功 진구	201~269	68
15	응신 応神 오진	270~310	40
16	인덕 仁德 닌토쿠	313~399	86
17	이중 履中 리추	400~405	5
18	반정 反正 한제이	406~410	4
19	윤공 允恭 인교	412~453	41
20	안강 安康 안코	453~456	3
21	웅략 雄略 유랴쿠	456~479	23
22	청녕 清寧 세이네이	480~484	4

오사카의 여인

23	현종 顯宗 켄조	485~487	2년
24	인현 仁賢 닌켄	488~498	10
25	무열 武烈 부레쓰	498~506	8
26	계체 繼体 케이타이	507~531	24
27	안한 安閑 안칸	531~535	4
28	선화 宣化 센카	535~539	4
29	흠명 欽明 긴메이	539~571	32
30	민달 敏達 비다쓰	572~585	13
31	용명 用明 요메이	585~587	2
32	숭준 崇峻 스슌	587~592	5
33	추고 推古 스이코	592~628	36
34	서명 舒明 조메이	629~641	12
35	황극 皇極 고교쿠	642~645	3
36	효덕 孝德 고토쿠	645~654	9
37	제명 齊明 사이메이	655~661	6
38	천지 天智 덴지	668~671	3
39	천무 天武 텐무	673~686	13
40	지통 持統 지토	690~697	7
41	**문무 文武 몬무**	**697년 일본국 수립**	

* 표는 '네이버 지식백과'을 기초하였고 설명은 필자가 넣었다.
* 본서는 문무천황 이전으로 나타나는 40명의 천황(초대~40대)
  은 가공의 인물이라고 인식한다.
* 신공황후는 제15대 천황으로 산정했지만, 메이지 천황 때부
  터 천황에서 제외되었다.
* 1870년 명치천황 때, 홍문천황(弘文, 고분)을 39대로 집어넣어
  천무가 40대 천황으로 밀리게 되는 왕력표를 새로 만들었다.
* 35대 황극과 37대 제명이 서로 바뀌어 기록된 경우도 있다.

부록 ㅣ 일본 건국기 천황의 계보

참고문헌

'조선상고사' 신채호 저, 박기봉 옮김, 비봉출판 2013

'백제에 의한 왜국통치 삼백년사' 윤영식, 도서출판 청암 2011

'비류백제와 일본의 국가기원' 김성호, 지문사, 1986

'부여 기마족과 왜' 존 카터 코벨, 글을읽다 2006

'가야·백제 그리고 일본' 송종성 저, 서림재 2005

'상투를 자른 사무라이' 이광훈, 따뜻한손 2011

'사무라이의 침략근성' 양영민, 좋은땅 2013

'그들이 본 임진왜란' 김시덕, 학고재, 2012

'고종과 메이지의 시대' 신명호, 역사의 아침, 2014

'인물로 본 일제 조선지배 40년' 정일성, 지식산업사 2010

'왜 일본은 한국을 못살게 굴까' 김병섭, 지샘 2011

'내적 오리엔탈리즘, 그 비판적 검토 (근대일본의 식민담론들)' 전성곤, 소
　　명출판 2012

'못난 조선' 문소영, 전략과문화, 2010

'메이지 유신은 어떻게 가능했는가' 박훈 저, 민음사 2014

'일본사여행' 황인영 저, 일본문화연구센터 1995

'일본 내셔널리즘의 해부' 고야스 노부쿠니(子安宣邦) 저, 송석원 역, 그린
　　비 출판, 2011

'일본서기와 천황제의 창출' 오야마 세이이치(大山誠一), (원제목: 天孫降
　　臨の夢: 藤原不比等のプロジェクト) 연민수·서각수 역, 동북아역
　　사재단 2009

'일본국체 내셔널리즘의 원형' 모토오리 노리나가(本居宣長) 저, 고희탁
　　역, 동북아역사재단 2011

오
사
카
의
여
인

'일본 우익사상의 기원과 종언' 마쓰모토 겐이치(松本健一), (원제목: 思想
　としての右翼), 문학과 지성사 2009

'기다림의 칼' 야마모토 시치헤이(山本七平) 저, 박선영 역, 21세기북스
　2010

'리훙장 평전' 량치차오(梁啓超) 저, 박희성·문세나 역, 프리스마 2013

'식민지배의 첨병: 일본군' 신주백, 한국역사특강, 2001.10.29

'우리말, 일본말의 뿌리' 김종택, 월간 중앙 2005.7부터 연재

'제국의 바다, 식민의 바다: 사쓰마와 죠슈의 바다공간적 상징성' 주강현
　저, 대구사학 제91집 (2008년) 1225-9039 KCI

'히로시마 대본영 등': 충북대 사학과교수 신영우, 충북일보(연재 칼럼),
　2013

'언론인 정순태의 우리역사 기행' 정순태, 조선뉴스프레스, 2014

'古代日朝關係史入門' 金達壽, 筑摩書房, 東京 1981

'韓國人の日本僞史' 野平俊水 著, 小學館, 東京 2002

'日本史の中の世界一' 田中英道 責任編輯, 育鵬社, 東京 2009

'Japanese Imperialism 1894-1945, Beasley, W.G. (1991). Oxford Uni-
　versity Press.

'Korea's Impact on Japanese Culture' Jon Carter Covell and Alan Cov-
　ell, HOLLYM, 1984

'Memoirs of the Second World War' Winston S. Churchill, Mariner
　Books, Houghton Mifflin Company, 1986

저자약력

곽 경, 건축사 ken301@naver.com
왕인박사연구소 소장 http://cafe.daum.net/jp-history
한글세계화연구소 소장 http://cafe.naver.com/hangulforum

현 (주)아키덤 건축사사무소 대표이사
현 (사)한국어정보학회 감사

1953 출생
1976 서울공대 건축과 졸업
1978 동 대학원 졸업 (석사)

출판물 및 기타

'왕인박사는 가짜다' (죽오재, 2014) 단행본
'한국사를 지우며 만들어간 일본사, 그리고 신대문자'
        (한글학회발행, 한글새소식 2014. 2월호)
'칼의문화 vs 말의문화' 한일 비교문화 비평 (현재 집필중)

한글세계화 관련
'백년전의 한글세계화- 원세개와 헐버트박사' (신동아 2012)
'한글세계화의 궁극목표- 중국어의 병음화' (충남대신문 2010)
'외국어표기를 위한 방점한글' 발표
        (영어, 중국어, 아랍어의 한글표기, 한국일보 2010)
'광동어의 한글표기' 발표 (2012)
'한글세계화와 한글확장 2011' 한글미래형문자판 표준포럼

총람 편집위원장

'한글세계화와 한글확장 2012' 한글미래형문자판 표준포럼
　　총람 편집위원장

한글미래형문자판 표준포럼 포럼표준확정: '방점방식에 의한
　　한글확장안'(필자제안): (표준번호: SFKFC-004:2013)

'한류문화의 종결자- 한글세계화' (KT 워크샵 발표, 2012)

'한글세계화의 단계적접근' (국회 정책토론회 주제발표, 2013)
　　(김재경 국회의원 + KAIST한글공학연구소 공동주최)

논문 (한국어정보학회지 발표: 학술등재후보지)

외국어표기를 위한 방점한글 (2011, 가을호)

한글은 외국어표현에 부적합한 문자인가? (2012, 봄호)
　　(부제: 로마니제이션 vs 코리아니제이션)

중국어·동남아어의 성조표기 연구 (2012, 가을호)

'한글세계화의 진정한 방향- 중국어·한글 혼용방안'
　　(일반 프로시딩 2011)

2013. 9 국회 정책토론회에서 필자의 주제발표,
'한글세계화의 단계적접근' 국회의원회관 소회의실

오사카의 여인 (한일 역사기행)

초판 1쇄 발행일 2015년 5월 22일

지은이 곽경
　　　ken301@naver.com
펴낸이 박영희
편집 배정옥·유태선
디자인 김미령·박희경
마케팅 임자연
인쇄·제본 태광인쇄
펴낸곳 도서출판 어문학사
　　　서울특별시 도봉구 쌍문동 523-21 나너울 카운티 1층
　　　대표전화: 02-998-0094/편집부1: 02-998-2267, 편집부2: 02-998-2269
　　　홈페이지: www.amhbook.com
　　　트위터: @with_amhbook
　　　블로그: 네이버 http://blog.naver.com/amhbook
　　　　　　다음 http://blog.daum.net/amhbook
　　　e-mail: am@amhbook.com
　　　등록: 2004년 4월 6일 제7-276호

ISBN 978-89-6184-373-7　　03910
정가 15,000원

이 도서의 국립중앙도서관 출판시도서목록(CIP)은 e-CIP홈페이지(http://www.nl.go.kr/ecip)와
국가자료공동목록시스템(http://www.nl.go.kr/kolisnet)에서 이용하실 수 있습니다.
(CIP제어번호: CIP2015012995)

※잘못 만들어진 책은 교환해 드립니다.